公路工程机械化施工与管理

王秀林　潘光森　韩　涛　主编

吉林科学技术出版社

图书在版编目（CIP）数据

公路工程机械化施工与管理 / 王秀林，潘光森，韩
涛主编. -- 长春：吉林科学技术出版社，2022.9
ISBN 978-7-5578-9667-6

I. ①公… II. ①王… ②潘… ③韩… III. ①道路施
工－机械化施工－施工管理－研究 IV. ①U415.6

中国版本图书馆 CIP 数据核字(2022)第 181019 号

公路工程机械化施工与管理

主　　编	王秀林　潘光森　韩　涛
出 版 人	宛　霞
责任编辑	袁　芳
封面设计	山东刊易文化传播有限公司
制　　版	山东刊易文化传播有限公司
幅面尺寸	170mm×240mm
字　　数	300 千字
印　　张	19
印　　数	1-1500 册
版　　次	2022年9月第1版
印　　次	2023年4月第1次印刷

出　　版　吉林科学技术出版社
发　　行　吉林科学技术出版社
地　　址　长春市南关区福祉大路5788号出版大厦A座
邮　　编　130118
发行部电话/传真　0431-81629529　81629530　81629531
　　　　　　　　　　81629532　81629533　81629534

储运部电话　0431-86059116
编辑部电话　0431-81629510
印　　刷　三河市嵩川印刷有限公司

书　　号　ISBN 978-7-5578-9667-6
定　　价　125.00 元

《公路工程机械化施工与管理》编委会

主　编：

　　济南通达公路工程有限公司：王秀林　潘光森　韩涛

副主编：

　　济南市章丘区公路事业发展中心：阎有为

　　济南通达公路工程有限公司：黄龙　牛其悦　宗传磊　呆延文　马甜甜　赵露　李海波　任振亚

编　委：

　　济南通达公路工程有限公司：季昌伟　刘健　路慧　王启林　周忠义　王世永　徐其腾　朱秀芝

前　言

　　随着中国交通运输业的飞速发展，公路机械化建设的程度不断提高。在公路建设中，为了保证公路建设的质量和时机，有必要做好公路机械化建设的管理和维护。当前我国公路建设正在快速发展，公路工程施工方式已经逐渐转变为机械化施工，所以需要不断加强机械化施工的研究，促进机械化发展。机械设备是确定项目质量和收益的必要条件。在公路建设中，应加强对工程机械设备的管理，以更好地服务于公路工程建设。因此，如何运用科学的管理方法和系统的总体规划，有效管理和维护各种机械设备，是未来公路建设中应考虑的关键因素。

　　首先，为了加强当前公路机械化施工管理水平，需要加强对机械化施工管理体系的建设。通过施工计划的制订，有效促进施工的正常运行，保证工程质量。根据施工组织的不同，可以选择适当的机器类型和设备支持计划。施工组织计划还应规定固定资产的损失率和机器的回收率，提高机械化施工的工作效率，保证工程质量。各级有关机械管理部门要进行机械管理规则制定，以确保严格的奖惩措施和有效的激励措施。明确机械设备的操作要求，提高施工人员的专业技术水平。加强经济管理，不断发展和创新建筑工程的机械化施工技术管理体系，从根本上促进公路工程的经济效益的提升。

　　其次，为了确保操作员可以合理地使用新的机械和设备，在进入期间必须按照规范进行操作。在机械设备的磨合期间，负载应减少 20%～30%。在磨合期间，应由专业人员对机器进行完整的分析和评估，磨合期结束后，应对机器进行全面的检查和维护，并进行详细记录。一旦磨合期的测试参数得到相关技术人员的审查和批准，限速密封件即可被移走，机器正式投入使用。在修建高速公路的过程中，许多设备使用电动机作为动力装置，由于在平台和人行道的正常运行中对电力的需求高，难以确保电源的稳定性，而电压不稳定会导致机械设备故障，严重的会影响电动机的正常操作，这就是为什么必须采取有效的保护措施来防止或减轻不稳定电压对机械设备的影响。

　　再次，我国许多地方的季节温度变化很大，从夏季到冬季的过渡过程中温度降低将对机械的启动、充电操作和长期存放产生重大影响。例如在我国的东北地区，由于冬季较为寒冷，在某些地区，甚至可能发生重大机械事故，如内燃机气缸的冻结和破裂。因此，应根据全面的技术指导有条理地对机器进行季节性维护。在寒冷地区，室外机在进入寒冷季节之前应对其进行系统维护和技术参数评估，并在室内更换机油和液压油，必

1

要时还应为该机安装预热装置，以减少启动时发动机的损坏。经常放置在现场的机械设备，应注意内燃机中冷冻水分对机械设备的影响。我国幅员辽阔，应根据地区气候特点和昼夜温差采取经济合理的机械保护措施，并进行各种维修保养准备工作，如绝缘停车场、绝缘羽绒被和防滑链等。

最后，传统的维修管理系统无法有效适应机械化的维修管理工作，因此有必要积极结合各地区的实际情况，有效地划分维修公司，合理分配设备的技术和实力，确保各企业的发展均衡。养护形式应采用现代企业制度运作，加大专业养护企业的培训和发展政策力度，以促进它们的发展。在机械化维护和管理过程中，有关的材料标准包括机械设备的使用率和机器的利用率。购买和使用各种类型的机械和设备需要大量资金。公路养护管理机构与生产企业之间存在关键差异，生产企业的设备利用率越高，收益越大；设备利用率越高，公路养护管理机构的费用越高，养护单位必须承担的费用压力也就越大。因此，机器利用率和完好率之间存在矛盾，必须采取积极有效的措施筹集资金，解决公路工程机械化维修管理中存在的问题。

总而言之，当前公路工程机械化施工正在快速发展，许多新技术和新设备在公路施工中被应用，极大地促进了我国公路工程的建设。但是，我国机械设备的维护和管理仍然存在一些问题，我们必须克服它们，以便为公路建设带来更大的经济和社会利益。

由于时间比较仓促，加之作者水平有限，难免存在不足之处，恳请读者谅解。

目 录

第一章　公路工程机械化施工概述 ································· 1
　　第一节　公路工程机械化施工意义 ······················· 1
　　第二节　公路工程机械化施工方案设计 ··················· 2
　　第三节　公路工程机械化施工方法选择 ··················· 4
第二章　公路工程铲土运输机械化施工管理 ··················· 8
　　第一节　公路工程推土机施工管理 ······················· 8
　　第二节　公路工程挖掘机施工管理 ······················ 15
　　第三节　公路工程装载机施工管理 ······················ 22
　　第四节　公路工程平地机施工管理 ······················ 27
第三章　公路路基工程机械化施工管理 ······················ 35
　　第一节　公路路基工程施工机械选择概述 ················ 35
　　第二节　公路路基压实机械化施工管理 ·················· 38
　　第三节　公路路基爆破机械化施工管理 ·················· 41
第四章　公路路面工程机械化施工管理 ······················ 48
　　第一节　公路路面工程机械化施工准备 ·················· 48
　　第二节　公路沥青路面机械化施工管理 ·················· 60
　　第三节　公路水泥混凝土路面机械化施工管理 ··········· 130
第五章　公路工程压实机械化施工管理 ····················· 157
　　第一节　公路工程压实机械工作原理 ··················· 157
　　第二节　公路工程压路机具体操作技术 ················· 158
　　第三节　不同类型压路机在公路工程中的施工管理 ······· 159
第六章　公路工程桥梁机械化施工管理 ····················· 178
　　第一节　公路工程桥梁工程概述 ······················· 178
　　第二节　公路工程桥梁桩工机械化管理 ················· 184
　　第三节　公路工程桥梁起重机械施工管理 ··············· 196
　　第四节　公路工程桥梁排水机械施工管理 ··············· 200

第七章　公路工程养护机械管理 ·· 204

　　第一节　公路工程常见病害及原因 ·· 204

　　第二节　公路工程养护机械分类 ·· 215

　　第三节　公路工程养护机械管理运行体制机制 ···················· 269

　　第四节　公路工程养护机械管理系统构建 ···························· 278

第八章　公路工程机械化施工安全用电管理 ························· 283

　　第一节　公路工程机械化施工中的常用电器 ························ 283

　　第二节　公路工程机械化施工安全用电措施 ························ 291

参考文献 ·· 295

第一章　公路工程机械化施工概述

第一节　公路工程机械化施工意义

随着我国公路建设的迅速发展，机械化施工已成为公路施工主要的施工方法。公路施工具有周期长、流动性大、施工协作性高以及受外界干扰及自然因素影响等特点，因此，公路实施机械化施工，必须事先做好计划，即编制好机械化施工组织设计。公路工程机械化施工意义包括以下几点。

一、有利于降低工程成本

一方面，采用大规模机械化施工，使过去高成本的工作，现在只需要较少费用即可完成。如大型构件的预制安装、顶推施工法、回旋钻机钻孔、铲运机及自卸车运土等，这些机械将过去高投入、低产出的工程变为技术型低投入、高产出的工程。另一方面，工程造价中机械费用占有很大比重，科学、合理地组织机械化施工，减少机械使用费，就可以大幅度降低工程造价。

二、可大大缩短施工工期

当今工程施工周期大为缩短，这应当归功于机械化施工的推广。例如，一座特大桥的施工工期，过去一般需要近10年时间，而现在的工期只有原来的1/3左右。

三、可提高工程质量

随着工程设计精度的提高、工程难度的加大，连续施工的要求提高，只有机械化施工才能满足以上各项要求。例如，高速公路的路面平整度，在机械摊铺的条件下才能达到规范要求；特大桥的大体积混凝土，必须采用混凝土输送泵运送才能保证连续浇筑；大型构件的运输等也只有机械化作业才能满足要求，这些都是人力施工达不到的。

四、可优化社会资源

机械化施工减少了施工组织计划中对劳动力的需求，将更多的社会劳动力调配到更适合的工作岗位上，从而为社会节约了大量的劳动力。当然，机械化施工也刺激新型劳动力的成长，使工程施工的机械化得到普及和提高。

五、有利于拓展公路工程设计空间

机械化施工，不仅使我们可以为建造一个具有承载力的公路工程跨越构造物，而且同时也在为社会创造美和艺术品。这些也只有在机械化生产的条件下，才能同时满足施工技术和美化景观方面的要求。

第二节　公路工程机械化施工方案设计

施工组织总设计的编制，应在熟悉施工图纸和研究原始资料的基础上，根据项目的总质量目标、工期目标和成本目标，确定施工部署，编制施工总资源计划、总进度计划、总平面布置计划，最后用一系列指标对施工组织总设计进行技术、经济评价。

一、设计方案编制依据

设计方案编制依据主要有：

（一）计划设计文件

包括已批准的计划任务书、初步设计或技术设计图纸、施工图纸等。

（二）自然条件资料

包括地形、工程地质、水文地质、气象资料等。

（三）建设地区技术、经济调查资料

包括建设地区的地方工业、交通运输、资源、供水、供电、生产、生活等情况。

（四）国家有关规定、规范、定额

包括公路工程基本建设项目设计文件编制办法、预算定额、机械台班费用定额等。

（五）合同协议等

如合同协议中对质量、工期等的要求。

（六）类型相似或近似项目的经验资料

包括相似或近似项目的成本控制资料、工期控制资料、质量控制资料、技术新成果资料和管理新经验资料等。

二、设计方案编制内容

施工组织总设计主要包括以下内容：

（一）工程概况

建筑工程项目概况和工程特点是对整个建设项目的总说明、总分析，一般包括：

1.建设项目内容

建设项目内容包括建设地点、工程性质、建设总规模、总期限、分期分批交付使用的规模和期限、占地总面积、建筑面积、道路长度、特大型桥梁长度、管线长度、设备安装及其最大构件质量、总投资、建筑安装工作量、工业性建设项目的生产流程及工艺特点，工程结构特征，建筑总平面图、未完工程设计的交图日期和已定设计方案等。

2.建设地区自然、技术、经济条件

建设地区自然、技术、经济条件包括气象、地质、地形和水文情况，劳动力和生活设施情况，地方建筑企业情况，地方资源情况，交通运输条件，水、电和其他动力通信条件。

3.施工条件

施工条件包括主要施工机具，主要材料和特殊物资供应情况，参加施工的各单位生产能力和技术水平。

4.其他内容方面

其他内容方面包括合同、协议，土地征用范围、建筑红线，拆迁及时间。

（二）施工部署

施工部署应根据建设项目的质量目标、工期目标和成本目标提出主要工程项目的施工方案，是施工组织总设计的重点。其内容包括：施工任务的组织分工和安排，工程管理的组织机构，施工准备工作规划，主要分部分项工程的施工方案的拟订，工程全面开展的程序。施工部署的优劣，在很大程度上决定了施工组织总设计的质量，对施工总资源计划、总进度计划、总平面布置计划有指导和控制作用。

（三）施工总进度计划

施工总进度计划编制，应满足总工期的要求。其内容包括：计算拟建工程及全部工程的工程量，确定各单位工程的施工期限；确定各单位工程的开竣工时间和搭接关系；

制订和优化调整施工总进度计划；编制劳动力和主要物资需用量计划；编制施工准备工作计划。以上内容可根据工程项目的特点，设计相应的表格来完成。

（四）施工总平面图

施工总平面图是具体指导现场施工部署的实施方案，对于指导现场进行有组织、有计划的文明施工具有重大意义。一般来说，施工平面图设计应包括下列基本内容：施工用地范围，水、电管网的设置，永久性、半永久性坐标位置，现场暂设工程及临时设施的布置，场内外运输设计、道路布设（指施工道路），材料、成品、半成品的存放位置；现场加工场地的布置，大中型机械设备的停放位置。

第三节　公路工程机械化施工方法选择

公路机械化施工组织的基本方法有顺序作业法、平行作业法、流水作业法和网络计划法等。选择施工组织方法，应考虑公路建设规模、工程数量及分布特点、施工机械的性能、工期要求等条件。

一、顺序作业法

将拟建工程划分成若干段落，每段又分解成相应的施工过程，组织一个施工队逐段进行施工，这就是顺序作业的组织方法。如路面一段一段地铺筑，桥梁一座一座地修建，即前一段施工全部完成后，后一段才能开始施工。这是最基本的、原始的施工组织方法。

由于施工队必须依次在所有施工段落的每一施工过程上作业，因而拟建工程的总工期等于施工队在各施工段落的各施工过程上的作业持续时间之总和。

顺序作业法有以下特点：

（1）因为只有一个施工队，只能利用一个工作面，所以工期长；

（2）不能实现专业化施工，施工机械和设备不能充分发挥作用，不利于提高工程质量，机械利用率和劳动生产率低；

（3）专业工种和专用机械不能连续作业，劳动力以及施工机械需用量波动性大；

（4）单位时间内需要投入的施工资源数量少，有利于施工物资供应的组织工作；

（5）施工现场的组织管理工作比较简单。

由此可见，在大规模的机械化施工条件下，顺序作业法只能作为一种辅助的施工组织方法。只有在个别的零星工种、施工技术单一的小型工程，当工期要求不严时才能考虑顺序作业法。

二、平行作业法

将拟建工程分段或分施工项目，分别组织施工队，同时在各工段上进行作业的施工组织方法，叫平行作业法。工程被划分成多少段（或施工项目），就相应地组织多少个施工队。

由于各施工队都同时作业，因此，完成拟建工程全部施工任务的总工期，等于施工时间最长的那一段（或施工项目）的工期。

平行作业法有以下特点：

（1）多个工作面同时作业，争取了时间，缩短了工期；

（2）不能实现专业化施工，施工机械和设备不能充分发挥作用，不利于提高工程质量，机械利用率和劳动生产率低；

（3）专业工种和专用机械不能连续作业，劳动力以及施工机械需要量出现高峰；

（4）因施工队增多，单位时间内需要投入的施工资源数量成倍增长，现场临时设施及施工物资供应工作也相应增加；

（5）施工现场的组织管理工作复杂。

由此可见，平行作业法除工期缩短外，仍然存在顺序作业法的根本缺点。只有当工期十分紧迫、突击抢工、抗灾抢险、施工资源充分保证时，才能考虑平行作业法。

三、流水作业法

将拟建工程划分为若干个施工段，按工序和工艺要求，分别组建专业施工队，每个施工队按照一定的施工顺序依次进入各施工段上作业，这种施工组织方法称为流水作业法。流水作业法能保证工程施工全过程在时间上和空间上连续、均衡而有节奏地进行，它符合施工的客观规律，是最适合机械化施工的组织方法。流水作业法的总工期介于顺序作业法和平行作业法之间，由施工组织的具体形式确定。

与顺序作业法和平行作业法相比，流水作业法有以下特点：

（1）科学地利用工作面，争取了时间，工期合理；

（2）专业化施工，充分发挥了人工、施工机械和设备的作用，劳动生产率和机械利用率高，工程质量好；

（3）专业工种和施工机械实现连续作业，相邻专业队之间搭接紧凑；

5

（4）单位时间内需要投入的劳动力、施工机械和施工材料等施工资源需用量均衡，有利于施工物资的计划、组织和供应工作；

（5）施工有节奏，为文明施工和施工现场科学而有序地管理创造了条件。

采用流水作业法组织施工，需要组建若干个专业队，必须是工程量大、施工技术复杂的大型工程，才能满足划分足够多的施工段和作业面的要求，充分发挥流水作业法的优越性。流水作业法的专业化连续施工，正是施工机械作业的基本要求，同时公路工程是线性工程，有足够的作业面，因此，流水作业法是公路机械化施工组织首先考虑的方法。

以上是假定在施工条件、施工机械、工程数量等完全相同的条件下，为说明三种基本施工组织方法的特点，仅就施工期限和劳动力需要量进行比较。综合应用上述方法，可以组成平行流水作业法、平行顺序作业法、立体交叉平行流水作业法等，以进一步缩短工期。

四、网络计划法

网络计划法是指 20 世纪 50 年代以来，为适应大规模生产和关系复杂的现代科学研究的需要，国外陆续采用以网络图为基础的计划管理新方法。在工程施工中，首先根据各项工作之间的逻辑关系，绘制施工网络图，通过计算找出关键工作和关键线路，然后按照一定的目标不断调整、优化初始网络图，得到最优化的施工进度计划，并在计划的执行过程中进行有效的控制和监督，确保以最小的消耗取得最大的经济效益，按期完成施工任务。

用网络计划法组织施工有以下特点：

（1）能充分反映施工中各项工作之间相互制约、相互依赖的逻辑关系；

（2）决定工程总工期的关键线路清楚，能反映各项工作的开始时间和完成时间，因而可以更好地调配、使用各种施工资源；

（3）网络图本身是一个确定的数学模型，计算方便，适宜使用计算机程序进行计算；

（4）既可用于施工进度控制，又可用于工程费用控制；

（5）编制大型的、复杂工程的施工网络计划时，工作量大。

由此可见，网络计划法是一种能从头绪众多、关系复杂的施工环节中较快获得相对最优方案的施工组织方法。它一出现就在太空探索、科学研究、工业生产、工程施工等领域得到广泛的应用，并取得了令人瞩目的成绩。自然，前述各种施工组织方法也可以通过网络计划法来安排施工进度。

　　公路工程因受地理环境、土壤地质、地形地貌等条件变化的影响，总体上讲是线性非均布工程，要普遍实现连续的、均衡的施工，难度较大，而且不容易得到最佳方案。网络计划法能适应各种有规则的和随意变化条件下的施工组织，它能适应公路工程施工的特点，在我国高速公路的施工组织中正发挥着积极的作用。

第二章 公路工程铲土运输机械化施工管理

第一节 公路工程推土机施工管理

推土机是以工业拖拉机或专用牵引车为主机，前端装有推土装置，依靠主机的顶推力，对土石方或散状物料进行切削或搬运的土石方施工机械。

推土机在建筑、筑路、采矿、油田、水电、港口、农林及国防等各类工程中，均得到了十分广泛的应用。它担负着切削、推运、开挖、回填、平整、疏松、压实等多种繁重的土石方作业，是各类工程施工中，必不可少的关键设备。此外，大型推土机加装松土器后还可以进行土石的劈松作业；加装多齿松土器可用于劈开较薄的硬土、冻土等；加装单齿松土器除能疏松硬土、冻土外，还可以耙松风化和有裂缝或节理发达的岩石。

推土机的作业对象主要是各级土、砂石料及风化岩石等。

一、推土机构造

推土机是由发动机、底盘、工作装置、液压系统和电气系统等组成。推土机的发动机多为柴油机，常布置在其前端，通过减振装置固定在机架上。底盘部分包括离合器（变矩器）、变速器、后桥、行走装置和机架等。底盘的作用是支承整机质量并将动力传给行走机构和液压操纵机构。主离合器装在柴油机和变速器之间，用来平稳地接合和分离动力，变速器和后桥用来改变推土机的行走速度、方向和牵引力。行走装置是支承机体并使推土机行走的机构。机架是整机的骨架，用来安装发动机、底盘和工作装置，使全机成为一个整体。电气系统包括发动机的电启动部分和全机的照明系统、控制系统和发电机等。除此之外，推土机还有燃油箱、液压油箱和驾驶室等外部设备。

推土机的铲刀主要有直铲式和角铲式两种。

（一）直铲式推土机推土装置

直铲式推土机铲刀用于切削和推运土壤，撑杆用来改变铲土角，顶推梁是铲刀的支承，用来安装铲刀和传递主机的牵引力。

（二）角铲式推土机推土装置

角铲式推土机推架制成整体梁，前端处与铲刀的后背中部铰接，通过改变各拉杆长度，铲刀除了可以水平向左或向右作 20°～30° 回转安装外，还可以在垂直平面相对水平面转动 0°～90° 角安装；铲刀的切削角还能在 40°～72° 之间进行调整。

推土机的工作装置除上述的推土装置外，还有松土器、耙齿、刮平铲等，用以扩大推土机的工作范围。

二、推土机的操作规程

（一）作业前准备

（1）了解作业区的地势和土壤种类，测定危险点及选定最佳的施工方案。

（2）如果作业区有巨石或大坑时，应预先清除或填平。

（3）起动前，应将所有的控制杆置于"中间"或"固定"位置。

（4）履带式推土机的履带松紧要适度且左右均匀。轮式推土机轮胎气压必须符合要求，且各轮胎气压应保持一致。

（5）检查燃油、润滑油和水及其系统，其量必须符合要求，其系统不得有泄漏。

（6）进行保修或加油时，发动机必须关闭，推土机铲刀及松土器必须放下，制动锁要在"锁住"状态。

（7）检查电气系统、操作系统及工作装置，各部分必须处于良好的工作状态，必要时进行调整，并且检查各仪表工作是否正常。

（8）发动机传动部分有胶带连接的推土机，不得用其他机械推拉起动，以免打坏锁轴。

（二）作业与行驶要求

（1）除驾驶室外，机上其他地方禁止乘人；行驶中任何人不得上下推土机。

（2）行驶时，铲刀离地面 40～50cm。

（3）严禁在运转中或斜坡上进行紧固、保养润滑和修理推土机。

（4）上下斜坡时，先选择最合适的斜坡运行速度，应直接向上或向下行驶，不得横向或对角线行驶，下坡时禁止空挡滑行或高速行驶；下陡坡时应放下推土机铲刀与地面接触再倒退下坡；避免在斜坡上转弯掉头，轮式推土机不能在坡度较大的场地作业。

（5）在坡地上工作时，若发动机熄火，应立即用三角木将推土机履带楔紧后，将离合器置于脱开位置、变速杆置于空挡位置，方能启动发动机，以防推土机溜坡。

（6）工作中驾驶员需要离开机器时，必须将操纵杆置于空挡位置，将推土机铲刀放下并将机器制动和关闭发动机后方可离开。

（7）在危险或视线受限的地方，一定要下机检视，确认能安全作业后方可继续工作，严禁推土机在倾斜状态下爬过障碍物；爬过障碍物时不得分离主离合器。

（8）避免突然起动、加速或停止；避免高速行驶或急转弯。

（9）填沟或回填土时，禁止推土机铲刀超出沟槽边缘，可用一铲一铲的方法填土，并换好倒车挡后才能提升推土机铲倒车；在深沟、陡坡施工现场作业时，应有专人指挥，以确保安全。

（10）多台推土机联合作业时，前后距离应大于 8m，左右距离应大于 1.5m；若工程需要并铲作业时，必须用机械性能良好、机型相同的推土机，驾驶员必须技术熟练，雾天作业时必须打开车灯。

（11）在垂直边坡的沟槽作业时，对于大型推土机，沟槽深度不得大于 2m；对于小型推土机，沟槽深度不得大于 1.5m。若超过上述规定时，必须按规定放安全装置或采取其他安全措施后，方可进行施工。

（12）轮式推土机用于除冰、除雪作业时，轮胎要加防滑链；用于清除石料作业时要加戴轮胎保护链。

（13）清除高过机体的建筑物、树木或电线杆时，应根据电线杆的结构、埋入深度和土质情况，使其周围保持一定的土堆；电压超过 380V 的高压线，其保留土堆大小应征得电业部门或电业专业人员的同意。

（14）在爆破现场作业时，爆破前必须把推土机开到安全地带。进入现场，操作人员必须了解现场有无瞎炮等情况，确认安全后方可将推土机开入现场继续施工。

（15）若必须要在推土铲下作业，则首先要将推土铲升到所需位置，先锁好分配器，锁住安全销，并用垫木将推土机垫牢固后，方可进行作业。

（16）履带式推土机长距离转移时，必须用平板车装运；装运时变速杆应处于空挡位置，制动杆、安全锁杆必须置于锁住位置，并用垫木将履带楔紧，用强度足够的铁丝将机体固定。

（17）履带式推土机不准在沥青路面上行驶。必须通过时，应铺设道木垂直通过，禁止转向。

（18）倒车时，应特别注意块石或其他障碍物，防止碰坏油底壳。

（三）作业后要求

（1）推土机应停放在平坦、坚实安全、不妨碍交通的地方，冬季应选择背风朝阳的地方，将发动机朝阳，铲刀放下着地。

（2）熄火前应将发动机怠速 5min，将变速杆置于空挡位置，将制动杆、安全锁杆置于锁住位置。

①起步

启动发动机并进入正常运转；起步前检查踏板是否松开；按推土机需要后退或前进，将换向杆推向前或拉向后；将变速杆移至所需要速度的位置；将燃油控制杆向上拉至适应于推土机工作的转速；缓缓地拉动主离合器操纵杆，当推土机开始行走时将主离合器操纵杆向后拉至最后位置，使主离合器完全接合。

②变速

将主离合器操纵杆推向前方；移动变速杆经过中间位置至所需要速度的位置；缓缓地拉动主离合器操纵杆，待推土机开始起步后，再将操纵杆迅速向后拉至接合位置，使其完全接合，以防止摩擦片早期磨损。

③换方向

将主离合器操纵杆向前推进并稍加用力以便完全松开离合器，使主离合器主轴完全停止运转；移动换向杆至需要的位置（换向杆向后拉推土机前进，向前则后退）；缓缓地拉动主合器操纵杆，待推土机开始起步后迅速将主离合器操纵杆向后拉过死点，使离合器完全接合。

④转向

拉动转向离合器操纵杆，向左转向时拉左杆，向右转向时拉右杆；当推土机需急转弯时，除了分离转向离合器外，还应踏下相应的制动踏板，并且要用低速小油门；不使用制动器时，不应将脚放在制动踏板上；转弯完毕后，应先放松制动踏板，再放松转向离合器操纵杆；高速行驶时或在石子路面上、黏土路面上不能急转向。

⑤行驶

陡坡上行驶：推土机坡行角度纵向不能大于 30°，横向不能大于 25°。一般情况下，应避免纵向大角度坡行和横向大角度坡行。必须在陡坡上行驶时，应避免变速，以防意外。避免在陡坡斜向行驶，尤其是冰雪斜坡，以防侧滑翻车。

前进下坡：推土机在陡坡中下坡时，应将推土机铲刀接触地面并倒车下行，用低速挡小油门，降低发动机转速，切勿分离主离合器空挡下行，否则会加速行驶而超过正常行驶速度；应缓慢地踩下制动踏板，防止发动机转速超限。推土机在下坡时转向，操作过程与一般情况下的转向操纵过程相同，但由于坡上推土机有因为本身质量而产生下滑的趋势，所以，拉转向操纵手柄与踩下制动踏板之间的时间间隔不宜太长。拉动主离合器操纵杆时，推土机转向与前进时的转向相反（即拉左杆向右转向，拉右杆向左转向）。

前进上坡：推土机在陡坡上前进上坡时，柴油机油门操纵杆应放到大开度的位置上，应用I挡缓慢行驶。不宜急转弯，不能将铲刀举得过高，一般高出地面40cm对机械稳定最为适宜；不能倾斜爬越障碍物，绝对禁止推土机横着斜坡行驶，不能分离主离合器。

⑥停机、熄火

将主离合器操纵杆推到"分离"位置，然后将油门操纵杆推到怠速低转位置，再将变速杆放在空挡位置并将铲刀落到地面。紧急情况下停车时，应将主离合器操纵杆向前推到"分离"位置，同时踏死两制动踏板，然后将油门操纵杆向下推到低速位置，并将变速杆放在空挡位置。在坡上停机时，为了防止由于机身自重下滑，必须将制动踏板踩死，将掣子扳到锁紧位置，主离合器手柄仍保持接合。上坡状态可将变速杆放在前进I挡，下坡状态可将变速杆放在后退I挡位置。在气温低于0℃停机时，应打开水箱盖及所有放水阀门放完积水，以免冻坏发动机，但加防冻液的除外。

三、推土机基本作业方法

推土机的基本作业是铲土、运土、卸土和空回四个工作过程组成一个作业循环。铲运土主要有以下几种作业方法。

（一）波浪式铲土法

波浪式铲土法优点是可使发动机功率得到充分发挥并缩短铲土时间和距离，缺点是空回时产生颠簸。

（二）接力式推土法

在取土场较长而土质较硬的场地作业时，可自近而远分段将土推送成堆，然后再由远而近地将各段土堆一次推送到卸土地。

（三）槽式推土法

在运送土壤时，为了尽可能减少运土损失，可在一个固定作业线上多次推运使之形成一条土槽，或者利用铲刀两端外漏的土壤形成土埂而产生的土槽推运，可以增加一次推运土壤的体积，提高生产率。

（四）并列推土法

即两台以上同类型推土机并列起来同步推运土壤，可以减少运土损失，两铲刀间隔以15～20cm为宜，必须掌握好每台推土机的运行速度和方向，避免碰车。

（五）下坡推土法

利用下坡时推土机重力的分力，加速铲土过程和增大运土量以提高作业效率。一般坡度不宜超过 20°。

1.填筑路堤

推土机填筑路堤的作业方式一般为直接填筑。施工方法主要有两种，即横向填筑与纵向填筑。在平原地区多采用横向填筑，而在丘陵以及山区多采用纵向填筑。

（1）横向填筑路堤

这种作业方式是推土机在路堤的两侧或一侧取土，向路堤依次移送土壤。单台或多台推土机施工时，最好采用分段进行，这样可以增大工作面，分段距离一般以 20～40m 为宜，每段也可以按班组的能力划分。

在一侧取土时，每段一台推土机，作业线路可采用"穿梭"法进行。在施工中，推土机推满土后，可向路堤直送到路堤坡脚，卸土后按原推土路线退回到挖土始点。这样在同一线路中按槽式推土法送 2～3 刀就可挖到 0.7～0.8m。此后推土机作小转弯倒退，以便向一侧移位，仍按同法推邻侧的土壤。以此类推地向一侧转移，直至一段路堤完工。然后推土机反向侧移，推平取土坑所遗留的各条土坡。

当推土机由两侧取土坑推土时，每段最好用两台并以同样的作业法，面对路堤中心线推土，但双方一定要推过中心线一些，并注意路堤中心线的压实。当路堤填高时，应分层有序地进行，一般每层厚度为 20～30cm，并分层压实。

当推土机单机推土填筑路堤高度超过 1m 时，应设置推土机进出坡道。坡道的坡度应不大于 1：2.5，宽度应与工作面宽度相同，长度为 5～6m。当采用综合机械化施工时，路堤填筑高度超过 1m 后，多用铲运机完成。

（2）纵向填筑路堤

这种作业方法多用于移挖作填工程，其开挖深度与填筑高度可按设计标高规定，不受其他限制，只要挖方的土壤性质适用于填筑路堤即可。这种施工方法最经济，但应注意开挖部分的坡度不能大于 1：2，开挖中应随时注意复核路基标高和宽度，避免出现超挖或欠挖。在填土过程中，应根据施工地段的施工条件，分层填筑，分层压实。

（3）综合作业法填筑路堤

这种作业法实际上是横向、纵向联合作业。将路堤沿线路 60～80m 分为若干段，在每段的中部设一横向送土道，采用横向填筑法，将土壤由通道送到路堤上，再由推土机纵向推送散土，分层填筑，分层压实。

2.开挖路堑

用推土机开挖路堑有两种施工情况：一种是在平地上挖浅路堑；另一种是在山坡上开挖路堑或移挖作填开挖路堑。

（1）平地上两侧弃土，横向开挖路堑

用推土机横向开挖路堑，其深度在 2m 以内为宜。开始推土机以路堑中线为界，向两侧横向按"穿梭"作业法进行，将路堑中挖出的土送至两侧弃土堆，最后，再做专门的清理与平整。如开挖深度超过了 2m，则需与其他机械配合施工。

此外，对上述施工作业，推土机也可用环形作业法施工。施工时推土机可按椭圆形或螺旋形路线运行，这种运行路线可以对弃土堆进行分层平整和压实。

不论采用何种开挖路堑和施工作业方法，都应注意排水问题，绝对不允许使路堑的中部下凹，以免积水。在整个路堑的开挖段上，应作出排水方向的坡度以利排水。在接近挖至规定断面时，应随时复核路基的标高和宽度，以免出现超挖或欠挖。通常在挖出路堑的粗略外形后采用平地机来整修边坡和边沟。

（2）纵向开挖山坡路堑

①开挖傍山半路堑。一般多用角铲式推土机进行，开挖时先由路堑边坡上部开始，沿路中线行驶，渐次由上而下，分段分层将土送至坡下填筑路堤处。由于推土机沿山边施工，要特别注意安全。推土机应在坚实稳定的土壤上行驶，填土时应保持道路内侧低于外侧，行驶纵坡度不要超过推土机的最大爬坡角。

推土机的平面角应根据土壤的性质来调整。在一、二级土壤上施工时，可调至 60°；在三、四级土壤上施工时，可调至 45°。推土时用铲刀的右角切入土壤，使被切下的土壤沿刀身向外送出。推土机开挖山边半路堑时，如果山坡不大（25° 以下），也可用直铲推土机，但在下坡送土时，最好铲土数次后，将土壤堆成堆，最后再将土壤一起推送到边坡前沿。这样不但可以提高生产率，而且也较安全。

②开挖深路堑。开挖深路堑运土填筑路堤施工时，应首先做好准备工作。要在开挖路堑的原地面线顶端各点和填挖相间的零点立起小标杆，同时挖平小丘，使推土机可以进入施工现场。如果推土机能够沿斜坡驶至最高点，则可以由路堑的顶点开始，逐层开挖推送至路堤处。开挖时可用 1～2 台推土机沿路中心线的平行线进行纵向堆填。等路堑挖至其深度的一半时，再用 1～2 台推土机，横向分层推削路堑斜坡。从斜坡上往下推的土壤仍由下面的推土机送到填土区，这样挖到路堑与路堤全部完成为止。

这种深路堑的开挖顺序每层可按槽式推土法开挖，并尽量利用地形做到下坡推土。

3.推土机其他辅助作业

推土机不但可以从事大土方量的工程施工，而且也可以从事其他辅助作业，如平整场地和回填土作业。在平整场地时，应选用角铲式推土机，在一、二级土壤上施工，平面角可调至 60°。开始平整时，推土机应从已经平整过的相当于设计标高的平坦部位开始，绝对不能在不平的位置处开始平整，否则当推到较远距离时，很容易形成一个斜面。若平整场地较大，最好分若干小区，再在各小区中选定标高，放平推土机再进行平整。如果场地是松散土壤，不平度也较小，也可用直铲式推土机，将铲刀送放在地面上，以倒驶的方法拖平。总之在场地平整中，不论是前进还是倒驶拖平，均应随时注意分块比平，以便随时纠正。

推土机进行涵洞回填时，也应选用角铲式推土机。回填时从涵洞的两侧交替推土，并尽可能地分层进行，以免压裂涵管。如用直铲式推土机回填，推土机驶离卸土位置时不要提升铲刀，应顺势后拖，顺便摊平土堆。当涵洞上面填土高过 1m 后，方可在涵洞上行驶。

第二节　公路工程挖掘机施工管理

一、挖掘机用途及工作对象

挖掘机是筑养路机械中的一个主要机种，是土石方施工工程中的主要机械设备之一。各种类型与功能的挖掘机在国民经济建设的许多行业，如工业与民用建筑、交通运输、水利电力工程、农田改造、矿山采掘及现代化军事工程等的机械化施工中被广泛地采用。据统计，工程施工中约有 60% 以上的土石方量是靠挖掘机来完成的。在各类工程施工中，挖掘机主要用于完成下列工作：

（1）开挖建筑物或厂房基础；

（2）挖掘土料，剥离采矿场覆盖层；

（3）采石场、隧道内、地下厂房和堆料场中的装载作业；

（4）开挖沟渠、运河和疏浚水道；

（5）更换工作装置后可进行混凝土浇筑、起重、安装、打桩、夯土等作业。

二、挖掘机分类

挖掘机按行走装置分为履带式、轮式、汽车式三种；按传动系统分为机械式、半液压式、液压式三和。

三、单斗挖掘机的构造及工作原理

（一）总体构造

不论哪种形式的单斗挖掘机其总体组成都基本相同，它主要由以下几部分组成：工作装置、回转机构、动力装置、传动操纵机构、行走装置和辅助设备等。常用的全回转式（转角大于 360°）挖掘机，其动力装置、传动机构的主要部分和回转机构、辅助设备及驾驶室等都装在可回转的平台上，统称为上部转台，因而又把这类机械概括成由工作装置、上部转台和行走装置三大部分组成。

动力装置：整机的动力源，大多采用水冷却多缸柴油机。

传动系统：把动力传给工作装置、回转装置和行走装置，有机械传动、半液压传动与全液压传动三种形式。

工作装置：用来直接完成挖掘任务，包括动臂、铲斗和斗柄等。

回转装置：使转台以上的工作装置连同发动机、驾驶室等向左或右回转，以实现挖掘与卸料。

行走装置：支承全机质量，并执行行驶任务，有履带式、轮式和汽车式等。

操纵系统：操纵工作装置、回转装置和行走装置的动作，有机械式、液压式、气压式和复合式等。

机棚：盖住发动机、传动系统与操纵系统等，一部分作为驾驶室。

底座（机架）：全机的装配基础，除行走装置装在其下面外，其余组成部分都装在其上面。

（二）工作原理

液压式单斗挖掘机由柴油机驱动两个液压泵，把高压油输送到两个分配阀，操纵分配阀将高压油再送往有关液压执行元件（液压缸或液压马达），驱动相应的机构进行工作。

挖掘机作业时，接通回转装置液压马达，转动上部转台，使工作装置转到挖掘点，同时，操纵动臂液压缸小腔进油，液压缸回缩，使动臂下降至铲斗接触挖掘面为止，然后操纵斗杆液压缸和铲斗液压缸，使其大腔进油而伸长，迫使铲斗进行挖掘和装载工作。

铲斗装满后，将斗杆液压缸和铲斗液压缸油路切断并操纵动臂液压缸大腔进油，使动臂升离挖掘面，随之接通回转装置液压马达，使斗转到卸载地点，再操纵斗杆和铲斗液压缸回缩，使铲斗反转卸土，卸完土，将工作装置转至主挖掘地点进行第二次挖掘作业。

（三）单斗反铲挖掘机的工作过程

带各种基本工作装置的单斗挖掘机是循环作业式机械，每一工作循环包括挖掘、回转、卸料和返回四个工作过程。

四、挖掘机施工技术

（一）准备工作

施工前必须对行驶道路、挖填方区域进行平整，做好降排水及清理障碍后的处理工作，为机械安全创造条件；将机械开进作业面，首先考虑地面坚实，另外要考虑运输设备进出现场及停车位置；同施工组织设计或工程负责人进行技术交底；做好挖掘机启动前的准备工作，试做一两个工作循环动作，同时注意各部位有无异常现象。一切正常后方可进行施工作业。

（二）挖掘作业

大多数液压挖掘机都采用双手柄，以便于各种复合动作。液压挖掘机的作业循环主要分为：挖掘、回转、卸土和返回四个步骤。在每一个步骤中都有可能有复合动作，即铲斗转动和斗杆收放、动臂升降和转台回转。

1.反铲挖掘作业

铲斗挖掘：基本方法是将动臂斗杆液压缸置于一定的位置不动，只操作铲斗油缸挖掘手柄，使铲斗转动切削土壤。

斗杆挖掘：将动臂和铲斗油缸置于一定位置，然后操作斗杆油缸控制手柄，使斗杆连同铲斗一同转动切削土壤。采用斗杆挖掘时，为了使挖掘阻力更小，更利于斗尖插入土层中，应使铲斗转至斗底线与斗尖推动轨迹圆成切线的位置，才不会产生铲斗切削角度过大或斗底挤压土的现象。

复合挖掘：铲斗油缸与斗杆油缸配合进行挖掘。有采取两组液压缸顺序动作的挖掘方式，也有同时动作的挖掘方式。

平整作业：略前垂直位置放置斗杆，并使铲斗转向后方。慢慢升高动臂的同时，操作斗杆收入功能，一旦斗杆移过垂直位置，便慢慢地降低动臂，使铲斗保持稳定的平面运动。

反铲工作面有正挖掘工作面和侧挖掘工作面两种，还可以挖掘垂直基坑和修整边坡。挖掘作业时为保证挖掘作业的合理性和科学性，应注意以下几点：根据机型的作业条件设计工作区域范围；停机位置应保证每次挖掘满斗率高，铲斗行程不大，并尽可能减少移机次数；合理确定运输车辆的停置点，它将决定每一挖掘循环的回转角，直接影响工作周期和生产率；合理安排工作的推移路线或挖掘面的开挖顺序。要充分利用工作面的宽度和高度，合理确定铲斗取土顺序及调集土壤的可能性；铲斗一般要从挖掘面的根部开始挖掘，并尽量使用铲斗挖掘，一定要通过铲斗转动来调动切削角和装斗。

2.回转作业

回转过程是在铲斗装满后工作装置从挖掘面旋转到卸土地点的过程。这一过程要求铲斗底部一经离开挖掘面，便提升动臂（或同时调整斗杆油缸）与调整铲斗转角，以适应所要求的卸土高度。当铲斗回转接近装土车辆时，松开回转手柄，然后便用回转制动器慢慢地制动住转台，并同时卸土。应当注意铲斗回转到装土车辆上空时，回转速度要慢（一般是惯性滑动），制动不能过猛，避免斗中石块抛洒出来砸在车辆上，造成事故。

3.卸土

当工作装置基本停稳后，翻转铲斗卸土。卸土操作时，要求铲斗中的土石卸下时的土堆中心对准车辆车斗中部。要特别注意掌握铲斗的卸土高度，切不可高抛高卸，以防砸坏车辆。

4.返回

卸土完毕后，工作装置应立刻返回挖掘面。返回过程中，铲斗翻转，然后一边回转一边下降动臂（有时还调整斗杆油缸），当铲斗对准第二次取土点时，应尽快调整好切削角使铲斗切入土中，开始重复挖掘动作。返回过程全部采用复合动作，动作要协调，快而准确。

（三）全液压反铲挖掘机开挖的基本方法

1.沟端开挖法

挖掘机沿着沟端逐渐倒退。当挖窄沟时，装载车辆可停在沟侧，动臂只要回转40°～50°即可卸料。如果所挖的沟宽为机械的最大挖掘半径的2倍时（即在机械每停置一处在180°的回转范围挖掘），装载车辆只能停置在挖掘机侧面，工作装置要做90°回转才能卸料。

此方法在挖掘更宽的沟渠时，可分段进行。机械在倒退挖到尽头后，由该端转换位置反向开挖毗邻一段。这种分段法每段的挖掘宽度不宜过大，以装载车辆能在沟侧行驶为原则，这样可减少每一工作循环所用的时间，从而大大提高机械生产率。

2.沟侧开挖法

机械沿沟侧行驶，装载车辆一开始停在沟端，以后就只能停置在沟侧。这样机械需要做 90°回转卸料，每一循环所用的时间较多，每次挖掘宽度只能在其挖掘半径以内。此法的主要缺点是机械沿沟侧行驶，沟的边坡较大。此方法也可采用逐段分次挖掘成较宽的基坑。

五、轮式挖掘机使用要点

（一）驾驶注意事项

（1）行驶前，应将铲斗置于车架上，插上转台固定销，收起液压支腿，检查转向盘、制动器及照明装置是否良好。

（2）转向时应提前换入低速挡，打开转向灯。缓慢转弯时，应早转慢打（转向盘），少打不回；急转弯时，应迟转快打，多打多回。

（3）换挡时应注意如下问题：

①对于全液压轮式挖掘机（如贵阳矿山机器厂的 WYL100C、WYL161 和 WYL320 等型号）换挡时，将手动换挡阀向前推，即为公路行驶速度（高速）；向后拉，则为越野行驶速度（低速）；移至中间位置则为空挡，用于停驶或被牵引行驶。进退挡转换时应停车进行，将行走方向操纵杆向前推，即为前进方向；向后拉，则为后退方向；置于中间位置，则行走机构不工作。

②对于半液压轮式挖掘机（如贵阳矿山机器厂生产的 W4-60 型），其换挡方式与解放牌载重汽车相同，即"两脚离合器"法。

低速换高速挡时，先加大油门提高车速，然后迅速踩下离合器踏板，同时放松油门踏板，将变速杆置于空挡位置，再迅速放松离合器踏板，接合后又踩下，同时将变速杆置入高速挡，放松离合器踏板，即可加大油门前行。高速挡换低速挡时，先放松油门踏板，降低车速，然后踩下离合器踏板，同时将变速杆置于空挡位置，再迅速放松离合器踏板，稍加大油门，接着又踩下离合器踏板，将变速杆置入低速挡位置，放松离合器踏板，即可加大油门前进。

（4）越野行驶时应注意如下问题：

①通过突起较高的障碍物时，应低速慢行，当前轮将要驶上障碍物时应稍加大油门，待驶上障碍物后立即松开油门踏板，使前轮自行滑下障碍物，然后用同样方法使后轮通过。

②通过大而深的凹形路面时，应预先松开油门踏板，用制动的方法减慢车速，利用惯性慢慢溜进，当前轮溜到坑底时再踩油门踏板，使前轮驶出洼坑，用同样的方法使后

轮也驶出洼坑。

③通过泥泞地段时，应用中速或低速一气通过，尽量避免中途换挡和停车。若被迫停车，起步时可比平时速度高一些，利用冲力离开陷区。

④行驶中发生横滑时，应立即降低速度，同时将转向盘向后轮滑动的相同方向转动，待前轮与机身一致后，再将挖掘机驶入正道。挖掘机横滑时切不可紧急制动和乱打转向盘，以免发生更大的横滑。

⑤行驶中若车轮陷入泥泞地打滑时，应视道路情况将挖掘机向后倒一点再前进，如果仍不能开出，不可连续使用此种方法，以免车轮原地转动而下陷更深，此时可使用四轮驱动或利用支腿支起车身，在下陷车轮下铺上碎石、木板或树枝等，然后将车驶出。

（二）挖掘机作业注意事项

（1）作业前，应拔下转台固定销。轮式挖掘机还应放下支腿，将机车停放平稳。带闭锁装置的挖掘机，还应将前后轮及悬挂油缸闭锁。活动式转向盘应当向前推，以便于作业操纵。

（2）作业时，在挖掘机回转半径之内不能有人或较高的固定物，在向车辆上卸料时，铲斗不得从驾驶室顶上越过。

（3）反铲作业时，不准挖掘离机身太近的土，尤其是挖掘深坑时更要格外注意，以避免塌方。

（4）正铲作业时，必须及时排除易塌方的工作面或较大的石块。

（5）当放下动臂、斗杆，使铲斗接触工作面时，严禁由高处砸下；回转平台的启动、停止及工作油缸接近上下止点时，应缓慢平稳，避免产生过大的冲击。

（6）严禁用铲斗打桩或横扫地面障碍物；铲斗没离开地面时不准旋转。

（7）在坡道上作业时，不可沿坡道横向停挖，若受地形限制，应用推土机推平；在纵坡上作业时，可用绞盘钢丝绳将挖掘机拖住，对轮式挖掘机还可用垫土或石块将前后轮阻牢以防翻车。

（8）铲斗内有残土卸不掉时，应用铁锹铲除，不可反复猛烈扳动操纵杆企图将土抖掉。

（9）轮式挖掘机在挖完一块地后移位时，必须收起支腿，解除行走与制动，并打开悬挂油缸闭锁气阀。

（10）在高压电线下作业时，必须与高压电线保持一定的距离。一般来说，与380V输电线应间隔1～5m以上；与1 100～3 300V输电线应间隔3m以上；与5 500～11 000V输电线应间隔5m以上。

（11）在市区作业时，应事先了解地下管道、电缆及地下建筑物分布情况。

（12）在作业过程中，如果液压油温度超过 80℃应停止作业，并让液压泵空转，以降低油温。

（13）停止作业或驾驶员离开时，应将铲斗置于地面，斗内不留余土。

（三）轮式挖掘机跨越壕沟

挖掘机通过壕沟时，可以采用填土或架桥的办法，但对于轮式挖掘机，若壕沟宽度不超过其轴距的 1/3 时，可以利用工作装置跨越壕沟。具体做法如下：

（1）挖掘机倒车驶近壕沟的左侧，并将转台旋转 180°。

（2）用工作装置支撑在壕沟的右侧，使挖掘机缓缓前行。

（3）用工作装置支起后轮，使之越过壕沟，横跨在壕沟的两侧，然后停止动作。

（4）升起动臂，使工作装置离开地面，然后将转台旋转 180°，工作装置支撑在壕沟左侧地面上。

（5）利用工作装置使前轮稍离地面并越过壕沟，这样整机就跨过了壕沟。

（四）用挖掘机的工作装置辅助爬坡

当坡道泥泞（打滑），挖掘机爬坡牵引力不足时，可利用工作装置辅助爬坡。辅助爬坡有正爬和倒爬两种方式。

（1）正爬。将挖掘机停放在坡下，铲斗抓在坡面上，伸动铲斗油缸和斗杆油缸，使整机前进。在前进中若前桥抬起过高，可伸动臂油缸，使前轮贴住地面。为了增大牵引力，铲斗可在坡面上抓深一些，前进中变换铲斗的支撑点时，必须将挖掘机制动死，以防其下滑。

（2）倒爬。将挖掘机驶近土坡，旋转转台 180°，用铲斗斗齿支于地面，收缩斗杆油缸，使挖掘机后退爬坡。若后部翘起，可收缩动臂油缸，使前部稍起，后部便自然落地。同样，在变换铲斗支撑点时，必须将挖掘机制动死。

（五）用挖掘机挖掘建筑基坑

建筑基坑的形状通常是四壁垂直，坑底平整。

（1）宽度小于挖掘半径两倍的小型基坑，可用一次挖掘法施工。将挖掘机停在基坑中心线上，呈扇形倒退挖掘。装载车辆（通常用自卸车）停在基坑两侧，挖掘机可左右回转卸土。

上述方法由于挖掘扇面较大，坑内余土较多，常常需要人工清土，加上垂直壁的开挖不方便，平整度不高，因此这一方法也称为"粗挖法"，它适用于工期紧迫的建筑工程。

也可采用四次挖掘法施工。先将挖掘机停在基坑一侧，呈小扇形倒退挖土，自卸车停在挖掘机外侧运土；挖完一侧后再用同样的方法挖另一侧，自卸车也停在另一侧运土；最后再分别挖掉基坑两头的余土。每次挖掘时，铲斗均应伸过基坑中心线，以便挖净中间部分的土壤。这一方法由于挖土彻底，坑壁质量高，因此又叫作"细挖法"。但在整个过程中，挖掘机需要转移4次，影响作业效率，且要有较大的场地供自卸车停放，因此适用于工期要求不紧的工程。

（2）宽度大于挖掘半径2倍的中型基坑，可采用中间开挖法，即根据基坑的宽度，将其分作等宽的几部分，每一部分都在挖掘半径以内，先从中间部分开挖，自卸车可停放在未挖部分的地面上运土。

（3）大型建筑基坑，可采用多台挖掘机分段同时开挖，挖掘机的摆放位置以不发生相互干涉和便于自卸车进出为原则。上述几种基坑的作业宜选用反铲铲斗。若选用正铲，应先用其他机械或人工挖出工作断面，并留有进出口坡道，然后挖掘机开进去挖掘。

（4）较深的建筑基坑，可采用分层开挖的方法逐步达到规定深度。若土质松软，也可以用抓铲一次挖掘到预定深度。

另外，挖掘机与自卸车的配合以相互不等待为原则，所需自卸车的数量与挖掘机的生产率、自卸车的载重能力、运土距离长短及道路质量情况等有关，可根据工程实际情况计算出来。为了提高挖掘机与自卸车的配合生产率，自卸车的容量最好是挖掘机斗容量的整数倍，这样挖掘机不会出现半斗也要装一次车的情况，通常，这个整倍数以3～4为宜，即挖掘机挖3～4斗就可装满1车。

第三节　公路工程装载机施工管理

装载机是一种广泛用于公路、铁路、矿山、建筑、水电、港口等工程的土石方施工机械，它主要用来铲、装、卸、运土与砂石一类散状物料，也可对岩石、硬土进行轻度铲掘作业。如果安装不同的工作装置，还可以扩大其使用范围，完成推土、起重、装卸其他物料的工作。在公路特别是高等级公路施工中，它主要用于路基工程的填挖、沥青和水泥混凝土料场的集料和装料等作业。由于它具有作业速度快、效率高、操作轻便等优点，因而装载机在国内外得到迅速发展，成为公路建设中土石方施工机械的主要机种之一。

装载机的作业对象主要是：各种土壤、砂石料、灰料及其他筑路用散粒状物料等。

一、轮式装载机结构

轮式装载机由工作装置、行走装置、发动机、传动系统、转向制动系统、液压系统、操纵系统和辅助系统组成。

工作装置由动臂、动臂油缸、铲斗、连杆、转斗油缸及摇臂组成。动臂和动臂油缸铰接在前车架上，动臂油缸的伸或缩使工作装置举升或下降，从而使铲斗举起或放下。转斗油缸的伸缩使摇臂前后摆动，再通过连杆控制铲斗的上翻收斗或下翻卸料。

由于作业的要求，在装载机的工作装置设计中，应保证铲斗的举升平移和下降放平，这是装载机工作装置的一个重要特性。这样就可减少操作程序，提高生产率。

（1）铲斗举升平移。当铲斗油缸全伸使铲斗上翻收斗后，在动臂举升的全过程中，转斗油缸全伸的长度不变，铲斗平移，旋转不大于15°。

（2）铲斗下降放平。当动臂处于最大举升高度、铲斗下翻卸料（铲斗斗底与水平线夹角为45°）时，转斗油缸保持不变，当动臂油缸收缩，动臂放于最低位置时，铲斗能够自动放平于铲掘位置，从而使铲斗卸料后，不必操纵铲斗油缸，只要操纵动臂油缸使动臂放下，铲斗就可自动处于铲掘位置。

工作装置运动的具体步骤是：铲斗在地面于铲掘位置收斗—动臂举升铲斗至最高位置—铲斗下翻卸料—动臂下降至最低位置—铲斗自动放平。

二、装载机驾驶

（一）装载机操作规程

1.作业前的准备

（1）机械在发动前，先将变速杆置于浮动位置，然后再启动发动机。

（2）作业前，先做无负荷运转3～5min，检查各部是否完好，确认一切正常后再开始作业。

（3）检查轮胎的完好情况及气压是否符合规定标准。

（4）作业前，检查作业场地周围有无障碍物和危险品，并将施工场地进行平整，便于机械出入。

2.作业和行驶要求

（1）除驾驶室外，机上其他地方严禁乘人。

（2）装载时铲斗的装料角度不宜过大，以免增加装料阻力。

（3）装料时应低速进行，不得采用加大油门、高速将铲斗插入料堆的方式进行。

（4）装载时驱动轮如有打滑现象，应微升铲斗再装料，若打滑现象严重，应使用防滑链。

（5）向车上卸料时，必须将铲斗提升到不会触及车厢挡板的高度，严禁铲斗碰撞车厢，严禁将铲斗从驾驶室顶上越过。

（6）装载机不能在坡度较大的场地上作业。

（7）在装载作业中，应经常注意液力变矩器油温情况。当油温超过正常油温时，应停机降温后再作业。

（8）下坡时，应采用制动减速，不可踩离合器踏板，以防切断动力、发生溜车事故。

（9）行驶中，在不妨碍通过性能的前提下，铲斗应尽可能降低高度。

（10）通过桥、涵时，应先注意交通标志所限定的载重吨位及行驶速度，应避免在桥上变速、制动和停车。

（11）涉水时，应在发动机正常有力、转向机构灵活可靠的情况下进行，并应对河流的水深、流速及河床情况了解后再通过，涉水深度不得超过发动机油底壳。

（12）涉水后应立即停机检查，如发现因涉水造成制动失灵，则应进行连续制动，利用发热蒸发掉制动器内的水分，以尽快使制动器恢复正常。

（13）操作人员离开驾驶室时，必须将铲斗落地。

3.作业后要求

（1）装载机应停放在平坦、安全、不妨碍交通的地方，并将铲斗落地。

（2）停机前，发动机应怠速运转 5min，切忌突然停车熄火。

（3）按规定对装载机进行例保。

（二）装载机的驾驶操作

1.起步

启动发动机并使其进入正常运转状态。起步前观察车前后左右情况并按喇叭进行鸣警，确定脚制动和转向灯制动灯正常后将变速杆挂入适当挡位，放松手制动并缓缓踏下油门踏板，稳握方向盘，使车徐徐起步。

2.变速

ZL 系列装载机采用行星式动力换挡变速箱，通过液压系统控制两个前进挡和一个后退挡。低速挡扭力大、速度慢，适宜起步、上坡和作业使用。高速挡适用于运距较长或道路平坦情况下使用。

行驶时，铲斗抬起，斗底面距地面 40～50cm，并根据路况，及时调整转向盘，保持正确的行驶方向，通过控制油门踏板和换挡调整车速。

3.动臂升降

驾驶员根据作业要求，操纵动臂操纵手柄，向后拉，动臂上升；向前推，动臂下降，继续向前推，动臂浮动（随地面高低及自重浮动）；动臂手柄处于中间位置，动臂停止动作。

4.铲斗下翻转与上翻转

操纵铲斗操纵手柄从中间位置向前推，铲斗下翻转，向后拉，铲斗上翻转；放松此杆，则自动回中位，铲斗自动停止翻转。

5.停车

踏下制动踏板，使装载机慢慢停车，拉动手制动，将变速杆置于空挡。将铲斗平放在地面上并逐渐降低发动机转速至 700～1 000r/min 运转几分钟，拉动发动机熄火拉钮，使发动机熄火，然后断开电源总开关。坡道上停车应在轮胎一侧垫上止停物。

三、装载机基本操作方法

（一）装载机工作过程

装载机的工作过程由铲装、转运、卸料和返回四个过程构成，并习惯地称之为一个工作循环。

（1）铲装过程：首先将铲斗的斗口朝前，并平放到地面上，机械前进，铲斗插入料堆，斗口装满物料。然后，将斗收起，使斗口朝上，完成铲装过程。

（2）转运过程：用动臂将斗升起，机械倒退，转驶至卸料处。

（3）卸料过程：先使铲斗对准停止在运料车厢的上空，然后将斗向前倾翻，物料即卸于车厢内。

（4）返回过程：将铲斗翻转成水平位置，机械驶至装料处，放下铲斗，准备再次铲装。

（二）铲装作业

1.对松散物料的铲装作业

首先将铲斗放到水平位置，并下放至与地面接触，然后以Ⅰ挡、Ⅱ挡的速度前进，使铲斗斗齿插入料堆中。此后，边前进边收斗，待铲斗装满后，将动臂升到转运位置（离地约 50cm），再驶离工作面。如装满有困难时，可操纵铲斗上下颤动或稍举动臂。

2.铲装停机面以下物料作业

铲装时应先放下铲斗并转动，使其与地面成一定的铲土角，然后前进，使铲斗切入土中，切土深度一般保持在 150～200mm 左右，直至铲斗装满，然后将铲斗举升到转运位置，再驶离工作面运至卸料处。铲斗下切的铲土角约为 10°～30°。对于难铲的土壤，可操纵动臂使铲斗颤动，或者稍改变一下切入角度。

3.铲装土丘作业

装载机铲装土丘时，可采用分层铲装或分段铲装法。分层铲装时，装载机向工作面前进，随着铲斗插入工作面，逐渐提升铲斗，或者随后收斗直至装满，或者装满后收斗，然后驶离工作面。开始作业前，应使铲斗稍稍前倾。这种方法由于插入不深，而且插入后又有提升动作的配合，所以插入阻力小，作业比较平稳。由于铲装面较长，可以得到较高的充满系数。

如果土壤较硬，也可采取分段铲装法。这种方法的特点是铲斗依次进行插入动作和提升动作。作业过程是铲斗稍稍前倾，从坡角插入，待插入一定深度后，提升铲斗。当发动机转速降低时，切断离合器，使发动机恢复转速。在恢复转速过程中，铲斗将继续上升并装一部分土，转速恢复后，接着进行第二次插入，这样逐段反复，直至装满铲斗或升到高出工作面为止。

（三）装卸作业

装载机驶向自卸车或指定货场，并对准车厢或货台，逐渐将动臂提升到一定高度（使铲斗前翻不致碰到车厢或货台），操纵铲斗手柄前倾卸料（适当控制手柄，以达到逐渐卸料的目的）。卸料时要求动作轻缓，以便减轻物料对自卸车的冲击。如果物料黏附在铲斗中，可往复扳动操纵手柄，让铲斗振动，使物料脱落。卸料完毕后，收斗倒车，然后使动臂下降，进行下一个作业循环。

（四）其他作业

装载机还可以进行推土作业、刮平作业、拖平作业等。

装载机生产率在很大程度上与其作业方式有关。

四、装载机施工技术

（一）V 形作业法

自卸运输车与工作面呈 50°～55°布置，而装载机的工作过程则根据本身结构形式而有所不同。装满斗后，倒车驶离工作面，并掉头 50°～55°，垂直于自卸车，然后驶向自卸车卸载。卸载后装载机倒车驶离自卸车，然后调头转向料堆，进行下一个作业循环。V 形作业法作业循环时间短，在许多场合得到广泛应用。

（二）I 形作业法

自卸车平行工作面适时地作往复前进和后退，而装载机穿梭式地垂直于工作面前进和后退，所以该作业法又称"穿梭式作业法"。装载机装满斗后直线后退，同时举升铲斗到卸载高度，自卸车后退到与装载机垂直位置，然后装载机驶向自卸车并卸载。装载机卸载后自卸车向前行驶一段距离，以保证装载机驶向工作面进行下一个作业循环，直至自卸车装满为止。I 形作业法省去了装载机的调头时间，对于不易转向的履带式及整体车架轮装载机比较适用，但增加了自卸车前进、后退的次数。因此，采用这种作业方式的装载机，作业循环时间取决于与其配合作业的自卸车驾驶员的操作熟练程度。

（三）L 形作业法

自卸车垂直于工作面，但距离工作面较远。装载机铲装物料后倒退并调头 90°，然后驶向自卸车卸载。空载的装载机后退并调转 90°，然后驶向物料堆进行下一次铲装。这种作业方式运距较短，作业场地较宽时装载机可同时与两台自卸车配合工作。

（四）T 形作业法

自卸车平行于工作面，但距离工作面较远。装载机铲装物料后倒退并调转 90°，然后再相反方向调转 90°，驶向自卸车。

第四节 公路工程平地机施工管理

一、平地机用途和分类

平地机是一种以装配铲土刮刀为主，配有其他多种辅助作业装置，进行土的切削、刮送和整平作业的工程机械。它可以进行砂、砾石路面和路基的整形和维修，表层土或草皮的剥离，挖沟，修刮边坡等整平作业，还可完成材料的混合、回填、推移、摊平作业。平地机配以辅助装置，可以进一步提高其工作能力，扩大其使用范围。因此，平地机是一种效能高、作业精度好、用途广泛的施工机械，被广泛用于公路、铁路、机场、停车场等大面积场地的整平作业。

平地机按行走车轮数目分为四轮式和六轮式两种。四轮式为轻型平地机，六轮式为大中型平地机。

平地机按转向方式分为前轮转向式、全轮转向式和铰接转向式三种。

平地机还可按车轮对数或轴数进行分类，其表示方法为：车轮总对数（或轴数）×

驱动轮对数（或轴数）×转向轮对数（或轴数）。六轮的有 3×2×1（前轮转向，中后轮驱动），3×3×1（前轮转向，全轮驱动），3×3×3（全轮转向，全轮驱动）；四轮的有 2×1×1（前轮转向，后轮驱动），2×2×2（全轮转向，全轮驱动）。平地机驱动轮数越多，在工作中所产生的附着牵引力越大；转向轮数越多，机械的转弯半径越小。所以上述几种形式中以 3×3×3 型性能最好，大中型自行式平地机多采用这种形式，且大多采用铰接式机架，具有更小的转弯半径，其机动灵活性也更好。

平地机还可按刮刀长度或发动机功率分为轻、中、重型三种。

平地机按工作装置（刮刀）和行走装置的操作方法，可分为机械操纵和液压操纵两种。目前，平地机多采用液压操纵。

平地机机型编号的第一个字母为 P，第二个字母 Y 表示液压式，后面的数字表示发动机功率。例如，PY180 表示功率为 180kW 的液压平地机。

二、平地机组成

平地机主要由发动机、传动系统、行走装置、转向装置、车架、工作装置、液压操纵的倾斜机构、操纵系统及电器系统等组成。

（一）发动机

平地机的发动机一般采用柴油发动机，有风冷、水冷两种，且多数都采用了废气涡轮增压技术；有些平地机采用专用柴油发动机，这种发动机可以较好地适应施工中的恶劣工况。

（二）传动系统

传动系统一般由主离合器液力变矩器、变速器、后桥传动及平衡箱串联传动装置组成。

其动力传递路线为：发动机飞轮—主离合器—（液力变矩器）—变速器—后桥—串联传动箱—车轮。

（三）行走装置

行走装置的形式主要为轮式，其驱动形式有后轮驱动和全轮驱动两种。采用全轮驱动时，前轮驱动力可由变速器输出，通过万向节传动轴传至前桥，或采用液压传动方式将动力传至前桥。

（四）转向装置

转向装置有前轮转向、全轮转向及铰接式转向三种形式。

（五）车架

平地机的车架为一个支持在前桥和后桥上的弓形梁架。车架上安装了发动机、主传动装置、驾驶室及工作装置等。

在车架的中间弓背处装有油缸支架，上面安装刮刀、升降油缸和牵引架引出油缸。车架有整体式和铰接式两种形式。铰接式车架分为前车架和后车架，前、后车架以铰销连接，并以液压油缸控制车架的转角。铰接式车架提高了机器的灵活性，减小了转弯半径，机器可以折身前进作业，增强了平地机的作业适应性。

（六）工作装置

工作装置分为主要工作装置和辅助工作装置。刮刀是平地机主要的工作装置。

刮刀安装在支承架上，并由刮土侧移油缸实现侧向移动。刮刀可由切削角调节油缸实现绕其轴向转动的动作，以此改变其切削角。每次调整后用角位器紧固螺母锁固。角位器与回转圈焊接在一起，回转圈安装在牵引架上，它们之间能相对转动，回转圈有内齿圈，由与之相啮合的回转驱动装置驱动（或者由油缸直接驱动），实现回转。牵引架通过球铰与机架相连接，牵引架在（左、右）升降油缸及牵引架引出油缸（倾斜油缸）的联合作用下，能达到作业所需工作位置。

平地机辅助工作装置有松土器、推土铲、除雪犁等。它们主要是配合刮刀作业，其中松土器俗称"耙子"，由其收放油缸实现松土动作，推土铲和除雪犁等为选装装置。

（七）液压操纵的前轮倾斜机构

液压操纵的前轮倾斜机构由前桥梁、转向节座、倾斜拉杆和油缸组成。而桥梁与转向节座铰接，而转向节座与倾斜拉杆端铰连，它们形成一个四连杆机构。油缸体与前桥梁铰连，活塞杆与拉杆端铰连，活塞杆的伸缩即可使左右前轮同向倾斜。

三、平地机驾驶

（一）平地机驾驶前准备

（1）驾驶前应认真学习平地机安全操作规程。

（2）严格按照平地机安全操作规程对机械进行检查和准备。

（二）平地机行驶

（1）首先将铲刀、推土板提起，铲刀应置在两轮之间，并尽可能提高离地间隙。

（2）将变速箱杆置于"前进"或"后退"上的Ⅰ挡或第Ⅱ挡位置。

（3）鸣笛，放开手制动，踩下加速踏板，平地机即开始行走。

（4）平地机行驶时，应注意观察变矩器油温表。变矩器油温应在 60Y～80Y 之间，温度超过 80° 时应立即减小油门，变换挡位，减速行驶，待温度下降后，再恢复原行驶

（5）陡坡一般采用Ⅰ挡速度，平缓或中等坡度用Ⅱ挡速度。

（6）在公路上行驶时，最好将铰接转向锁定，方法为：

①拧松螺母，将锁定杆移向左侧，并移到头；

②拧紧螺母。

（7）起步必须用低挡，然后逐挡加速，减速必须逐挡递减，并在各挡停留一定时间，不允许从高挡直接降到低挡。

（8）前进与后退转换时，必须在中间空挡停留一定时间，避免冲击给传动系统带来峰值负荷。

（三）平地机的熄火与驻车

（1）向后拉住发动机熄火手柄，直到发动机熄火，并使发动机空转 1～2min；

（2）拉紧手制动；

（3）将工作装置置于地面；

（4）取下启动钥匙，关掉电源总开关，锁住驾驶室门。

四、平地机基本作业

平地机常用的四大基本功能，即刮刀刀角铲土侧移、刮刀刮土侧移、刮土直移、机外刮土。

（一）刮刀刀角铲土侧移

这种作业方法适用于开挖边沟，并利用开挖的土修整路基断面或填筑低路堤。作业时，应先根据土壤的性质调整好刮刀的铲土角和平面角，平地机以低速挡前进，使刮刀的前端下降、后端升起，形成较大的倾斜角切土。被铲起的土壤沿刀身外移，铺于左右轮之间。在运行过程中，根据刮刀阻力大小，可适当调整切土深度，每次调整量不宜太大，以免开挖后的边沟产生波浪形纵断面，给下一个行程作业造成困难。

为了便于掌握平地机的方向，刮刀的前端应正对前轮之后，遇到特殊情况，也可将刮刀前端置于机身外。但必须注意，此时刮出的土壤也应卸于前轮内侧，避免后轮压上，影响平地机的牵引力的发挥。

（二）刮刀刮土侧移

这种操作方法适用于侧向移土修筑路堤、平整场地、回填沟渠、路拌和摊铺路面材料等作业。

作业前应根据施工对象要求和土壤条件，调整好刮刀的平面角和铲土角。作业时，将刮刀的两端同时下放，其切入其他材料中。被刮起的物料即沿刀身平面侧移，卸在一端形成土埂。根据刮刀侧向引伸的位置，可以位于机械的外侧，或位于机械的两轮之间。

使用全轮转向的平地机在弯道上作业是十分方便的，因为前后轮可根据弯道的情况配合转向，从而提高作业效率。刮刀可以全回转的平地机，为了提高作业效率，可将刮刀前的齿耙卸下，当刮刀回转180°、平地机后退时，刮刀仍旧可以作业。这种方法，特别适用于狭长工地，采用"穿梭"式往复作业。平地机刮刀刮土侧移，特别适用于大面积场地的平整作业。只要将刮刀置于不同的平面角，平地机往返几次作业，就可以把土壤刮得相当平整。

（三）刮土直移

这种作业适用于修整不平度较小的场地，在路基施工中可用于路拱的修整和材料的整平。

作业前首先调整刮刀的铲土角，为了增大刀身的高度，一般铲土角位在60°～70°。再将刮刀平置（平面角为90°），平地机用Ⅰ、Ⅱ挡前进后，将刮刀两端等量下降，使之少量切入土中。被刮起的土壤积在刀身前，并且大部分随刀向前推送，少量的土从刮刀的两端溢出。溢出的土可在最后阶段将刮刀切入标准高度后，以快速前进的方法将其全部铺散。

（四）机外刮土

这种作业主要用于修筑路堤、路堑边坡、边沟边坡等。

作业时，首先将刮刀倾斜于机外，再将刮刀的上端向前倾，平地机以Ⅰ挡前进；放下刮刀切入土中，被刮下的土壤即沿刀身卸于两轮之间，然后再用刮刀将土运走。

当刷边沟的边坡时，刮刀的平面角应小些；刷路堑边坡时，平面角应大些。

从上述各种作业中可以看出，平地机刮刀的各种角度调整是比较频繁而费时的，特别是刮刀上下升降以控制切土深度。而带有自动找平装置的平地机，可以按照施工对象的要求，沿着一条基准线自动调整刮刀高度。

五、平地机施工技术

平地机之所以具有多种辅助作业能力，是由于它的刮刀能在空间完成6个自由度参数的运动，即沿空间坐标轴X、Y的移动和转动。这6种动作可以单独进行，也可以组合进行，它的主要施工方法有以下几种。

（一）平地作业

（1）正铲平整作业：刮刀垂直于平地机的纵向轴线，平地机直线前进完成平整作业。刮刀以较小的入土深度和最大切削宽度状态工作。

（2）斜身刮土和移土作业：平地机斜身直行时，将刮刀置于与前进方向成某一角度，则刮起的土被移至一侧。这一作业方式也可用于大量筑路材料的搅拌作业。由于刮刀可在不同方向上作不同程度的回转，所以可以根据作业需要进行选择。

（3）将牵引架侧摆，同时引出刮刀，可对机器侧边较远地方加以平整。

（4）借助铲刀回转 180°，平地机可在不需掉头的进退行驶状态下实现往返作业。这一情况多半在机器无余地掉头或掉头虽有可能但较困难时采用。对于熟练的平地机驾驶员，在进行大面积平整作业时，为了提高作业效率也往往采用这种方法，因为回转刮刀 180°，所需时间较机器掉头所花时间短。

（5）如果被平整的平面的边界是不规则的曲线（边界有曲线障碍物），驾驶员可以通过同时操纵转向和刮刀的引入或伸出，机动灵活地沿曲折的边界进行作业。

（二）刷坡作业

刷坡是一种对斜坡表面的平整作业。需要修刷的坡面有路堤边坡、边沟边坡、路堑边坡、取土坑和边沟坡等。在刷坡时，平地机的刮刀要侧向伸出，并调成与坡面相适应的倾角，平地机以 I 挡行驶，为使其行驶稳定，前轮应向反刮刀侧伸方向倾斜。

当路堤边坡高于平地机刮刀所能修刷的范围时（坡面长度应小于刮刀长度），可用一台平地机在路堤上沿路堤边缘环形行驶。如果路堤较高，一台平地机无法修刷全坡时，则可用两台平地机联合作业，一台平地机在路堤上向下刮土，另一台平地机在路基边缘沿取土坑向上刮土。开始时，在路堤上的平地机应先行一步（先行 10m 以上），然后堤下的平地机再开始工作。这样不会因堤上平地机工作时所刮下的土壤散落而影响在堤下的平地机的工作，同时也便于堤下平地机驾驶员以堤上平地机所刮成的边坡斜度为标准，把两个平面连成一个斜面。若修刷边坡与修整路型结合进行时，可装用下弯的刷坡刀，平地机沿路堤边驶过，即可同时修整路堤和刷刷坡面。

修刷边沟边坡和路堑坡面时，先将刮刀倾斜于机侧，然后使刮刀上端朝前，平地机以 I 挡前驶并放刀切土，于是被刮下的土壤顺刀卸于左右车轮之间，尔后再将此土移走。

在刷路堑边坡时刮土角应大些，刷边沟边坡时刮土角应小些。若要修刷 90° 陡坡时，应将平地机刮刀倾角调整为 90°。为达此目的，首先要改变刮刀升降机构的支承位置，然后靠刮刀的倾斜、侧伸和升降等三个机构的协调工作来实现。

（三）填筑路堤

利用平地机来填筑路堤时，其堤高在 0.5m 以内时，效率最高；堤高达 0.5～0.8m 时，效率较低。用平地机来填筑路堤时，只适合于路侧取土坑取土，然后把土移送到路线上堆成路堤。平地机堆土方法有散堆法、半挤紧堆土法和挤紧堆土法等三种，在施工中根据施工要求应用不同的堆土方法。

两侧取土填筑路堤的施工方法。路堤底层（第一层）采用散堆法或半挤紧堆土法，从路边向路中心逐次铺垫，每移送一层土堆后应及时修平。面层（第二层）从路中心向路边缘逐次铺垫，其堆土方法可以采用挤紧堆土法；或先采用半挤紧堆土法，靠路边的最后数列土堆则用挤紧堆土法；最后修平堤面和坡面。在堆筑过程中，每推一层土后应用压路机进行压实。

平地机在横坡上填筑半路堤的施工方法。平地机驾驶员先将挖掘处的表层草皮、杂物除去，然后按施工员标出的挖掘次序进行作业。挖掘方法有两种：一是从上到下，按矩形断面分层进行；二是从下挖掘。采用前一种方法时，平地机在移送土壤时，其稳定性较好。若是全回转式刮刀，则进、退都进行挖掘，以提高功效。采用第二种方法时，平地机以刮刀刀角从斜坡的底部挖进，让其上层土壤自动塌下，然后把塌下的土壤移送到填方处，因而挖掘土壤和清理塌下土壤要交替进行。

（四）修整路型

平地机修整路型的施工作业内容就是按路基、路堑规定的横断面图的要求开挖边沟，并将边沟内所挖出的土壤移送到路基上，然后修成路拱。在施工之前，应由技术人员根据路基宽度、边沟的大小、土壤性质及机械类型绘制出施工图，说明平地机所需各工序的行程数和施工程序，并规定刮刀的调整位置及车轮的位置等。平地机驾驶员必须按施工图施工。

（五）拌和路面材料

在修筑碎石路面、加固土路面和路面的稳定土层施工中，除了采用专用路拌机械外，也可用平地机的刮刀进行拌和作业。

在路基上拌和路面材料有三种方法：

当土壤和拌和料（石灰或水泥）分层摊铺在路基上施工时，施工顺序是：首先用平地机齿耙把土壤耙松，并用刮刀刮平，再在其上摊铺结合料，用刮刀刮平，然后开始拌和。第一次拌和先将结合料向外刮。第一行程平地机先用刮刀沿路槽中线铲入，将土与结合料向外刮送，刮送时刮刀一定要触及硬土层，此时被铲除的土与结合料就在路肩上列成一堆。第二行程，刮刀沿路槽中线铲入，又把土和结合料堆向路肩另一边，形成第二土堆。所需铲刮次数视路槽宽度而定。第二次拌和是将各列土堆依次向路槽中心刮回，以后各次拌和依此类推，直到拌和均匀为止。最后用大平面角刮刀将拌和材料刮平并修成路拱。

当结合料堆置在路基中线上时，其拌和方法是应先将路基中部的土翻松，再将结合料堆置在已翻松的土上。然后用刮刀将土壤和结合料向两边铲开，这样一次就能完成初拌和的效果。此后和上述相同，向内外交替刮拌，直至拌和均匀为止，再将路面修成一定拱度。

当结合料堆置在两侧路肩时，由于两种材料成长条堆形状，应首先将一侧材料刮至路基中间铺平，再将另一侧的材料刮入，铺在第一层材料上。然后按照在路基上拌和土壤和结合料的方式进行拌和和铺平。

第三章　公路路基工程机械化施工管理

第一节　公路路基工程施工机械选择概述

机械产量定额也称"定额生产率"，是我国或某基建部门按同类型平均水平而制定的统一标准。它是施工预算和竣工决算的依据，也是衡量施工生产率高低的尺度。

定额生产率分单项和综合两种，前者多用在对具体施工点选择机型和确定机械使用数量时作为依据，后者多用于施工预算和竣工决算。

施工机械种类、规格繁多，各种机械又有着自身独特的技术性能和作业范围，一种机械可能有多种用途，而某一施工内容往往可以采用不同机械去完成，或者需要若干机种联合工作。

为了获得最佳的技术、经济效果，根据具体的施工条件，对施工机械进行合理的选择和组合，使其尽可能发挥大的效能，是机械化施工中的一个非常重要的环节。

一、公路路基工程施工机械选择原则

工程量和施工进度是合理选择机械的重要依据。一般地，为了保证施工进度和提高经济效益，施工量大时采用大型机械，而施工量小时则采用中型、小型机械。但这不是绝对的，因为影响机械施工的因素是多方面的。例如，一项大的工程，由于受道路、桥梁等条件的限制，大型机械不易通过，如果为了运输问题而再修道路，这是很不经济的，因此，考虑使用较小型的机械进行施工，更为合理。因此，选择施工机械时应遵循下述原则。

（一）施工机械应与工程具体情况相适应

在路基工程中，施工范围非常广泛，施工条件千变万化，选用的施工机械一方面其类型应适合于工地的气候、地形、土质、施工场地大小、运输距离、施工断面形状尺寸、工程质量要求等；另一方面，机械的容量要与工程进度及工程量任务相符合，尽量避免因机械工作能力不足或剩余，造成延缓工期或机械利用效率太低的现象，在条件允许的情况下，尽量选择最能满足施工内容的机种和机型。

（二）使用机型应有较好的经济性

施工机械经济性选择的基础是施工单价，主要和机械固定资产消耗及运行费等因素有关。固定资产消耗与施工机械的投资成正比，包括折旧费、大修费和投资的利息等费用；而机械的运行费用则是与完成施工量成正比的费用，包括劳动工资、直接材料费、燃料费、润滑材料费、劳保设施费，等等。采用大型机械进行施工，虽然一次性投资大，但它可以分摊到较大的工程量当中，对工程成本影响较小。因此在选择机械时，必须权衡工程量与机械费用的关系，同时要考虑机械的先进性和可靠性，这是影响经济效益的重要因素。采用先进的机械设备，由于其技术性能优良、构造简易、易于操作、故障与维修费大大降低，最终可取得较好的经济效益。

（三）应能保证工程质量要求和施工安全

这是与上述两点密切相关的，根据工程的技术要求，选择合适的施工机械是保证工程质量的重要因素之一。对于技术要求高的作业项目，应考虑采用性能优良或专用的机械，以保证工程质量和较高的生产率。但应注意不可片面追求高性能专用机械，应在满足工程质量要求的前提下，与机械的通用性相结合。同时，机械应具有可靠的安全性能，如行驶稳定，有翻车或落体保护装置、防尘隔音、危险施工项目可遥控作业等。此外，在保证施工人员、设备安全的同时，应注意保护自然环境。施工现场及其附近已有的其他建筑设施，不应因采用机械施工而受到破坏或质量降低。

（四）机械的合理组合

合理地进行机械组合是发挥机械设备效能的重要因素，也是机械化施工的一个基本要求，它包括技术性能和机械类型及其数量两个方面合理配置的问题。

（1）主要机械与配套机械的组合。与主要机械相配套的配套机械，其工作容量、数量及生产率应稍有储备。机械的工作能力应配合适宜，以充分发挥主要机械的生产率。例如，挖掘机与运输车辆配合作业时，挖掘机的铲土容量与运输车车厢容量应协调，一般以 3～5 斗能装满运土车车厢为宜，以保证作业的连续性。

（2）牵引车与配套机具的组合。路基施工中，经常会有些辅助性机具或拖式机械没有独立的动力行走装置，需要配以另外的牵引车牵引工作，这时，两者组合要协调、平衡，应避免动力剩余过大造成浪费，或动力不够而不能完成要求的作业。

（3）配合作业机械组合数尽量少。组合数越多，其总的效率就越低。例如，两台效率均为 0.9 的机械组合时，其总效率只有 0.9×0.9=0.81，而且每一组合中，当其中一台发生故障停车时，组合中的其他机械便无法正常工作。因此，在能完成作业内容的前提下，应尽量减少机械组合的数量。

为了避免上述不利情况的发生，应尽可能地组织多个系列的组合，并列进行施工，从而减少因组合中一台机械停驶而造成全面停工的现象，减少配合机械工作能力的损失。

（4）尽量选用系列产品。整个机械化施工中，应减少同一功能机械的品种类型，力求尽可能使用统一、标准化的系列产品，以便于维修和管理。

除此之外，施工单位要结合机械装置情况及机械完好率、新购机械的可能性等具体实际情况，对机械进行选择和组合，因地制宜，机械化、半机械化相结合，确实做到技术上合理和经济上有利，达到两方面的有机统一。

二、公路路基工程施工机械选择方法

在公路工程施工中，选择机械时有各种各样的考虑。根据机械的技术性能，针对各项作业的具体情况，可由下述几个方面出发，进行机械的合理选择。

（一）根据作业内容选择

路基工程施工作业内容包括：土石方挖掘、装载、运输、填筑、压实、整形及挖沟等基本内容，以及伐树除根、松土、爆破、表层清理和处置等辅助性作业，每种作业都由相应的施工机械完成实践表明，对于中小型工程，选择通用性较好的机械较为经济合理；而大型工程，应当更注重根据作业内容进行选择，才能获得最佳的技术、经济指标。具体选择时，首先选定作业的主要机械，再根据其生产能力、工作参数及施工条件选择辅助机械，以保证工程连续、均衡地开展。

（二）根据土质条件选择

土石是机械施工的主要对象，其性质和状态直接影响施工机械作业的质量、工效及成本等，因此，土质条件是选择机械的一个重要的依据。

1.根据机械通行性选择

所谓通行性是用以表示车辆，特别是工程车辆在土质等条件限制下，在工地行驶的可能程度。

2.根据土质的工程特性选择

土质条件不仅对机械的通行性有影响，而且也左右着机械进行各种施工作业的可能性和难易程度。工程特性不同的土质，施工时应选择不同的机械。

为了便于选择施工机械，我们称较为干燥的黏土、砂石、砂粒石、软石、块石和岩石等为硬土；称淤泥、流沙、沼泽土和湿陷性大的黄土、黑土及软弱黏土（含水量较大）等为软土。

3.根据运距选择

根据运距选择机械，主要针对铲土运输机械而言，考虑土的状态、性质及工程规模，结合现场条件。

4.根据气象条件选择

气象条件也是影响机械施工的因素，如雨季、冬季施工时，应特别加以考虑。雨或积雪融水会直接影响土的状态，从而导致机械通过性下降，工作性能变坏。我国大部分地区都有不同程度的连续降雨天气，即雨季。在此期间，如不停工就不得不考虑使用效率较差的履带式机械，代替干燥条件下机动灵活、效率较高的轮胎式机械进行作业。

5.根据冬季施工选择

冬季施工所使用的机械，应考虑进行冻土开挖、填筑、碾压等作业时，机械施工能否达到规定的技术要求，同时，应选用与破冻土等特殊作业相适应的机械，如松土器、冻土犁等。选择合适的施工机械，还要考虑与工程间接有关的条件，比如对较大的单位来说，同时可能承担几个不同的施工任务，这时应考虑机械设备相互之间的协调与配合。此外，诸如电力、燃料、润滑材料的供应，机械维修与管理，机械的迁移等，都对选择机械有一定的制约。要综合分析，抓住主要矛盾，选择经济适用的机械。

6.根据作业效率选择

在计算施工机械生产率时，一般都是在假定的标准工作条件下进行的，但实际工程施工中，各种条件是千变万化的，那么，在特定的施工条件下，机械的工作能力（生产率）应是在计入作业效率后而确定。对于不同的机械，在相同条件下，作业效率是不相同的，准确地求出作业效率是困难的。

第二节　公路路基压实机械化施工管理

路基压实是保证路基质量的重要环节。当路基修筑到设计标高后，不论在自重还是动载作用下，都不允许发生路基产生沉陷、松散和变形等情况。

压实路基的作用在于提高土壤的密实度，降低土体的透水性，减小毛细水的上升高度，以防止水分集聚和侵蚀而导致路基土软化，或因冻胀而引起不均匀的变形，以保证路基强度和稳定性的目的。

一、土壤压实特性

试验研究表明，土壤受压时，土粒中的空气极少部分在压力作用下溶于水中，而大部分被排出土外，土粒不断靠拢，重新排列成密实的新结构，从而提高土的密度。土壤受压时，开始空气排出较快，以后逐渐减慢，当压到一定程度后，空气几乎不再排出，如再压只能使土壤产生弹性变形。

机械压实是一种动力作用，根据试验结果，土壤压实有以下规律：

（1）同一种类型的土壤，在同样的施压条件下，如果含水量不同，压实的密度也不相同。土壤含水量过高或过低其密实度都不能达到最大。

（2）对同一种土壤增加施压次数，可以在较小的含水量下得到较大的密度，但这是有限度的。当达到这一限度后，如果还要提高密实度，就应增加施压的重量，但也有限度，当达到这一限度后，再增加重量和施压次数，也只能引起弹性变形。

（3）土壤在外力作用下，所得到的压实效果是表层的密度大，随着深度的增加其密度逐渐递减。

（4）非黏性土与黏性土的压实性是不相同的。前者在静力作用下压缩性较小，而在动力作用下，特别是在振动作用下很易压实。黏性土在含黏土颗粒多，或者含水分过多时，都不易压实。

从上述规律中可知，含水量的多少对土壤压实是一个重要的因素。一般情况下，自然土的含水量大多接近最佳含水量，因此，施工中对新铺土应及时压实。此外，压实机械的重量，施压次数和分层厚度都会影响压实效果。对于一定重量的压实机械，如果增加压实次数，可以使土壤在较小的含水量下得到较大的密度，但也是有限的，再要增加密度则应增加压实机械的重量，或减少每层的厚度。

对较湿的黏土，经施压后有时会出现弹簧现象，这时必须进行处理，否则无法压实。处理的方法除开挖晒干后，再行填筑外，对于大面积的弹簧土地段，可采用挖明沟、挖土井或设置脊沟等办法疏干后，再进行压实，必要时应将弹簧土挖掉另换干土、砂砾土、煤渣等。

对砂性土壤压实时，由于水分不断地从砂土中渗透，虽然当时湿润，但瞬时即干，故效果不大。因此，压实砂土的特殊方法就是大量洒水，这样方可获得较好的压实效果。

二、压实机械选择和使用

压实机械按其压实原理可分静压和振动压实。

（一）静压

利用可滚动的、具有一定重量的滚轮，沿被压材料的表面往返滚压，借其重力作用使被压层产生永久变形。根据压实机械的结构形式不同，有光面压路机、羊足压路机和轮胎压路机。

（1）光面压路机，重型多用于基层压实，而中、轻型多用于路面压实。

（2）羊足压路机具有较大的单位压力，多用于路基或填土的初压工作。特别是湿度较大、粒度大小不等的黏性土压实效果尤佳，而对松散、颗粒细小而均匀的非黏土压实效果较差。

（3）轮胎压路机能适应各种性质土壤的压实，适应范围广、压实深度大、压实效果好。特别是压实沥青混凝土，更易显示其优点。

（二）振动压实

振动压路机主要是利用机械高频振动，使被压材料微粒产生共振，此时材料的微粒间由于动载作用，其摩擦阻力减少，又因材料微粒的质量不同，运动也不相同，从而破坏了材料微粒间的原始结构，产生相对位移，互相楔入，使密度增大。这类机械压实非黏性土壤效果甚佳，有效压实深度可达 1.5m 左右。它与静力式压路机相比有下述优点：

（1）振动压路机生产效率高，所以能在同一时间压实更大体积的材料。

（2）压实深度大，由于静力压实只能压实面层材料，而振动压实可以将振动力通过压实层传给更深的料层。

（3）振动压实是靠振动力和静力综合作用在被压材料上，因此，可以适当地减轻压路机重量，这样既节省了钢材，又便于远距离移运。

在路基土的压实中，除了应正确选择不同性能的压实机械外，还要特别注意压实的均匀性。一般在组织路基机械化施工中，应尽可能地利用土方施工机械和运输机械分层填筑，分层压实。

三、路基压实标准

衡量土壤压实效果的重要指标是土壤密实度，它与土壤的强度和稳定性有十分密切的关系。所以，一般都用它来衡量压实质量。

我国是以压实度作为控制土壤密实度的标准。

所谓压实度即实际达到的密实度与最大密度之比。正确确定压实度，不但对保证路基的质量十分重要，而且还关系到压实工作的经济性。

确定压实度，需根据公路所在地区的气候条件、土壤水温状况和路面类型等因素综合考虑，对冰冻、潮湿地区和受水影响大的路基，要求应提高，对干旱地区和水文良好地段要求可低些。路面等级高要求高，等级低要求可低些。

第三节　公路路基爆破机械化施工管理

在路基工程施工中，除需要修筑路堤和开挖路堑外，当线路通过山区、丘陵以及傍山沿溪段时，还会遇到集中的和分散的岩石地区，这样就必须进行石方施工。此外，在路面和其他附属工程中也需要大量的石料，因此也需要开采加工。已往石方工程主要依靠人力施工，效率低、进度慢，而且劳动强度大。目前石方工程多采用钻孔爆破，而且药孔也逐渐由浅孔到深孔，并发展到综合爆破，同时又改进了炸药的配剂和混合工艺，不但提高了施工效率，而且也使施工技术获得重大革新。

随着机械化水平的不断提高，对于路堑或半路堑岩石地段，多采用大孔径的深孔爆破和微差爆破法，使多至几百个药孔按顺序起爆，从而大大提高爆破威力。爆破后的清方和装运也基本实现机械化。

一、爆破基本知识

所谓爆破就是利用炸药爆炸时产生的热量和高压，使岩体和周围介质受到破坏和移位。为了爆破某一岩体，可在岩体内或表面放置一定数量的炸药，这种炸药称为药包。药包在均质的岩体内爆炸时，爆炸力是向四周扩展的，紧靠药包部分的岩石，受到的冲击挤压力最大，随着离药包距离的增大，作用力也逐渐减弱。按照岩体受爆炸波作用而破坏的程度，可以把爆炸作用范围由近而远划分成四个作用圈，即压缩圈、抛掷圈、松动圈和振动圈。其中，压缩圈范围内的岩石受到极度压缩而粉碎。抛掷圈内的岩石由于受爆炸波的冲击较大，岩石被压碎成小块，如果岩体的抵抗力不足，就会被抛掷出去。松动圈内的岩石由于受波影响较小，岩体破裂而产生松动现象。振动圈内由于受爆炸影响很小，所以岩体只受到震动。这些作用圈的半径分别被称为压缩、抛掷、松动和震动半径。前三个圈统称为破坏圈，其半径称破坏半径。

在一个岩体性质相同的地面下，不同位置和不同深度上，放置药量相等的药包。这时的地面是一个自由面，或称临空面。药包到自由面的垂直距离称最小抵抗线，是岩体抵抗力最弱的一个方向。当药包埋置较深，抵抗线较大时，爆破后药包周围的岩石产生粉碎和裂隙，自由面只受到震动，并无破坏，这种爆破称为压缩爆破。当最小抵抗线减少到某一临界值时，爆破后，药包以上直到表面岩石都受到破坏而松动，但无抛掷现象，这种爆破称松动爆破。

抛掷爆破多用在大爆破工程，其中定向爆破就是抛掷方向、距离、数量和时间都有所控制的一种抛掷爆破。松动爆破多用在开挖路堑、巷道掘进以及采石工程等。压缩爆破多用在扩大炮眼底部的烘膛以增大药孔的装药量。

二、炸药

炸药的种类很多，在石方爆破中常用的有下列两种。

（一）起爆炸药

它是一种爆炸速度极高的烈性炸药，爆速可达 2000～8000m/s，主要用以制造雷管和速燃导火索等。常用的有雷汞、叠氮铅等。

（二）爆破炸药

用以对岩石或其他介质进行爆破的炸药，要求它的敏感性低，要在起爆炸药强力的冲击下才能爆炸。工程常用的有：

1.黑色炸药

它是由硝酸钾（或硝酸钠）、硫黄和木炭所组成的混合物，对火星和冲击极敏感，易燃烧爆炸、怕潮湿、威力低，适用于石料开采。

2.硝铵炸药

它是由硝酸铵、梯恩梯和少量木粉所组成的混合物，对冲击或摩擦不敏感，吸湿能力强，受潮后不能充分爆炸。常用的有：

①岩石铵梯炸药。它有 1 号和 2 号两种，号数大的威力小。特点是威力大，适用于没有煤尘和沼气爆炸危险的矿井和岩石爆破。

②露天铵梯炸药。有 1、2、3 号三种。这种炸药爆炸后产生的有毒气体较多，只能在露天爆破工程中使用。

③铵油炸药。它的爆炸威力稍低于 2 号岩石铵梯炸药，但抛掷效果好，起爆较难，易受潮。但制造方便，成本低，是目前露天爆破中使用最多的一种。

3.胶质炸药

它是由硝化甘油和硝酸铵混合物，另外混入一些木粉和稳定剂制成的。特点是对冲击、摩擦和火星都很敏感。但抗水性较强，爆炸威力大，适用于水下和硬岩石爆破。

4.梯恩梯（三硝基甲苯）

它呈结晶粉末状，淡黄色，压制后呈黄色，熔铸块呈褐色，不吸湿，爆炸威力大。但本身含氧不足，爆炸时产生有毒一氧化碳气体，不宜用于地下作业。

雷管是常用的起爆器材，按照引爆方式分为火雷管和电雷管。火雷管即普通雷管，是用导火线点燃起爆药包用的。火雷管一般分为 10 个规格，工程上常用规格为 6～8 号。电雷管与火雷管类似，所不同的是用一个电器点火装置代替了导火索起爆，分即发、延发和毫秒雷管。通过电爆网路实现起爆的称为电力起爆。电雷管的连接形式有串联、并联和混联三种。火花起爆是利用导火索燃烧引爆雷管，从而使药包爆炸。

此外还有传爆线起爆法。传爆线的索芯用高级烈性炸药制成，但着火较难，使用时须在药室外的一段传爆线上捆扎一个 8 号雷管来传爆，传爆网络与药包的连接方式有关，有串联、并联和并簇联等。

三、凿岩工程

凿岩工程中的钻孔工作，在整个爆破工程中所占的时间比例是较大的，因此提高钻孔工程的效率对工程进度影响相当重要。

在钻孔工程中，采用的机械设备有空气压缩机、凿岩机和穿孔机等。

凿岩机根据使用的动力不同，有风动、电动、液压以及内燃凿岩机等。目前使用较多的是风动式。

空气压缩机是风动凿岩机的动力源，目前使用的有活塞式、滑片式和螺杆式三种。各种类型的空压机分移动式、半固定式。各种空压机的特点如下：

活塞式空压机结构复杂、工作效率低，排出的压缩空气是间隔脉动的。但使用成本低，耐久性和使用寿命长，制造较容易，操作和维修方便。此外，滑片磨损快、使用寿命短，要有足够的润滑油来润滑滑片与气缸，这样排出的压缩空气混有油污，必须有专门的分离措施才能使用。

螺杆式空压机结构简单，可以高速旋转，有效率高，运转平稳和体积小，此外还有强制输气的特点，所以排气量几乎不随排气压力而变化。但工作时噪音大，故必须设有良好的消音设备。由于有上述优点，大有取代活塞式空压机的趋势。

空气压缩机站容量的确定应考虑以下几方面：

（1）所用风动工具的空气总消耗量；

（2）管路的漏风量；

（3）海拔系数。

海拔较高的地区，空气稀薄，空压机的生产能力随海拔高度不同而变化。因此，应随海拔高度的增加而增加空压机的容量。

当总气量确定后，根据这一需要量选定空气压缩机。选定时应尽量选择大容量的，但也要注意大小搭配，因为在某种情况下，工地只需少量凿岩机工作，这时也用大型空压机来供气，会造成很大浪费。

凿岩机与空气压缩机是通过输气管道连接的，一般多用高压胶管。在工程量大而集中、施工期长的工地中，应选用钢管作为输出主管。输气管的内径应根据通过的总气量和输送的长短而定。其原理是保证最远的施工点有足够气压（不低于 600kPa），保证凿岩机正常工作。

在安装输气管道前，必须做好全工地管道的设计，根据工点的布置，选定主气管安装路线，并根据总流量选择合适直径的主管，并备好一切管道附件。在铺设管道时应尽量做到以下几点：

（1）管道应短而直，尽可能少拐弯，尤其要避免带锐角的急拐弯。

（2）在管路上除了储气筒、油水分离器和开关外，尽量减少附件，以免增大阻力。

（3）在一条管路中，不允许直径大小不同的管子间隔交替连接。

（4）管子架设要牢固，接头应严密，不允许漏气同时应注意管路防晒、防冻，不允许管内产生局部积水。

（5）尽可能少用阻力大的橡胶管。

（6）凿岩机在使用中一定要注意空气压力，正常压力为 500kPa。当使用压力高于此值时，虽然凿岩机的冲击能量和冲击频率会有所增加，钻孔速度也可加快些，但实际耗气量也要相应地增加。此外，过高的气压会使凿岩机工作时的振动显著增加，零件的磨损也明显加快，使凿岩机的使用寿命大大降低。另一种情况是，由于凿岩机的移位等原因，要增加送风管的长度，管阻增加，使压缩空气到达工作面的实际压力降低，从而使凿岩机的冲击能量和频率降低，凿岩效率降低，相应的耗气率增加。所以气压高于或低于规定的正常值都是不经济的。

凿岩机采用的钻孔工具有两种，一种是钢钎，另一种是活动钻头。前者钻杆和钻头制成一体；而后者是钻杆和钻头通过螺纹连接，一般钢钎和钻杆都是用六角形或圆形空心碳素钢制成的，因此只能用于硬度不大的岩石。钢钎磨钝后可用锻钎机修整。活动钻头在钻头的刃口处镶有硬质合金刀头（铬钨钢、铬钼钢），钻头磨钝后，可随时卸下更换，因此工作效率高，同时也减少锻钎过程所消耗的钢材。

四、爆破工程

石方爆破施工分炮孔位置的选择、凿孔、装药、堵塞、引爆和清方等工序。

炮孔位置的选择是十分重要的，因为炮孔的位置、方向和深度都会直接影响爆破效果。选择孔位时应注意岩石的结构，避免在层理和裂缝处凿孔，以免药包爆炸时气体由裂缝中泄出，使爆破效果降低或完全失效。

炮孔应选在临空面较多的方位，或者有意识地改造地形，使第一次爆破为第二次爆破创造较多的临空面。其他爆破参数应根据工地的具体情况和实践经验来确定，一般经验数值如下：

（一）最小抵抗线确定

抵抗线过大会使岩块过大，且容易残留炮根，过小会导致岩石飞散和炸药的消耗量增加，一般为梯段高度的 70%～80%。

（二）炮孔深度

采用台阶式爆破时，炮孔的深度应该使爆破后的地面尽量与原地面平齐。较硬的岩石易留炮根，因此炮眼的深度应大于岩层厚度，软岩石可小于台阶高度。

（三）炮孔距离和行距的确定

两孔之间的距离为孔距 a，它的大小与起爆方法和最小抵抗线有关。

采用多排炮孔爆破时，炮孔应按梅花形交错布置。两排炮孔之间行距为 b，约 0.86a。

（四）凿孔

选孔工作完成后，即可进行凿孔。凿孔的技术要求与采用何种爆破方法有关。目前使用的有浅孔爆破和深孔爆破两种。

1.浅孔爆破

一般爆破的岩石数量不大，药包是装入平行排列的工作面内的，可凿成一行或多行炮孔。通常多用手提式凿岩机凿孔，孔径在 75mm 以内，深孔不超过 5m，可用电力或速燃引爆线引起药包同时爆炸。这种爆破适用于工程不大的路堑开挖，采石和大块石的再爆破等。其用药量多按炮孔深度和岩石性质而定。一般装药深度为孔,深的 1/3～1/2。

2.深孔爆破

孔深大于 5m，孔径大于 75mm 的炮孔进行爆破，通称深孔爆破。钻凿大型炮孔多采用冲击式钻机或潜孔钻机。因一次爆破的石方量大，从而加快施工进度，如果有适当的装运机械配合，则可以实现全面机械化快速施工，是今后石方开挖的发展方向。

（五）装药

将炸药按照施工要求装入凿好的药孔内。装药的方式也是根据爆破方法和施工要求不同而各异，有以下几种。

1.集中药包

炸药完全装在炮孔的底部，这种方式对于工作面较高的岩石，崩落效果较好，但不能保证岩石均匀破碎。

2.分散药包

炸药沿孔深的高度分散装置，这种方式可以使岩石均匀地破碎，适用于高作业面的开挖段。

3.药壶药包

在炮孔的底部制成葫芦形的储药室，以增大装药量。这种方式适用于岩石量大而集中的石方施工。

4.坑道药包

与上述各种方法不同的是，药包装在竖井或平洞底部的特制的储药室内。

（六）药孔堵塞

一般可用干砂、石粉、黏土和碎石等。堵塞物的捣实，切忌使用铁棒，一般用木制或黄铜棒。棒的直径为炮孔的直径的 0.75 倍，下端稍粗，约为炮孔直径的 0.9 倍。在棒的下端开有供导火索穿过的纵向导槽。

（七）引爆

利用起爆炸药制成的雷管、引火剂或导火索，从炮孔的外部引入炮孔的药室使炸药爆破。目前工程中也有火花起爆、电力起爆等。

五、清方工程

当石方爆破后，还需按爆破次数分次清理。清理时，一定要根据施工要求和石料的利用情况分别清理。如开挖路堑无填方工程时，则被清理的石料必须组织机械，配合运输工具运出施工现场，以利于下次爆破。如是傍山筑路半填半挖，则爆破的碎石可作填方用，此外可用推土机或装载机清方。由于路基施工不同于采石场和矿山开挖，一方面场地狭小，机械设备的布置和使用受限制；另一方面要求机械设备的能力大、效率高，又要机动灵活与一定的越野性能和爬坡能力。因此，在选择清方机械时要考虑以下技术、经济条件：工程期限所要求的生产能力；工程单价；爆破岩石和岩堆的大小；机械设备进入工地的运输条件，以及机械撤离和重新进入工作面是否方便等。对以上条件应综合地加以分析，而不能孤立地只考虑某一方面。如果只考虑爆破的块度便于正铲挖机的挖装，则对于某些结构的岩石来说，可能会大大增加爆破费用。反之，降低了爆破的费用，又会使块度增大，而挖掘机又无法铲装，因此清方机械的选配是比较复杂的。

　　一般说正铲挖掘机的适应性比较强，但进出工点却比较缓慢，轮式装载机与挖掘机相比机动灵活，另外相同功率的正铲挖掘机和装载机相比，装载机可以铲装较大块度的石块，而且可以用较少的斗数，装满载重量相等的运输工具。但装载机的卸载高度不如挖掘机。此外装载机可以自铲运，挖掘机则不能。就经济性来说，运距在 30～40m 以内用推土机推运较为经济，40～100m 用装载机比较经济，100m 以上用挖掘机配合自卸汽车比较经济。

第四章 公路路面工程机械化施工管理

第一节 公路路面工程机械化施工准备

一、公路路面结构分层

各结构分层的作用如下。

（一）面层

面层是直接承受车轮荷载反复作用和自然因素影响的结构层。它承受较大行车荷载的垂直力、水平力和冲击振动力的作用，同时还受到降水的侵蚀、气温变化及风化的影响。因此，面层应具备较高的结构强度和抗变形能力，较好的水稳定性和温度稳定性，而且应当耐磨、不透水（目前，我国高等级公路所采用的结构特点），其表面还应有良好的抗滑性和平整度。

（二）联结层

一、二级公路有时从经济角度考虑，在满足力学指标的前提下，设法减薄沥青路面的面层厚度（因为面层的造价相对其他层次比较昂贵），尽管车轮荷载通过面层应力扩散，但传递到下面基层的垂直应力仍然很大，有时往往超过了基层的极限应力。同时由于面层较薄，行车过程中启动制动引起的较大水平力，直接作用在面层上，尽管通过面层的扩散传递，但此时对基层仍有影响作用。另外，目前常用在沥青混凝土面层下的是由无机结合料稳定材料所做的（如水泥稳定粒料等）基层，上、下两层层面的接触形式对水平力的传递不是很好。因此，此时可以在面层与基层之间加设一个联结过渡的层次，这就称为联结层。

（三）基层

基层主要承受由面层或联结层传来的车轮荷载的垂直力，并将其扩散到下面的垫层或路基中去。对于沥青类路面结构而言，基层是路面结构中的承重层，它应有足够的强度和刚度，并有良好的扩散应力的能力。基层遭受自然因素的影响虽然比面层小，但仍然有可能经受地下水和通过面层渗入的雨水浸湿，所以基层结构应具有足够的水稳定性。

尤其是水泥混凝土面层下的基层，由于水泥混凝土面板板块缝隙中渗入的水，对其下的基层浸湿危害极大，因此，基层的水稳定性尤为重要。基层表面虽不直接与车轮接触，但为了保证面层的平整性和面层铺筑厚度的均匀性，其表面应有较好的平整度。

（四）底基层

高等级公路的基层厚度根据力学计算往往需要设计得比较厚（约＞40cm），而目前使用的碾压机具的压实厚度以不超过 20cm 为宜，所以需要分层；同时从不同层位功能要求的差异，以及技术和经济上的结合考虑，即当基层设计和施工中需要分为两层时，其上层仍称为基层，下层称为底基层。基层与底基层可以采用不同的结构形式，如目前常用的水泥稳定粒料基层和石灰稳定土底基层等；也可以用不同质量的材料填筑，相对而言，底基层材料质量的要求比基层的要求较低。

当基层或底基层又较厚，需要分两层施工时，可分别称为上基层、下基层，或上底基层、下底基层。

为了保护路面面层的边缘，铺筑时基层宽度每侧宜比面层宽出 25cm，底基层每侧宜比基层宽出 15cm。

（五）垫层

在特殊需要的路段，设置在基层或底基层与路基之间，起着稳定加强路基、改善基层或底基层工作条件作用的结构层，总称为垫层。所谓特殊需要是指垫层往往是为隔水、排水、隔热、防冻等不同目的而设置的，通常设在路基处于潮湿和过湿以及有冰冻路基翻浆的路段。在地下水位较高地段铺设的能起隔水作用的垫层称为隔离层；在冰冻较深地段铺设的能起防冻作用的垫层称为防冻层；等等。此外，垫层还能扩散其基层传下来的应力，以减小路基的应力和变形，而且它也能阻止路基土挤入基层中，从而保证了基层的结构稳定性。

应当指出，不是任何路面结构都需要上述的几个层次，应根据具体情况而设定，如地基良好路段的四级公路，可能只有面层和基层所组成的路面结构。而且，层次的划分也不是一成不变的，例如在道路改建中，旧路面的面层则可成为新路面的基层。

二、公路路面各结构层类型选用

（一）路面面层选用

修筑面层的所用材料主要有沥青、水泥、碎（砾）石、块石、砂、石屑、矿粉、石灰、黏土及其他粒料等。根据公路的等级和对所用的路面功能要求，经济合理地选择具体的所用材料。砂石路面是以砂、石等为集料，以土、水、灰为结合料，通过一定的配比铺筑而成的路面通称，包括级配碎（砾）石路面、泥结碎（砾）石路面、水结碎石路面、填隙碎石路面及其他粒料路面。

用沥青混合料做路面的面层有时分两层或三层铺筑，自上而下可分别称为表面层、下面层或表面层、中面层、下面层。如高速公路沥青面层总厚度达 18～20cm，可分成上、中、下三层铺筑，并根据各分层的要求采用不同的级配组成。水泥混凝土路面有时也可分为上、下两层铺筑，分别采用不同等级的水泥等材料。在水泥混凝土路面上加铺 5cm 厚的沥青混凝土，这样的复合式面层结构也是常见的。但是，砂石路面面层上所铺的 2～3cm 厚的磨耗层和 1cm 厚的保护层，以及厚度不超过 1cm 的简易沥青表面处治层，不能作为一个独立的层次，应看成是面层的一部分。

（二）联结层选用

联结层目前常用的是沥青碎石结构形式。

（三）基层（底基层）选用

修筑基层（底基层）的材料主要有各种无机结合料（如石灰、水泥等）、稳定土（包括细粒土、中和粗粒的碎砾石等）、无机结合料稳定的各种工业废渣（如煤渣、矿渣、石灰渣及粉煤灰等）、贫水泥混凝土、天然砂砾、各种碎石或者砾石等。

（四）垫层选用

修筑垫层所用的材料，强度不一定要求很高，但水稳定性和隔热性要好。常用材料有两类：一类是用松散粒料，如砂、砾石等粗粒料组成的透水性垫层；另一类是整体性材料，如石灰和水泥稳定粒料等组成的稳定性垫层。

高等级公路的排水垫层应铺至路基同宽，以利于路面结构排水。一般情况下，垫层宽度应比底基层每侧至少宽出 25cm。

三、公路路面基本要求

路面应满足以下具体要求。

（一）强度和刚度

路面结构应具有足够的强度，以抵抗车轮荷载引起的各个部位的各种压力，如压应力、拉应力、剪应力等，保证不发生压碎、拉断、剪切等各种破坏。

路基路面整体结构或各个结构层应具有足够的刚度，使得在车轮荷载下部发生过量的变形，保证不发生车辙、沉陷或波浪等各种病害。

这里的强度，应该包括修建路面的原材料如砂石、水泥等及复合材料，如水泥混凝土、沥青混凝土和路面结构的强度。

（二）稳定性

路面结构是暴露在大自然之中的构造物，它将直接受到高温、低温、水、太阳、空气和风的作用、影响，使其力学性能和技术品质发生变化。这里所说的足够稳定性应包括以下内容与要求：

1.具有足够的高温稳定性

夏季高温条件下，沥青路面的材料或结构如没有足够的抗高温的能力，则会发生泛油、面层发软，甚至产生车辙、波浪和推挤，结构使用功能将下降；水泥路面则可能拱起、开裂。

2.具有足够的低温稳定性

冬季低温时，沥青路面的材料或结构如没有足够的抗低温的能力，则会因收缩或变脆而开裂。

3.具有足够的水温稳定性

雨季，由于雨水多，如果路面材料和结构没有足够的抗水能力，则其强度就会下降，甚至出现剥离、松散等破坏，砂石路面将会大量出现坑洞、主集料外露、松散等破坏；在冬春季节，水温因素的综合作用下，将会出现冻胀翻浆，造成严重后果。

4.具有足够的大气稳定性（抗老化能力）

太阳的照射、空气中氧气的氧化作用等都会对路面结构和材料产生作用，如果路面材料和结构没有足够的抵抗大气作用的能力，则沥青材料会出现老化而失去其原有技术品质，导致沥青路面开裂、剥落甚至大面积松散破坏。

（三）平整度

不平整的路面表面会增大行车阻力，并使车辆产生附加的振动作用和冲击作用，造成行车颠簸，影响行车速度、行车安全和舒适性，会加剧路面和汽车机件的损坏与轮胎磨耗并增大汽油的消耗。因此，要求路面具有与公路等级相应的足够的平整度。

（四）抗滑性

如果路面没有足够的抗滑性能，将带来一系列的问题，甚至引起翻车和人员伤亡事故。没有足够的抗滑能力，在雨天高速行车，或紧急制动或突然启动，或爬坡、转弯时，车轮容易产生空转或打滑。因此，路面表面应具有足够的抗滑性能，即具有足够的粗糙度。

（五）耐久性

路面承受行车荷载和自然因素的多次重复作用，路面使用性能将逐年下降，强度与刚度将逐年衰变，路面材料的技术性能也会由于老化衰变，从而导致路面结构的损坏。耐久性主要是指路面在设计规定的年限内满足各级公路相应的承载能力、舒适性、安全性的要求。

（六）尽可能低的扬尘性

汽车在砂石路面上行驶，由于车身和面所产生的真空吸力的作用，将使面层表面或其中的细粒料被吸起而尘土飞扬，导致路面松散、脱落和坑洞等破坏。扬尘还会加速汽车机械的损坏，造成污染，影响行车视距和旅客的舒适及沿线居民的卫生条件，沿线近处的农作物亦会出现减产。

四、公路路面机械化施工特点和要求

（一）公路路面机械化施工特点

1.机械化程度高

高等级公路的工程量巨大，施工的环境恶劣，施工强度大，而施工的质量和进度要求高，这就使得高等级公路施工必须使用机械化施工。

2.施工质量高、施工进度快

高等级公路一般都为交通主干线，其交通流量大、车速快，故对其施工的质量要求高、施工的速度要求快。这就决定了高等级公路必须采用机械化施工。例如，对于沥青路面的摊铺和路基、路面的压实，只有机械化施工，才能满足其质量和进度的要求。

3.施工过程的协调性强

高等级公路机械化施工时，各道工序划分明确，工序衔接紧密，使用的机械种类、数量多，在施工过程中各施工阶段、各工序、各环节的人员、材料设备等相互协调就显得非常重要。

（二）公路路面机械化施工要求

1.要有严密的科学施工组织管理

高等级公路施工工程量巨大，因此投入的人力、物力、设备等数量也很大。这就要求必须对施工进行详细的规划设计和施工组织，合理安排各施工工序，使各施工互不干涉，确保施工进度和质量；否则，就可能因为很小的决策和组织管理失误，造成很大的经济损失。

2.施工机械应先进、高效、节能、环保

施工机械的性能质量要高，以满足施工质量和施工进度的要求。同时，还应满足环境保护的要求。

3.加强对施工机械的保养、维修、管理

施工机械是机械化施工的主体，其完好率和使用率直接影响施工的质量、施工的进度和施工效益。因此，必须加强施工机械的保养、维修管理。

4.施工技术人员的技术水平要高、责任心要强

操作人员只有技术过硬、责任心强，才能正确、合理地使用机械，及时调整、保养、维修机械，充分发挥机械的性能，才能不断地优化施工工序，严格按照施工工序和施工技术要求进行施工。

（三）公路路面机械化施工准备流程

1.施工技术准备

路面施工前的技术准备工作包括设计文件熟悉和核对、补充资料调查、实施性施工组织设计和施工预算编制、路面施工测量放样、原材料试验与混合料配合比设计、路面施工技术交底等。对于高速公路和一级公路或采用新技术、新工艺及新材料的其他等级公路的路面施工，除做好上述准备工作外，还应在路面大规模施工前铺筑试验路段，为路面正式施工提供技术指导。

2.施工现场准备

路面施工现场准备包括驻地建设，拌和场及料场选址，施工便道修建，施工用水、电、通信等各种生产及生活设施准备。在路面工程正式开工前充分建造好相应的临时设施，如工棚、仓库、供水、供电、通信设施等。

拌和场、料场的选址，根据合同段的实际地形情况，结合工程特点，本着实用、方便的原则，并应充分考虑工期、材料需要量、拌和设备的生产能力等诸多因素进行布置。根据工程规模可设置一个或多个预制场、搅拌站、材料库房等。大型沥青混凝土或水泥混凝土搅拌设备的场地面积，根据设备说明书的要求确定。

3.施工机械和机具准备

不同类型的路面结构层，所用的施工机械设备也不尽一样。在施工时，应根据项目具体情况对施工机械设备进行选择。按照施工合同规定，配备足够的施工机械、设备及器具，并保证均处于良好的技术状态及满足施工的需要，并应有相匹配的维修措施。机械、机具的添置，根据路面实施性施工组织计划，一次或分批配齐足够的施工机械和相关的工具。

有些不常使用的机械设备可以采用租赁方式，施工单位只要向租赁者按合同规定定期交付一定的租赁费便可取得设备的使用权，从而可以减少或根本就不需要购买那些不

常使用的设备。在租赁设备调查中，首先要了解出租设备的型号、功能、数量等能否满足施工时的要求，同时还要将租赁与自购做经济比较，以便择优选用。如选择租赁设备，要签订租赁合同。机械设备的放置，应考虑到施工的要求。

（1）稳定土材料拌和机械

稳定土材料拌和机械通常分为路拌机械和厂拌设备两大类。

①路拌机械

稳定土拌和机可以把土、无机结合料、细集料、粗集料等材料按施工配合比在路上直接拌和。根据不同的分类方法，可以将其进行如下分类：

按行走方式分，稳定土拌和机可分为履带式和轮胎式两种。履带式的特点是附着力大，整机稳定性好，但其机动性差，不便于运输。轮胎式在应用了低压宽基轮胎后，整机稳定性和附着力有很大的提高，因其机动性好，在施工中应用较为广泛。

按工作装置分，根据稳定土拌和装置在拌和机上的位置可分为前置式、后置式和中置式三种。前置式因在作业面上产生轮迹，目前已逐渐被淘汰。后置式的特点是不产生轮迹，维修、保养方便，转弯半径小，在目前应用较为广泛。中置式的特点是稳定性好，但维修、保养不方便，转弯半径较大。

按转子的旋转方向分，稳定土拌和机可分为正转和反转两种。前者的切削方向是转子由上向下切削（顺切），拌和阻力小，拌和宽度和深度较大，但只适用于拌和松散的稳定材料。后者的切削方向是转子由下向上切削（逆切），其拌和质量较好，但由于拌和阻力大，消耗的功率也大。

国产稳定土拌和机功率为 200～300kW，拌和宽度为 2.0～2.4m，拌和深度为 200～400mm，工作速度为 0～35m/h。国外生产的稳定土拌和机最大功率达 550kW，最大工作宽度为 4.2m，最大拌和深度达 400mm。

②厂拌设备

稳定土厂拌设备是将土、碎石、砾石、水泥、石灰、粉煤灰、水等材料按施工配合比在固定地点拌和均匀的专用生产设备。稳定土厂拌设备的优点是级配精度高，拌和质量好。缺点是由于作业地点固定，现场转运量大，成本较高，占地面积大。在高等级公路施工中，为保证工程质量，多采用厂拌设备施工。

（2）水泥混凝土设备

在高等级公路施工中，常用的水泥混凝土设备有混凝土搅拌机、混凝土捣实机械、混凝土浇筑成型机械等。

①混凝土搅拌机

混凝土搅拌机按搅拌原理分为自落式和强制式两类。

第一，自落式搅拌机。

自落式搅拌机按搅拌筒的形状和出料方式的不同，可分为鼓筒式、锥形反转出料式和双锥形倾翻出料式。

a.鼓筒式搅拌机

鼓筒式搅拌机的搅拌筒呈鼓形。由于它只靠物料的自落作用进行拌和，搅拌作用不甚强烈，对于坍落度小于 3cm 的混凝土不易搅拌均匀，且易产生黏罐和出料困难现象，故一般只适用于搅拌流动性较大的混凝土。鼓筒式搅拌机不能做成大型的，也不宜用它来搅拌含有大粒径集料（粒径大于 80mm）的混凝土。此外，它还存在卸料时间长、搅拌筒利用系数低（一般仅 0.22～0.25）等缺点。但由于它结构简单，耐用可靠，制造与维修容易，在我国公路施工现场仍得到广泛应用。

b.锥形反转出料式搅拌机

其搅拌筒为双锥形，搅拌叶片按一定的角度呈交叉配置。搅拌时，物料一方面被叶片提升自落作垂直位移，另一方面又被叶片迫使沿轴向作左右窜动，故搅拌作用比较强。它不但能搅拌流动性大的混凝土，还能搅拌低流动性混凝土。搅拌筒正转时进行搅拌，反转时靠搅拌筒出料筒出料端的螺旋出料叶片将混凝土推出进行卸料。由于搅拌筒正、反转交替进行，叶片正反面都能受到物料的撞击，因而不易产生黏罐现象。这种搅拌机构造简单，质量轻，搅拌效率较高，出料干净、方便。但搅拌筒利用系数低，反转出料时，是在负载的情况下启动，功率消耗大，故这种机型一般只适用于中、小容量的搅拌机。

c.双锥形倾翻出料式搅拌机

搅拌筒由两个截头圆锥组成，两圆锥筒内装有向内倾斜的叶片。搅拌筒转动时，由于叶片向内倾斜，故物料被左、右两圆锥筒上的叶片提升不甚高时便沿叶片滑下。从左右叶片上滑下的物料相向运动，左搅拌筒中部形成交叉料流。搅拌筒每转一周，物料的搅拌可循环多次。因此，这种搅拌机搅拌效率高，可以搅拌高流动性和低流动性混凝土。由于物料在搅拌筒内提升的高度不大，所以叶片不易撞坏，可以制成大容量的搅拌机，搅拌含有大粒径集料的混凝土。卸料时它是依靠使搅拌筒倾翻的装置，使搅拌筒倾斜，将料卸出。

第二，强制式搅拌机。

强制式搅拌机按其构造特征可分为立轴式和卧轴式两类。

a.立轴式强制搅拌机

立轴式强制搅拌机搅拌筒是一个水平放置的圆盘，搅拌叶片绕立轴旋转，强迫拌盘内物料颗粒做多方向运动，形成复杂的交叉料流，将物料搅拌均匀。这类搅拌机按搅拌盘和叶片的旋转方式不同可分为涡桨式和行星式。涡桨式是搅拌盘固定，叶片绕盘中心的立轴旋转。行星式又分为定盘式和转盘式。定盘式是搅拌盘固定，搅拌叶片除绕位于盘中心的主立轴旋转外，还绕它本身的立轴旋转。转盘式则是搅拌盘绕中心旋转，而搅拌叶片立轴的位置固定，叶片的旋转方向与搅拌盘的旋转方向或者相反，或者同向。

b.卧轴式强制搅拌机

卧轴式强制搅拌机可分为单卧轴式和双卧轴式。单卧轴式的水平搅拌轴通过机壳中心，轴上装有螺旋搅拌叶片和铲刮叶片。工作时两种叶片迫使物料作强烈的对流运动，使物料在短时间内便搅拌均匀。双卧轴式有两个相连的圆槽形搅拌筒，两根水平搅拌轴相互做反向旋转。两轴上的叶片搅拌作用半径是相互交叉的，叶片与轴中心线成一定的角度。故当叶片转动时，它不仅使物料在两个搅拌筒内轮番地做圆周运动，而且还使它们沿轴向作往返窜动，因而有很好的搅拌效果。各种类型的强制式搅拌机与自落式相比，其搅拌作用强烈，搅拌时间短、生产效率高，适宜于搅拌坍落度在 3cm 以下的普通混凝土与轻集料混凝土。所以，在大面积的路面施工中应用较为广泛。

②混凝土捣实机械

混凝土捣实机械类型，按其工作方式的不同可分为插入式振动器、附着式振动器、台式振捣器。

第一，插入式振动器。

插入式振动器又称"内部振动器"，由电动机、软轴和振动棒三部分组成。振动棒是工作部分，它是一个棒状空心圆柱体，内部安装着偏心振子，在动力源驱动下，由于偏心振子的振动，使整个棒体产生高频微幅的机械振动。工作时，将它插入混凝土中，通过棒体将振动能量直接传给混凝土，因此，振动密实，效率高。

按振动棒激振原理的不同，插入式振动器可分为偏心轴式和行星滚锥式（简称"行星式"）两种。由于行星式振动器是在不提高转轴转速的情况下，利用振子的行星运动，即可使振动棒获得较高的振动率，与偏心式振动器比较，具有振动效果好、机械磨损少等优点，因而得到普遍应用。

第二，附着式振动器及平板式振动器。

附着式振动器又称"外部振动器"。它在电动机两侧伸出的悬臂轴上安装有偏心块，故当电动机回转时，偏心块便产生振动力，并通过轴承基座传给模板，通过模板将振动能量传递给混凝土，达到使混凝土密实的目的。

将附着式振动器固定在一块底板上则成为平板振动器，它又称为"表面振动器"。它的振动力是通过底板传递给混凝土的。故在使用时，振动器的底部应与混凝土面保持接触。在一个位置振动、捣实到混凝土不再下沉、表面出浆时，即可移至下一位置继续进行振动、捣实。

第三，台式振捣器。

台式振捣器也是外部振捣器，它的激振是由两行频率相等、转向相反的偏心锤装置而产生的，因此，只有上下的单向振动而无前后左右的振动。振动台主要由支承架、消振弹簧、工作台、偏心装置以及传动轴等组成，并由电动机驱动，通过偏心销不同数量的配置，可得到大小不同的振幅，以适应各种不同的振捣需要。它的最大优点是产生的振动与混凝土的重力方向正好一致，振波正好通过颗粒的直接接触由下向上传递，能量损失很少。而插入式的内部振捣器只能产生水平振波，与混凝土重力方向不一致，振波只能通过颗粒间的摩擦来传递。

③混凝土浇筑及配套机械

第一，真空泵。

按性能分为混凝土专用真空泵和可调式混凝土专用真空泵两类。

混凝土专用真空泵所有的部件均安装在轻便的小车上。混凝土专用真空泵具有结构简单、可抽吸含有灰尘的气体、体积小、质量轻、使用灵活、功率消耗小等优点。缺点是不能根据工艺要求调节真空度。

可调式混凝土专用真空泵的结构和工作原理与混凝土专用真空泵基本相同，其特点是备有真空度调节装置，能够任意调节真空度满足工艺要求，目前采用广泛。

第二，真空吸垫。

它是直接与混凝土表面相接触的装置。其作用是在混凝土表面造成一个真空空间（称为"真空腔"），使混凝土中的水分和空气在负压作用下进入这个空间，然后再被真空泵吸走。真空吸垫分柔性和刚性两种，路面工程常用的是前者，称为柔性真空吸垫。

第三，抹光机。

真空处理后的混凝土表面硬度大，人工抹光十分困难，必须采用抹光机。目前采用的抹光机有叶片式（细抹）和圆盘式（提浆、抹平）两种。

第四，振动梁。

振动梁是振实、刮平大面积混凝土的理想工具，为混凝土真空吸水工艺配套机具之一。按材质可分为铝质和钢质两种。铝质振动梁质量轻、刚度好、梁身拱度可调，适用于 4m 以内的混凝土构件。

第五，压纹机。

压纹机是为提高混凝土路面的摩擦力而设计的。压纹深度一般为 0.6～0.8cm。压纹机压出的凹痕均匀，不破坏表面的水泥浆层，具有节省人力、效率高等优点。

第六，锯缝机。

混凝土凝结（强度达到 10.0MPa）后，要在尽早的时间内用金刚石或碳化硅锯片切缝。

④水泥混凝土路面摊铺机械

水泥混凝土路面摊铺设备按其施工方法可分为轨道式和滑模式两种。

第一，轨道式路面摊铺机。

轨道式路面摊铺机支撑在平底型轨道上，它既可以固定在宽基钢边架上，也可以安放在预制的混凝土板上或补强处理后的路面基层上，摊铺机的水平调整由轨道的平整度控制，而垂直调整根据摊铺机类型，采用不同调整控制方式。

轨道式路面摊铺设备的主要组成有进料器、摊铺机（包括刮板式、箱式和螺旋式）、振实机和修整机等部分。

第二，滑模式路面摊铺机。

滑模式路面摊铺机是 20 世纪 60 年代初发展起来的一种新型水泥混凝土路面施工机械。滑模式路面摊铺设备是安装在履带底盘上，行走装置在模板外侧移动，支撑侧边的滑动模板沿机器长度方向安装。在机器的宽度以内，机器的方向和水平位置靠固定在路面两侧桩上拉紧的导向钢丝和高强尼龙绳来控制。机器底盘的水平位置靠与导向钢丝相接触的传感装置来自动控制。附设的传感器也同时促动摊铺机的转向装置，以使导向钢丝和滑模之间保持一定的距离。滑模式摊铺机作业时，不需要另架设轨道和模板，就能按照要求使路面板挤压成型。这种摊铺机可实现多种功能的摊铺，如路肩、路缘石等。

5.沥青路面机械

沥青路面机械主要包括沥青洒布机、沥青混凝土拌和设备和摊铺设备等。

第一，沥青洒布机。

在采用表面处理式或贯入式施工工艺铺筑沥青路面时，需要用沥青洒布机将热态沥青

（工作温度为 120℃～180℃，石油沥青取较高温度，煤沥青取较低温度）洒布到碾压好的碎石基层上，立即趁热均匀撒布一层嵌缝料，扫均匀后碾压，完成贯入式沥青路面铺筑。

沥青路面施工时使用的沥青洒布机大致可分为手动式和自动式两种。

a.手动式沥青洒布机。该机适用于高等级公路岔道、辅道等中小型贯入式路面和沥青表面处治工程的半机械化施工。其特点是移动方便，洒布效率高，可降低劳动经度，喷洒均匀，可根据工作面大小，配备几台用以平行作业，加快工程进度。

b.自行式沥青洒布机。将沥青箱和洒布系统等工作设备装在汽车底盘上，可以作远距离移动，并可根据路面宽度、作业要求调节排管长度及各阀门操作位置，进行自动洒布。它具有机动性能好，撒布速度快，工效高，作业能力大，洒布质量也较易掌握等优点，在高等级公路贯入式路面和沥青表处路面施工中应用广泛。

第二，沥青混凝土拌和机。

沥青混凝土拌和机，按其作业特点可分为循环作业式沥青混凝土拌和机、连续作业式沥青混凝土拌和机、综合作业式沥青混凝土拌和机三种类型。

a.循环作业式沥青混凝土拌和机。沥青混合料中各类材料的称量、烘干与加热、拌和等工艺过程按一定的间隔周期进行，即按份数拌制。

b.连续作业式沥青混凝土拌和机。混合料中各配料的定量加料、烘干与加热、拌和与出料等工艺都是连续进行的。

c.综合作业式沥青混凝土拌和机。混合料中各砂石料的供给与烘干加热过程是连续进行的，而砂石料与沥青的称量、拌和以及成品出料则按周期式进行。

第三，沥青混合料摊铺机。

沥青混合料摊铺机是用来将拌制好的沥青混合料均匀地摊铺在已整修好的路面基层上的专用设备。按行走方式可分为自行式和拖式两种。高等级公路路面施工中常用自行式。自行式摊铺机分为履带式、轮胎式及复合式三种。

a.轮胎式沥青混合料摊铺机。轮胎式摊铺机的前轮为一对或两对实心小胶轮，可以起到增强承载能力、避免因其受荷载变化而变形的作用。后轮大多为大尺寸的充气轮胎。轮胎式沥青混合料摊铺机的优点是：行驶速度快（可达 20km/h），可自行转移工地，费用低，机动性和操纵性能好，对单独的小面积高堆或深坑适应性较好（不致过分影响铺层的平整度），弯道摊铺质量好，结构简单，造价低。其缺点是：对路面平整度的敏感性较强；受料斗内的材料多少会改变后驱动轮胎的变形量，从而影响铺层的质量。为了避免这种现象，自卸汽车应分次卸料，但这又会影响汽车的周转。

b.履带式沥青混合料摊铺机。履带式摊铺机的履带大多加装有橡胶垫块，以免履带对地面造成压痕，同时也可借此降低对地面的压力。履带式摊铺机的优点是：牵引力与接地面积都较大，减少了对下层的作用力，对下层的平整度不太敏感。其缺点是：行驶速度低，不能很快地自行转移工地；对地面较高的凸起点适应能力差；机械传动式摊铺机在弯道上作业时会使铺层边缘不整齐；此外，其制造成本较高。

c.复合式沥青混合料摊铺机。作业时，利用履带行走装置；运输时，采用充气轮胎装置。广泛应用于小规模沥青混合料摊铺。

第二节　公路沥青路面机械化施工管理

一、公路沥青路面灌缝机械化作业

（一）沥青路面裂缝分类

沥青路面损坏从总体上可分为功能衰减和结构性破损两类，前者表现为路面服务能力下降、平整度和抗滑性能降低；后者导致路面结构承载能力降低，以裂缝、坑槽等形式表现出来。裂缝是沥青路面各类损坏中最常见、最易发生和最早产生的病害之一，它伴随着沥青路面的整个使用期，并随着路龄的增长而加重。

沥青路面裂缝破损按几何形状分为龟裂、块裂、纵向裂缝、横向裂缝和滑移裂缝五类；按主要形成原因分为荷载型裂缝、温度裂缝、反射裂缝、沉降裂缝和其他裂缝五类。

裂缝随着时间的推移而逐渐形成并扩展。裂缝形成初期，在高温季节可以自动愈合，可不进行处理，对沥青路面使用功能影响不大，但裂缝的扩展会逐步减弱结构承载能力。在雨季，雨水通过裂缝进入基层，在行车载荷的作用下形成动力水对其结构进行冲刷，裂缝逐渐加宽、加深，产生泥浆或基层脱空，造成水损害，致使沥青路面产生龟裂、坑槽等严重病害，不但影响路容美观和行车的舒适性，而且降低沥青路面的服务水平，缩短沥青路面的使用寿命，甚至危及行车安全。

1.按几何形状分类

（1）龟裂。形状呈一连串小多边形或小网格状，其短边长度一般不大于4cm，如龟背花纹，故俗称"龟裂"（欧美称"鳄鱼皮状裂缝"）。龟裂是在行车载荷的反复作用下，导致沥青路面材料疲劳而形成的一种裂缝，故有时亦将此类裂缝称为"疲劳裂缝"。

（2）块裂。形状呈不规则的多边形或网格状，形状和尺寸都有别于龟裂，通常短边长度大于40cm，长边长度小于300cm，且棱角较明显。块裂通常是由于沥青混凝土采用了大量的低针入度沥青和亲水性集料或沥青发生老化失去弹性，在交通载荷作用下形成的。

（3）纵向裂缝。沿沥青路面行车方向分布的单根裂缝，有时伴有少量支缝。纵向裂缝一般较长，达20～50m。在路表水渗入路堤下地基范围较小的情况下，可能仅在中央分隔带两侧行车道上或接近硬路肩的一侧产生一条纵向裂缝；在路表水渗入路堤下地基范围较大的情况下，可能在中央分隔带两侧行车道和超车道上产生两条纵向裂缝，少数路段甚至有三条纵向裂缝。

（4）横向裂缝。与路面行车方向近于垂直分布的单根裂缝，有时伴有少量支缝。低温收缩或半刚性基层收缩是产生横向裂缝的主要原因。地基及填土路堤纵向不均匀沉降或沥青混凝土摊铺时横向接缝处理不当，都会产生横向裂缝，严重时还伴有错台现象。

（5）滑移裂缝。在车辆制动、转弯或加速时产生的水平力作用下，沥青路面的表面沿行车方向形成月状的裂缝，称为"滑移裂缝"或"U形裂缝"。当滑移裂缝由制动引起时，滑移裂缝的末端（U的顶端）指向行车方向；如果滑移裂缝是由车辆加速引起，裂缝的末端（U的顶端）指向行车的后方。

2.按形成原因分类

（1）载荷型裂缝。在行车载荷作用下，沥青路面基层的底部产生拉应力。当拉应力大于基层材料的抗拉强度时，基层的底部就会开裂。在行车载荷的反复作用下，基层底部的裂缝会逐渐扩展到沥青路面的面层，使面层开裂。

（2）温度裂缝。由于沥青路面的面层温度变化而产生的裂缝称为温度裂缝，包括低温收缩裂缝和温度疲劳裂缝。在温度降低，特别是气温骤降时，沥青路面的面层表面的温度最低，其温度变化率也最大，因此表面产生的温度拉应力最大。面层材料受下层材料的约束而不能自由伸缩，产生较大的张拉应力。当张拉应力大于面层材料的抗拉强度时，面层就会开裂。温度裂缝在形状上主要表现为横向裂缝和块状裂缝，有时也表现为纵向裂缝。

（3）反射裂缝。由于下铺层的裂缝向上传递而导致沥青路面的面层产生与下铺层相似的裂缝，一般多发生在加铺层上。由于旧沥青路面的纵向裂缝、横向裂缝和块裂等在加铺时，未加以适当地处理而导致加铺层产生与下铺层裂缝形状相似的裂缝。

（4）沉降裂缝。由于填土固结或路基不均匀沉陷所引起的纵向和横向裂缝，称为沉降裂缝，常出现在桥、涵的两头或路基半填半挖处。

（5）其他裂缝。由于沥青路面施工时纵向接缝处理不善而产生的纵向裂缝及由于沥青老化而产生的龟裂等，称为其他裂缝。

（二）灌缝技术施工工艺

1.灌缝工艺流程

（1）施工准备。根据裂缝的折算面积和深度，准备足够的符合要求的乳化沥青（或沥青）和填充料，然后对灌缝机进行性能检查，确保其沥青管路、沥青喷枪畅通，高压热空气吹烤装置压力足够、温度合适。

（2）开槽。对于缝宽在 5mm 以内的细小不规则裂缝，由于难以直接灌入填封材料，所以要先开槽扩缝，一般可将缝扩宽至深 40mm、宽 12mm。扩宽时要注意刀盘冷却水喷洒适量，同时要确保扩宽缝与原缝的走向一致，在外观上要形成直线或圆滑的曲线。干锐扩缝机扩缝时不喷洒冷却水，可提高清扫、烘干作业效率，但使作业环境污染较严重。用扫缝机对扩展的新缝和原有的较宽的旧缝进行清扫，扫出来的杂物要及时清除，以便于灌缝材料与原路面材料黏结。

（3）裂缝的清理和干燥。开槽后用高压热空气吹烤喷枪把加热后的压缩空气吹向裂缝，清出缝内的碎石和粉末等杂物，同时对裂缝两侧的路面材料加热，从而减小了灌注材料与被灌注裂缝的温差，使两者在"热—热"环境下结合，避免修补后出现"两道缝"的现象。

（4）灌缝作业。启动灌缝机，对灌缝材料加热。当灌缝材料温度达到工作温度时，即可进行灌缝作业。灌缝作业在裂缝清理和干燥后立即进行，以减少裂缝二次污染。灌缝作业过程中应始终保持沥青路面清洁。

（5）封边修整工作。灌缝作业结束后，为了保护未凝固的灌缝材料，防止其出现轮印等问题，应立即使用吸收材料，以使它们黏到填封材料表面，作为暂时覆盖物。特别是乳化沥青或改性沥青作为填封材料时，因其破乳固化时间较长，为缩短开放交通时间，应尽量使用吸收材料。

2.灌缝专用机械

（1）沥青灌缝机。沥青灌缝机一般由底盘、沥青加热保温箱、导热油循环及温度控制系统、动力及液压传动系统、补缝专用装置等组成。沥青灌缝机有手推式、拖式和自行式三种，手推式灌缝机基本实现了灌缝材料全程加热，体积小，质量轻，结构简单移动及操作方便；拖式结构较为简单，使用时须配备牵引动力；自行式是将所有装置放在一个底盘上，一般是液压驱动，行走灵活。

（2）高压热空气吹风机。高压热空气吹风机是一种手持式或手推式的吹气烘烤装置，由空压机、液化气罐、燃烧室、点火器、喷枪等组成。燃烧室周围有一个厚长储热铁块，液化气燃烧后将这个铁块加热，然后用铁块加热通过它的压缩空气，用热压缩空气去吹烤裂缝，这样不会烤坏缝口沥青材料。

（3）开槽机。开槽机用于沥青路面细小不规则、难以直接灌入填封材料的裂缝的扩缝，一般可以跟踪裂缝，操作方便，有合理扩缝宽度，开槽深度可调。

（4）石屑撒布器。石屑撒布器一般为手推式，通过阀门调节撒布量，以一定的速度将石屑撒在灌注沥青的缝口上。

（5）小型压实机。一般选用手推式压实机械，也可用拖式压实机械。

3.影响灌缝质量的因素

（1）开槽填封形式。对于沥青路面出现细小、不规则，难以直接灌入填封材料的裂缝，一般沿着裂缝开一条凹槽，使填入裂缝中的填封材料免受过分的拉、压应力及交通载荷的作用。特别是因温度变化而产生较大水平位移的裂缝（横向裂缝），必须进行开槽，以适应水平位移而产生对填封材料的应力。开槽尺寸以裂缝宽度和严重程度为依据，开槽宽度应达到将裂缝破损的松散壁面材料切割掉，直至露出坚实的部分为止，然后再确定一个适当的开槽宽深比。

常见的裂缝填封结构分为三种类型：

①标准槽。包括有贴封、无贴封、带背衬和无背衬等形式。

②无槽。包括有贴封、无贴封等形式。

③浅槽。包括有贴封、无贴封等形式。

（2）施工季节。灌缝失效的最主要表现是密封胶与裂缝两壁未能牢固地黏结，除了与密封胶技术性能、清槽是否彻底有关外，还取决于施工时的环境温度。一般而言，选择春秋季节干燥天气进行修补。环境温度处于年平均温度 5～15℃时，裂缝的宽度为一年中的平均宽度，因此，在春秋季施工既利于将补缝材料灌到缝的最深处，可以填充足够的材料，又有利于选择灌缝材料，并使灌缝材料与路面材料更好地黏结成一体，保证灌缝质量。

在冬季，浅槽无贴封式结构最好。因为在冬季填封材料受到的温度应力最大，而裂缝开槽越宽，填入的填封料也越宽，消解应力的能力也越强，所以浅槽无贴封式结构在冬季的失效率最低。

在夏季，贴封式结构效果最好。除了槽内填封材料对裂缝的保护，紧贴在裂缝上方的填封材料也起着封闭裂缝的作用，并持续有效地防止路表水渗透到基层中，从而延长了填封裂缝的使用寿命。

（3）裂缝的清理和干燥。裂缝不论开槽还是未开槽，都会有一些杂质。未清洁和潮湿的裂缝壁面会导致与填封材料的黏附性能下降，易造成填封材料脱落而使填封裂缝失效。开槽后裂缝壁面的清洁和干燥常用的方法有高压空气吹扫法和热空气吹扫法。裂缝处于干燥状态下进行填封修补，其寿命为潮湿状态下填封修补的2~4倍；在施工气温较高时填封裂缝获得的寿命，通常比施工气温较低时的长一些。

（4）其他因素。除上述因素外，高质量的灌缝机、合适的灌缝材料、合理的施工工艺过程都会对灌缝质量产生直接的影响。采用控制精度较高的灌缝机械、使用合适的灌缝材料，并积极采用科学的施工工艺都是提高灌缝质量的必要措施。

4.灌缝质量检测方法

（1）外观质量验收。其具体内容有：

①灌缝线形流畅，外观干净整洁，密封材料基本与路面平齐。

②灌缝充分饱满，表面平整，无颗粒状胶粒或淤结，拖痕无多余灌缝材料。

③经碾压后不发生脱落变形，保持足够弹性。

（2）气密试验。使用专用工具修整清理冗余的材料。待初步固化后沿裂缝涂一层肥皂水，采用压缩空气检查密闭效果并了解裂缝的连通性，若发现漏气部位，及时补封。

（3）渗水试验。渗水试验按《公路工程沥青及沥青混凝土试验规程》执行，对经过灌缝处理的裂缝进行渗水试验，检测结果要达到技术要求。

（三）灌缝机械

1.手推式灌缝机

目前手推式灌缝机，大多采用螺旋输送器输送材料，压力注射嵌缝，可保证嵌缝料注入缝隙底层和缝壁之间并紧密黏结。但螺旋输送属非容积式输送，泵的流量受料的黏度和出口压力的影响，即使泵的速度恒定，流量也不均匀。手推行驶速度难以恒定，灌缝材料在缝槽中的分布难以均匀，数显式温控装置可加快施工进度及提高修补质量。

针对螺旋输送器的弱点，通常采用特殊的材料泵。该泵的定子为金属材料，使其具有输送高温、高黏度填料的能力。泵为容积式泵，其输出流量不随填料的黏度、出口压力的变化而改变，只要泵的驱动速度恒定则流量恒定，且理论图上流量无脉动，还容许小的颗粒通过。因此，材料泵能满足对灌缝质量要求。

（1）导向机构

导向杆组由一排导向杆组成，装在 E 形块的孔中，导向杆组垂直插入缝槽中，且各导向杆可以自由转动，在导向时便不会损坏缝槽边缘。导向杆组在垂直方向上可以自由移动，若槽底有异物，导向杆组可自动越过异物而不被卡死。导向杆的偏转运动通过 E 形块、花键轴、花键筒传给摇杆。花键轴在花键槽中可滑动。不灌缝时通过提杆可将导杆组提起，高出缝槽。由导向杆组传来的运动带动摇杆、滑动连杆，摇杆传给方向轮轴，方向轮轴转动后传给导向轮而实现导向。

转动手轮带动丝杆，通过丝杆螺母带动滑块左右移动。滑块一端固定在导向座上，另一端装在导向轮座的滑槽中，滑块的左右运动可调节导向杆组和导向轮之间的距离，便于对缝。在调节此距离时，应先松开锁紧手柄使滑动连杆的滑条在滑槽中滑动，其滑动行程与滑块的行程相等。调节完毕，锁紧手柄，使得滑动连杆成为一体，由此摇杆、滑动连杆、花键轴、摇杆构成平行四边形结构，确保了导向杆组转角与导向轮转角相等。摇杆是为了保证在滑块滑动中平行四边形机构始终成立。

（2）喷灌系统

喷灌系统由泵输出的填料流入三通阀后分两路输出，一路去料箱，一路去喷嘴。通过操纵手柄可控制填封料去向，喷嘴与喷管、转管连接，转管通过支架与车架固定连接。填料所经过的连接处均采用机械式密封。喷嘴可绕喷管转动，而喷管能绕转管作万向运动，因此喷嘴除绕自身轴线转动外，还可作上下、左右摆动。喷管上装有一拉簧并与支架相连，保证喷嘴与路面能可靠接触。喷嘴在缝槽中随车架左右自由摆动，自动适应缝槽的走向。

灌缝机行驶到路端时提起喷嘴，将其绕转管转动180°后放入前端缝槽中，灌缝机倒退行驶，人工把握方向，可将剩余的一段缝灌完。喷嘴前端离槽底4mm，后端与槽口平，中间直线过渡，便于灌料在缝槽中逐层堆积。喷嘴可灌槽宽23mm。在密封料所经过的环节中均采用加热和保温措施。

（3）辅助驱动装置

辅助驱动装置包括行走驱动电机、驱动轮、导向轮、自由轮等，灌注时单轮驱动，驱动轮设置在喷嘴侧，导向轮与驱动轮在同一行驶线上，被动轮为自由轮，在驱动轮的另一侧。导向轮、驱动轮、被动轮形成偏三轮布置，使其转向时各轮绕同一瞬时转向中心做圆周运动，故被动轮不产生滑移，转向灵活。行走驱动电机为无级调速电机，在定流量输送填料的条件下，调节行驶速度可满足系列缝宽的灌注要求。

2.拖式灌缝机

拖式灌缝机是集清吹裂缝、密封材料加热、裂缝灌注密封功能于一机，由拖式底盘、动力源、加热保温系统、工作装置和控制系统五部分组成。

（1）底盘和动力源

罐缝机采用二轴四轮专用拖挂式底盘，作业施工和行驶时需用机动车牵引，牵引钩采用可调节式牵引，可适用于不同的牵引车。采用五十铃（ISUZU）三缸水冷柴油机为动力源，额定功率为 25.4kW；额定转速为 2 800r/min；液压泵与输出轴直接相连，并通过驱动带带动发电机工作；发动机带有安全保护装置。

（2）液压系统

液压系统主要由液压油箱、液压泵、分配阀、液压马达、滤油器和管路组成。两级液压泵将动力一部分经分配阀来控制搅拌马达和材料泵的驱动，实现罐内密封材料的搅拌和输出；另一部分驱动空压机。

（3）裂缝清吹系统

该系统由空气压缩机、管路和空气喷枪组成。空气压缩机为滑片式，由液压马达驱动，噪音小、制气量大。该系统主要功能是用高压空气将开槽后的裂缝（或原裂缝）中的杂物吹净，以利于沥青更好地灌入。

（4）加热保温系统

热熔釜主要由燃烧器、柴油箱、导热油泵、内置材料泵、搅拌机构、温度传感器、材料罐及管路等组成。

燃烧器安装在两个油箱中间的下方、材料罐底部，通过柴油燃烧使导热油升温；材料罐壁带有储存导热油的夹层，夹层及管路内的导热油对罐内密封材料进行间接加热和保温，导热油和密封材料中均有温度传感器，随时将检测信号反馈到控制面板，由液晶显示屏直观显示，以保证温度达到使用要求。罐外层为高性能保温材料，可有效降低热量的散失。材料泵安装在材料罐内的底部中心，由液压马达驱动；桨叶搅拌器经链条由液压马达驱动，以利于密封材料均匀快速地加热。

（5）喷灌系统

喷灌系统由材料泵、电加热输料软管及喷枪组成。在材料泵的作用下，材料罐内的密封材料经电加热输料软管和喷枪注入裂缝中。电加热输料软管和喷枪由发动机驱动的三相交流发电机供电加热。电加热输料软管的内管具有不锈钢内衬和金属加强网，管子上有电加热元件。该软管外层有耐高温绝热层，喷枪上的不锈钢钢管用以保护喷枪和操作者。喷枪手柄上装有操作开关，用于沥青泵的启闭。

（6）控制系统

控制系统集中在控制箱内，主要由发动机、控制和保护部分、温度显示仪表、温度控制器、功能指示灯、计时表和电控元件组成，以完成发动机、材料泵、导热油泵和搅拌马达的启停，并通过温控仪控制燃烧器。点火加热和保温过程自动进行，使导热油温度、材料温度和电加热软管温度处于设定状态。

3.高压热空气吹风机

（1）分类

①按结构分为分体式和整体式两种。喷枪与两根管路连接，一根通压缩空气，一根通液化气。调节好燃气混合比燃烧后，在端部喷出高温、高压的气体。

②按喷枪自身的使用方式分为手持式和手推式两种。

（2）结构

整体式高压热吹风机基本结构如下：

①动力系统。通过离心式离合器和传动带为空气压缩机提供动力。手启动，带机油报警。

②离心式离合器。发动机与空压机之间通过离心式离合器与V形传动带实现动力传递，产生高压空气；离心式离合器可以实现发动机无负载启动，大大提高发动机的低温启动性能。在作业过程中将发动机油门置于怠速位置即可实现热吹风机不停车无负载转场，转场后置于高速位置即可恢复正常作业。

③往复式空气压缩机。往复式空气压缩机主要由压缩、传动、润滑、冷却、自动控制和保护等机构及系统组成。

压缩机构。压缩机构由汽缸、活塞、吸排气阀等组成，活塞在汽缸内作往复运动，使空气在汽缸内被交替地完成吸入、压缩、排出等过程。

传动机构。传动机构由曲轴、连杆、十字头等组成，通过传动机构将原动机的回转运动变为活塞的往复运动。

润滑系统。润滑系统主要由齿轮泵、粗滤器、精滤器和油冷却器等组成。齿轮泵由曲轴直接带动，从油底壳内吸入机油，然后供给曲轴、连杆、十字头等摩擦面，以减少摩擦阻力和零件磨损，并带走部分摩擦热等。

冷却系统。冷却系统由水管、中间冷却器、集水漏斗、油冷却器、水阀等组成。其作用可使空气压缩机各运动部件温升稳定在许可的温度范围内，从而使空气压缩机能正常工作。

自动控制和保护机构。由压力调节器、减载器和安全阀等组成。它们使压缩机能在工作过程中根据储气罐内压力的变化，自动调节排气量并维持排气压力在 600～700kPa 范围内。

④热气喷枪。热气喷枪主要由安全护罩、燃气系统、高压气体系统与电打火装置四部分构成。热气喷枪固定在机架左侧，可侧向移动并根据路面情况调节喷头与裂缝的距离。燃气系统以液化气做燃料，通过燃气调压阀调节燃气的压力和流量。液化气的燃烧热值为 12 000kcal/kg，加热迅速，无污染，费用低。电打火装置、燃气控制阀安装在扶手上。用电子脉冲点火，避免了人工点火存在烧伤的危险。燃气点燃后调节压缩空气和燃气的压力，使火焰在燃烧室内燃烧并达到白热状态，但不能有火焰超出喷嘴。最终从喷嘴喷出的是 600℃ 左右的高温高压气体，可迅速有效地对裂缝进行加热并保证不会造成路面沥青焦化。

⑤行走系统。机架底部按照质心分布情况设置三个用橡胶减震的车轮，两个后部车轮为定向车轮，前部车轮为方向车轮，可以实现热气吹风机的灵活转向、准确跟踪裂缝加热。后部车轮带有脚制动，确保运输过程和在坡度路段施工的安全。

（3）技术使用

①准备

检查燃气罐、空气压缩机与热吹风机之间的连接，确保管路密封。

检查燃气罐阀门是否关闭。

检查压缩空气储气筒泄压阀是否打开。

检查燃气调节阀、压缩空气阀门是否关闭。

②启动

启动发动机。

待发动机运转平稳后关闭储气筒泄压阀。

打开燃气罐阀门。

打开燃气调节阀门。

按下电子脉冲点火开关，点燃液化气。

③清吹

调节燃气调节阀和压缩空气阀，使火焰达到白热状态，但不能有火焰冲出喷嘴。

推动热气吹风机沿裂缝方向运行并清吹。

④关闭

关闭燃气罐阀。

关闭燃气调节阀和压缩空气阀。

关闭发动机。

打开压缩空气储气筒泄压阀。

（4）安全技术规范

①作业安全注意事项

热沥青和热塑性材料有易燃倾向，因此在操作过程中，必须由技术熟练的人员监督操作，避免火焰接触沥青路面而使沥青焦化。

易燃物应远离热吹风机及其施工区域放置。

人不要站在热吹风机喷头的正前方。

燃气罐要固定放置。

不允许为了增加燃气流量而使用明火加热燃气罐体。

②作业后安全工作要求

燃气罐阀门完全关闭。

在热吹风机喷头完全冷却后方可装车运回驻地，以避免引起火灾。

（5）保养、维修

①发动机的保养、维修

发动机推荐使用90号或更高标号的无铅汽油，加油时宜在通风良好的地方进行。发动机必须熄火并等其冷却至环境温度后方可加油。加油时不要把燃油溅出来，并只能加至距油箱顶端25mm处，留有燃油膨胀空间。

脏的空气滤清器会阻碍空气进入汽缸，降低发动机性能。特别是发动机在多尘的地方运转，空气滤清器更要及时保养。

火花消除器必须每间隔100h保养一次，以保持其消焰功能。

因高温发动机和排气系统会灼伤或引燃周围物质，因此作业后的发动机，至少停放15min，等其冷却后再随同运输车返回驻地。

按使用说明书的规定，对发动机进行例行保养。

②空气压缩机的保养、维修

该空气压缩机采用飞溅润滑，依靠装在连杆大头的打油针，在曲轴旋转时激溅曲轴箱内的油液，造成油滴和油雾，落至运动部件及汽缸表面，使各摩擦表面得以润滑。

润滑油面应保持在观油孔中线上下 3mm 范围内。油量太少将妨碍空气压缩机正常运转，甚至造成空气压缩机毁坏。若油量过多则会造成喷油现象，且使排气阀积炭而影响空气压缩机的性能和使用寿命。空气压缩机停止工作 10min 后方可添加机油。

润滑油面须每天检查一次，确保空压机主机的正常工作。

空气滤清器应 15d 清理一次或者更换滤芯，可根据具体使用环境来决定保养间隔时间。

润滑油最初运转 50h 或者一周后更换机油，以后每 300h 更换一次（使用环境差者应 150h 左右更换一次）。

使用 500h（或者半年）应将排气阀拆下清洗。

③燃气管路和压缩空气管路的日常维护

每天检查管路有无泄漏，并及时紧固松动的接头和螺栓。

5.开槽机

（1）基本结构及作用

①化油器节气门旋钮。控制发动机可燃混合气充气量。

②转速调节油门。控制发动机转速。

③点火开关钥匙。控制发动机启动或熄火。

④提升架。提升开槽机，最小提升力为 9 800N。

⑤油标。显示油箱内油量。

⑥深度控制开关。通过圆形螺旋调节装置升降开槽机，松开时自动回位到空挡（中间位置）。

⑦发动机安全保护开关。处于"OFF"位时，发动机在 7s 内熄火。

⑧操作把手。操作工操作开槽机，把手上安装有减震装置。

⑨深度指示器。便于观看切割深度。

⑩刹车。向下推压操作把手，实现对开槽机制动。

⑪松紧带螺栓。调节传动带张紧度。

⑫防溅挡板。用于阻挡切割时的飞溅物。

⑬防溅链。用于阻挡切割时飞溅物，可单根更换，应每天检查。

⑭制动板。控制开槽机运行及作业速度。

（2）工作机构

工作机构主要由机架、发动机、刀鼓、操作控制等组成。

①机架。采用专用机架，单轴两轮结构。主要由机座、轮胎、车轴、刀鼓护罩、皮

带张紧机构、防溅链及防溅挡板等组成。

②发动机。发动机是旋转刀鼓的动力源，带有钥匙启动开关，配有防静电油箱。其产生的动力通过 4-V 传动带带动刀鼓旋转，噪音小。带传动可避免刀头在工作中被绊住时的损伤，延长了使用寿命；配有发动机安全保护开关，可简单快捷地关闭发动机；采用三级空气过滤装置。

③刀鼓。刀鼓由转轴、刀鼓、轴承、皮带轮、合金刀具、刀轴、垫圈等组成。发动机驱动刀鼓高速旋转，使均匀分布在其圆周上的六个合金刀具切削作业，不需要冷却液；切削宽度可以通过偏移或叠加刀头达到要求；切削深度和刀具走向由人工操作控制。

④操作控制。操作控制主要由操纵把手、深度控制开关、升降器、裂缝指示器、深度指示器、发动机安全保护开关、刹车等组成。升降器是通过蓄电池电力驱动的圆形螺旋调节装置、调节深度控制开关调节开槽机升降。

（3）技术使用

开槽作业必须由经过正规培训的操作人员进行操作。选取需开槽灌缝的裂缝，按照设计的开槽尺寸对照开槽机上的深度指示器调好开槽深度，然后进行开槽作业。为达到最佳密封效果，引导开槽机裂缝指示器尽可能按切割段的裂缝尺寸对准裂缝中线，切割出均匀的正方形或长方形凹槽。作业时，根据裂缝宽度种类情况，及时调节开槽尺寸，满足设计要求。

第一，操作程序。操作时，通过向后退导引开槽。开槽时，机器自身借助切割力移动；当移动过快或开槽受限时，向下按操作把手，制动板和刹车便能起制动作用，使开槽机减速。

第二，操作要点及注意事项，具体内容如下：

①新开槽机使用前，须先空载运行 30min，然后再正式使用。

②在启动发动机进行开槽之前，确保开槽刀头离地，且正处于待切裂缝的正上方。

③正确的操作位置是站在切割机后面，双手握紧操作把手。

④启动发动机时，一次持续时间不要超过 5s；如不能成功启动，应停息 30s 后再重新启动。

⑤发动机刚启动时可能发出杂音，这是由于存放期间液压推杆位下降所致。发动机运行 5min 后，杂音就会消失；如果仍有异音，可将发动机油门调至中间位置持续运行 20min。

⑥如果发动机转速已达到分离启动机程度，但未能继续运转（出现假启动），须等

发动机完全停止运转后再重启发动机。飞轮转动时，如果启动机仍然起作用，将要导致启动机损坏，应立即停机检查。

⑦与电池正极相连的线路装有一个自动保险，位于操作把手面板的正下方，用于控制升降器下降速度。

⑧深度指示器可以指示设定的切割深度。设定深度时把开槽机落进裂缝所需深度，切割300mm长的距离，然后关闭发动机，用尺子量出切割的深度。如达不到所需值，通过调节深度控制开关做相应调整。

⑨每运转20h检查传动带的松紧度。传动带的松紧度调整原则是，从发动机主轴中心到转轴中心之间的距离每增加25.4mm，传动带松紧相应增加0.4mm。

⑩开槽机处于被运输状态时，其发动机必须先熄火。

（4）保养、维修

①每天启动发动机前进行例行检查，如机油液位、汽油液位、合金刀具状态等。

②注意有无漏油现象，必要时紧固相关部件或进行维修。

③定期清洁开槽机，必须保持发动机散热片和机油散热片的干净。

④保证防溅链及防溅挡板完好。

（四）灌缝材料

1.选用原则

灌（填）缝材料的选择是保证沥青路面修补质量的关键之一。好的修补材料不仅具有优良的施工特性、对环境无污染，而且可以使修补后的沥青路面很快恢复其使用性能。

（1）基本要求。沥青路面的灌（填）缝材料主要有沥青、乳化沥青、改性沥青等沥青材料、各种规格的粗细集料、填充料等砂石材料，以及由这些材料组成的混合料。必须具有足够的强度、耐久性和稳定性，以承受车辆载荷的作用和抵抗自然环境的影响；养护材料必须进行必要的检验，不符合要求的不得使用。

（2）技术要求。沥青路面裂缝修补材料的技术要求应符合《公路沥青路面设计规范》《公路沥青路面施工技术规范》的规定。材料试验应遵照《公路工程沥青混凝土试验规程》《公路工程石料试验规程》《公路工程集料试验规程》的规定执行。

（3）选择原则。一般情况下，要根据沥青路面的裂缝类型、分级、修补效益等来选择灌（填）缝材料。无论采用哪种类型的灌（填）缝材料，性能均应满足以下需求：

①黏附性好，与沥青路面材料和填充料具有良好的相容性，黏结强度高；

②防水抗渗性好；

③弹性好；

④温度稳定性，在自然温度范围内具有较好的稳定性；

⑤抗老化能力，在自然温度范围内具有优良的耐久性；

⑥对环境不造成污染；

⑦使用方便，施工快捷；

⑧经济效益高。

2.分类

沥青路面灌（填）缝材料品种很多，应根据不同的用处和成本要求选择使用。常用的材料分为两类；一类为热塑性材料，加热时变软，冷却时变硬；另一类为热固性材料，无论是否加热都不会变软。热塑性材料分为冷态施工（常温式）和热态施工（加热式）两种类型。

沥青、液体沥青和乳化沥青韧性小，感温性高，用于非工作缝；而聚合物改性沥青、沥青橡胶、低模量橡胶沥青等可增加韧性，改善高温性能，用于工作缝或非工作缝；化学反应得到的硅树脂类材料具有很好的物理性能和施工特性，用于工作缝。

3.常用材料

修补裂缝所用的材料主要有沥青、乳化沥青、改性沥青、改性乳化沥青、密封胶等。

（1）沥青

①选用原则。一般选用较高针入度、较好延度的道路石油沥青来灌治裂缝。如缝较宽（大于10mm）且较深（大于10cm）可分层灌注，裂缝底部选用高针入度的沥青，上层采用黏结性能好、劲度模量较高的沥青。对于成熟的裂缝用热沥青灌治，效果更佳。灌浆沥青一般用导热油加热保温，沥青中可掺入适量的细砂，形成沥青砂浆。

②灌缝工艺。首先，将一定数量的沥青放入热熔箱，盖好箱盖，点火给导热油加热，启动导热油驱动电机，使导热油循环，给沥青块加热。其次，当沥青被加热到一定的温度后，启动沥青搅拌器对沥青进行搅拌，以保证沥青均匀受热。此时根据需要，可在沥青中加入一定数量的细砂。再次，当沥青被加热到160～170℃时，采取保温措施后，便可灌注。

（2）乳化沥青

①选用原则。一般选用慢或中裂阳离子乳化沥青，用乳化沥青来灌注初期裂缝，效果比较好。乳化沥青与沥青相比，具有以下施工特性：

a.节约能源，提高工效，有利于环境保护。乳化沥青只需在制作时一次加热至120～140℃，然后可在常温或较低温度下使用，可节约能源。常温下使用时现场不需支锅熬油，工人不受烟熏热炙，减少环境污染，降低劳动强度；由于黏度低，施工容易，操作简便、省力、安全，提高工效。

b.延长可施工时间。几乎可以不受阴湿和低温季节的影响，对于沥青路面裂缝可随时修补。

c.提高沥青路面服务质量。具有较好的流动性和渗透性，有利于填充和治愈沥青路面的裂缝，提高沥青路面的密实性和防水性。

②灌缝工艺。对于乳化沥青，将其直接灌入灌缝机的热熔箱，可直接灌注，也可将其加热到一定温度（不大于60℃），然后采取保温措施，适时进行灌注。

（3）改性沥青

改性沥青是在沥青中掺加橡胶、树脂、高分子聚合物、天然沥青、磨细的橡胶粉，或者其他材料等外掺剂（改性剂）制成的沥青结合料，从而使沥青或沥青混凝土的性质得以改善。改性沥青可单独或复合采用高分子聚合物、天然橡胶及其他改性材料制作。最常用的改性剂是聚合物，如SBS（苯乙烯-丁二烯-苯乙烯嵌段共聚物）、SBR（苯乙烯-丁二烯橡胶）、EVA（乙烯-醋酸乙烯共聚物）、PE（聚乙烯）等。

（4）改性乳化沥青

改性乳化沥青是在制作乳化沥青的过程中加入聚合物胶乳，或将聚合物胶乳与乳化沥青成品混合，或对聚合物改性沥青进行乳化加工得到的乳化沥青产品，是一种高温抗流变、低温抗脆裂，耐候性、抗磨性、防水性、抗老化性优良的材料，弹性好，凝固快，非常适用于裂缝修补。

（5）密封胶

选用加入多种高分子聚合物等成分加工而成的沥青橡胶类、树脂类密封胶，具有黏结能力强、弹性好、拉伸量大、不溶于水、不渗水、高温时不流淌、低温时不脆裂和耐久性好等性能。

密封胶的密封机理是：通过对沥青路面非载荷进行开槽、清理，选用道路密封胶进行灌填、修补，使密封胶与原沥青路面渗透融合，产生高黏结力，依靠较强的弹性，随裂缝涨缩而发生弹性变形，始终保持其密封作用，从而封闭路面雨（雪）水及杂物侵入，达到预防性养护效果。

按使用时是否需要加热分为加热式密封胶、常温式密封胶两种。

①常温式密封胶。常温式密封胶无须加热直接使用，是单（多）组分、高性能聚合物改性沥青或聚合物改性乳化沥青，多组分冷密封胶一般需要按一定比重进行配料混合。常温式密封胶低温下具有良好的延伸性、耐磨性、抗冲击性和抗龟裂性，高温下具有较好的耐热性、抗融化黏流性及抗老化等性能，与裂缝中沥青混凝土黏附性较好，修补后一定时间内有效。

常温树脂型密封胶使用技术：

常温树脂型密封胶常温下呈液态，由主剂、副剂和填料组成，具有操作简便、常温固化、黏接力强、抗压强度高、抗剪抗冲击、耐磨、耐水等性能。可见，常温修补材料在常温或较低温情况下有良好的流动性，能在短时间内形成强度，固化后具有较强的高温稳定性。

常温式树脂型密封胶的主要特点：

a.无须加热，常温下呈液态，直接进行施工，操作安全，施工方便，不污染环境；

b.可人工灌注，避免昂贵的设备投资和设备维护；

c.节省施工时间，修补表面凝固快，施工后半小时即可开放交通，减少封闭车道对行车的影响；

d.保持弹性的温度范围广，冬季不会脆化，夏季不会发生软化流动，长期暴露不会产生细小裂纹，耐受性优良；

e.附着力强，弹性及伸缩性好，可以随着缝隙的伸缩而膨胀收缩。

常温式树脂型密封胶灌缝工艺：

a.根据缝隙的宽度，考虑是否添加填料和何种填料，确定配合比；

b.若需要填料，则将填料分批加到主剂内，搅拌均匀后，将副剂加入；若不需要填料，则直接将副剂加到主剂里，并充分搅拌均匀；

c.将搅拌好的浆液放到一个专用容器中，人工灌入缝隙，并用小灰刀扦插，引导浆液灌入，直到不能灌入为止。

d.在灌注好的缝口表面撒布石屑，即可开放交通。

使用常温树脂型密封胶注意事项：

a.由于在运输途中密封胶难免产生轻微的沉淀和分离，所以在使用主剂和副剂之前应分别将它们搅拌均匀；

b.养生期间不允许车辆或其他载荷进入处理过的区域；

c.主剂、副剂和填料混合顺序不能颠倒，即将主剂先加入填料，再加副剂；

d.三种组分拌和均匀后应立即施工；

e.沥青路面的路表温度对养生时间影响最大，应严格掌握。另外气温、树脂和填料的温度都将影响养生时间。

②加热式密封胶。加热式密封胶是改性沥青和热塑橡胶的复合材料，成分包括合成橡胶或者再生橡胶或者两者混合并添加沥青胶结料和其他改性材料。主要特点是：高温下热熔快，黏性、稠度低，易于渗入各种裂缝；低温下高弹性，具有良好的抗形变恢复性能，黏接性强；改善了寒冷气候条件下的流动性和伸缩性。根据使用地区的气温不同，加热式密封胶一般分为寒冷低温型、普通温带型和炎热高温型三种；依据加热方式又可分为直接加热型和间接加热型。

二、公路沥青路面坑槽修补机械化作业

（一）坑槽修补技术

1.坑槽修补作业内容

坑槽修补作业主要处置公路沥青路面以下病害：

（1）龟裂。因沥青性能不好，或沥青面使用年限较长、油层老化等原因出现的大面积裂缝。由于土基、基层强度不足或路基翻浆等引起的严重龟裂。

（2）坑槽。所有基层或面层原因造成的坑槽。

（3）麻面和松散。因低气温施工或沥青混凝土温度达不到要求造成的麻面、松散；由于沥青温度过高老化或基层或土基软化变形造成的松散。

（4）脱皮。沥青路面的面层与上封层、面层与基层之间黏结不良产生的脱皮以及沥青路面的面层之间产生的脱皮。

（5）啃皮。因沥青路面边缘面层破损而形成的啃边；因基层松软、沉陷而形成的啃边。

（6）沉陷。因路基不均匀沉降而引起的局部沥青路面沉陷；因土基或基层结构遭到破坏而引起路面沉陷，桥、涵台背因填土不实出现不均匀沉陷。

（7）车辙。行车道表面因车辆行驶推移而产生的车辙；沥青路面受横向推挤形成的横向波形车辙；因基层与面层间有不稳定的夹层而形成的车辙；由于基层硬度不足，水稳性能不好，使基层局部下沉而造成的车辙。

（8）搓板、波浪。属于沥青路面的面层原因形成的严重的、大面积波浪或搓板；面层与基层之间存在不稳定的夹层或因基层局部强度不足，稳定性差等原因造成的波浪或搓板。

（9）拥包。因沥青路面的面层沥青用量过多或细料集中而产生的较严重拥包，或沥青路面连续多次出现拥包且面积较大，但路基仍属稳定；因基层局部含水量过大，使沥青路面的面层与基层间结合不良而被推移变形造成的拥包。由于基层局部强度不足或水稳性不好，使基层松软而导致的拥包。

（10）泛油。沥青路面的面层含油量高且已形成软层的严重泛油路段。

（11）冻胀和翻浆。因基层水稳定性不良或含水量过大造成的翻浆；低温季节施工的石灰稳定类基层，在板体强度未形成时水分渗入造成的翻浆。

2.坑槽修补工艺

坑槽修补工艺可分为冷修补工艺和热修补工艺。

（1）冷修补工艺。冷修补工艺根据用料可分为冷料冷补工艺和热料冷补工艺两种。

①冷料冷补工艺。冷料冷补工艺主要用于快速应急性修补。

通常先划施工轮廓线，用切割机开槽成型，用加入冷补料液压镐开挖，然后用吹风机将待补坑槽松散物、灰尘或淤泥清除干净，加入冷补料，摊铺均匀，最后用压实机械压实。深度在 6cm 以上的坑槽必须分层投料压实。修补完毕大约 10min 即可开放交通。

②热料冷补工艺。热料冷修补工艺，适合于高温季节沥青路面病害的集中修复和雨后抢救性修复，这是目前普通公路病害修补较常采用的方法。

施工标志设置。在作业现场严格按照《公路养护安全作业规程》设置齐全醒目的施工标志，并有专人指挥交通。

划轮廓线。按"圆洞方补、斜洞正补"的原则，对需开槽路面划出坑槽轮廓线，轮廓线必须与路中心线平行或垂直，形状是正方形或长方形，大小适中。

开槽清理。沿轮廓线内侧 1cm 处顺线用切割机切槽，用动力镐开挖（面层应分层开凿，呈阶梯形，上层开槽深度不超过 1.5cm）；开槽的四个叉角在切割时不得过线，四壁要垂直，槽内松动部分、槽壁、槽底必须清除干净（用铁刷或吹风机清理），无粉尘、杂物（如基层损坏要深挖至槽底稳定部分，先处理好基层）。挖出的旧油层及灰土分开置于坑槽一边，堆放整齐，等待运出场地。

油层摊铺。首先刷边油、浇底油，要求油量适中、抹油均匀；将沥青混凝土均匀摊铺到槽内，找平，新填补部分压实后应略高于原路面（高出量应根据坑槽深浅、用料粗细及压实程度确定）。如果坑槽较深（7cm 以上），应将沥青混凝土分粗料、细料两次或三次摊铺。

压实。压实应由外及内分层压实，压实一般不少于三遍（第一遍静压、第二遍振压、第三遍静压，由边缘向内重叠 1/3 轮宽依次碾压，压实厚度每层不超过 7cm，碾压至无明显轮迹为止），注意边角压实度（可用人工夯实）。面层材料级配一般应与原沥青路面相同。

现场清理。面层碾压完毕后立即将现场清理干净，然后逆交通流方向撤除施工作业区安全设施，恢复正常交通。

（2）热修补工艺。热修补是沥青路面的新型修补工艺，是由特殊结构的加热装置提供热量，在保持沥青混凝土性能的基础上，快速安全地加热旧沥青面层，使之达到拌和、压实温度，通过旧料再生等工艺措施，使病害路面达到或接近原沥青路面技术指标的一种技术。该工艺可全天候作业，保证了病害处理的及时性；新老沥青路面热接缝，提高了修补质量；机械化程度高，减轻了工人的劳动强度；沥青混凝土旧料可再生，减少了旧料对环境的污染；不同的工况，其施工工艺也不同。

①面层热修补。
②基层热修补。

施工标志设置。在作业现场严格按照《公路养护安全作业规程》设置齐全醒目的施工标志，并有专人指挥交通。

清理病害区。在对坑槽、裂缝、油包、车辙等沥青路面病害区加热前，先对旧面层进行观察，判断是否能够再生利用，对不能再生利用的旧面层料进行清除，对可再生利用的旧面层料将病害区的尘土、松散粒料、积水等杂物清扫干净。

加热病害区。加热前先打开各液化气罐阀门，再打开各管路开关，为确保作业路面无老化，调好加热定时所需时间（加热方式分断续加热和连续加热两种模式），一般控制在 5～10min，加热至所需铺装温度。具体加热时间可因季节和具体环境条件通过加热试验后确定。

翻松。移走加热板后立即对待修补的再生区域进行翻松，可先用齿耙和推板的背边在病害区周围刨出一个四方形。四方形距病害边缘不小于 15cm，距加热区域外边缘不小于 10cm。

再生、整平。原沥青路面被修补再生的沥青混凝土可能已被部分氧化，根据氧化程度在翻松后喷洒少许沥青活化剂或乳化沥青（喷洒须均匀）；根据需要添加新料（可用以前预留块状旧料，块状旧料需打碎加热软化才能用），用齿耙将耙松的沥青混凝土和新料混合均匀、找平，同时将边缘散落的沥青混凝土清除干净。

压实。压实应由外向内分层压实。压实一般不少于三遍（第一遍静压、第二遍振压、第三遍静压，由边缘向内重叠 1/3 轮宽依次碾压，压实厚度每层不超过 7cm，碾压至无明显轮迹为止），注意边角压实度（可用人工夯实）。面层材料级配一般应与原沥青路面相同。

现场清理。面层碾压完毕后立即将现场清理干净，然后逆交通流方向撤除施工作业区安全设施，恢复正常交通。

3.坑槽修补作业机械

坑槽修补作业机械主要有小型沥青混凝土拌和设备，沥青生产、储存、加温设备，稳定土拌和设备，小型沥青混凝土摊铺机，小型沥青洒布车，沥青路面铣刨机，沥青路面喷灌机械，沥青路面综合养护车，移动式发电机组，红外线加热修补机械，微波加热修补车，小型压实机械，切割机，动力镐以及吹风机等。

（二）冷修补机械

1.切割机

（1）结构与原理

切割机主要由动力系统、行走系统、控制切割深度装置与冷却装置等组成。行走系统包括行走后轮、切割导向轮、行走控制柄等。切割深度由手动螺旋式调节手柄控制，自由调节。冷却装置利用水箱的水对切割锯片进行洒水降温。

内燃式沥青路面切割机是用汽油机为动力源，通过 V 形传动带，带动刀片轴转动，进而带动刀片转动。操作切割深度手柄，控制切割深度；操作行走手柄，控制切割行走速度。

（2）技术使用

①启动前

a.检查各部位螺栓是否松动；

b.添加燃油；

c.检查/添加发动机油；

d.检查/添加润滑脂；

e.检查/添加冷却水；

f.检查/调整传动带张紧度；

g.安装刀片；

h.清理各部位的油污。

②启动发动机

a.打开燃油进油开关；

b.适当关闭汽化器风门；

c.打开发动机开关到"ON"位置；

d.拉动反冲启动器；

e.启动后适时打开汽化器风门；

f.低速运行 3～5min。

③开始作业

a.刀片和后轮对齐切割线；

b.打开洒水开关；

c.调整切割机升降杆；

d.操作调速杆到高速的位置（必须快速操作）；

e.慢慢将刀片切下至所需深度；

f.锁定切割深度；

g.向前切割。

④停止工作

a.升起刀片，离开地面；

b.操作调速杆到低速的位置；

c.关闭洒水开关。

⑤关闭发动机

a.低速运行 3～5min；

b.关闭发动机；

c.关闭燃油开关。

⑥使用注意事项

a.检查发动机机油位时机体必须保持水平；

b.不要随意调节发动机转速；

c.切割作业时发动机应转速稳定。

2.破碎锤

（1）结构与原理

内燃式破碎锤主要由发动机、打击系统和镐钎等组成。破碎锤以汽油机为动力源，直接驱动打击系统，把动力传给镐钎，从而完成破碎作业。

（2）技术使用

①作业前的检查

a.检查机件和护罩是否完整、紧固；

b.发动机启动时，确认周围安全；

c.时刻扶着把手；

d.不要在封闭的室内启动发动机，以免排气引起中毒；

e.作业时不要接触运动部件；

f.注意脚与镐钎保持一定距离；

g.禁止酒后操作；

h.操作时穿工作服和工作鞋、戴护目镜。

②操作方法

a.打开燃料开关及电路开关（ON 位）；

b.适当关闭阻风门（冷机状态全闭，气温较高或刚停机可半开或全开）；

c.调速柄置于开始位置（开 1/3）；

d.发动机启动后怠速预热运转 3～5min；

e.全开阻风门，加大油门，破碎锤起震、作业；

f.关机前，调速柄置于怠速位置，破碎锤停震；关闭电路开关，关闭燃料开关，使发动机熄火。

3.吹风机

（1）结构与原理

吹风机主要由汽油机、蜗壳和叶轮、油箱、空气滤清器、机架和吹风管等组成。吹风机由汽油机带动叶轮在蜗壳内运动，产生高压流动的气流，以完成清扫作业。

（2）技术使用

①作业前的检查

a.检查火花塞等是否松脱；

b.检查冷却用空气通道是否畅通，避免发动机运转中发生过热现象；

c.检查空滤器是否清洁；

d.检查火花塞间隙是否在 0.6～0.7mm；

e.轻拉启动器 2～3 次，观察汽油机运转是否正常。

②安全操作

a.禁止酒后操作、无操作证的人操作；

b.在停机状态下加油；

c.背负后要系好背带；

d.戴防尘眼镜、防尘口罩；

e.穿比较紧身的衣服；

f.不得在吹风机旁点火或吸烟；

g.禁止在作业过程中将吹风管对准他人。

（3）保养、维护

①要经常清理燃油系统；

②长期不用时将燃油放净；

③每天作业后要保养空气滤清器；

④经常清除火花塞间隙的积炭并检查其间隙；

⑤要经常清扫缸体散热片。

4.平板夯与冲击夯

（1）平板夯

①结构与原理

平板夯主要由汽油机、偏心轴、离合器、冷却水箱、底座、夯板保护框架等组成。平板夯是在发动机的作用下，通过离合器和 V 形传动带驱动偏心轴，再把离心力传到夯板，使夯板周期性地振动，从而完成压实作业。

②技术使用

a.禁止未经正确培训的人员操作；

b.禁止操作手在平板夯运转时离开；

c.禁止使用阻风门关停发动机；

d.禁止随意更改操作控制功能；

e.禁止酒后操作；

f.作业时操作手的手、脚和衣服与平板夯运动部件保持一定距离；

g.启动前要检查发动机的机油油位、燃油位、空气滤清器、外部紧固件和燃油管等状况。

（2）冲击夯

①结构与原理

冲击夯主要由导向操纵、曲轴箱、汽油机、弹簧缸体和夯板等组成。发动机动力由被动盘传递到曲轴箱，经齿轮减速后，通过曲轴齿轮的转动，带动弹簧缸体上下运动，使夯板周期性地振动，以完成压实。

②技术使用

a.禁止未经正确培训的人员操作；

b.禁止操作手在冲击夯作业时离开；

c.禁止使用阻风门关停发动机；

d.禁止随意更改操作控制功能；

e.禁止酒后操作；

f.作业时操作手的手、脚和衣服与平板夯运动部件保持一定距离；

g.启动前要检查发动机的机油油位、燃油位、空气滤清器、外部紧固件和燃油管状况。

5.液压动力站

（1）结构与原理

液压动力站主要由装有移动轮的底座、汽油机液压泵机组、冷却和油箱装置组件、控制阀块与过滤装置、不锈钢框架和可折叠把手等组成。液压动力站由汽油机驱动的液压齿轮泵，经过控制阀块，输出一定的压力和流量来驱动液压破碎锤。

（2）技术使用

①指定人员操作，且操作人员必须经过专业技术培训，严格执行操作规程，以免发生机械故障或安全事故；

②使用前要进行检查，以保证液压动力站运转正常；

③启动汽油机，随后检查其怠速、高速以及满负载荷情况下运转是否正常；

④检查外部框架，各连接螺栓有无松动，轮子运转是否顺利等；

⑤作业前要将液压控制手柄置于 OFF 位置；

⑥作业时再将液压控制手柄扳至 ON 位置；

⑦作业中要注意使动力站尽可能远离工作区域，如果发现动力站有异常情况，应立即停机检查并排除故障；

⑧操作人员必须配有防护用具，如手套、劳保鞋等；

⑨使用后将液压动力站与工具脱离开，分别擦干净，存放到干燥、通风的地方。

（三）喷灌机械

1.喷灌工艺

喷灌机械是一种沥青路面坑槽快速修补机械。它用阴离子或阳离子乳化沥青、石料对坑槽进行永久性的修补。施工工艺如下：

（1）用压缩空气将坑槽吹干净，除去坑槽里松散材料。

（2）将坑槽的内表面喷洒一层乳液。

（3）将乳化沥青和混合骨料一齐喷射入坑槽内。

（4）喷洒骨料。

（5）不需要压实，即可恢复通行。

2.喷灌机械分类

喷灌机械根据其行走方式分为拖式和自行式。其工作原理是：通过发动机带动鼓风机产生高压气流将石子与乳化沥青及骨料喷注到路面坑槽内，不需压实，乳化沥青破乳后即可开放交通。

（1）结构与原理

自行式喷灌机主要由底盘车和上装两部分组成。上装部分由骨料仓、发动机、鼓风机、空压机、沥青罐、沥青管路清洗油箱、柴油箱、软管、出料喷嘴、喷射软管吊臂、操作开关、导热油热交换系统、LED 导向灯等组成。

①骨料仓。方形骨料仓用于储放骨料。骨料依靠其自身重力输送，双骨料出料闸门的开启和关闭由气动缸控制。通过操作手柄上的开关，由电磁阀控制气动缸。料仓上安装有电动振动器，防止出现料拱而阻碍骨料出仓的现象。

②沥青罐。罐内采用耐火防老化的 FRP 玻璃纤维增强隔热塑料覆盖，加热毯由温度器控制加热，最高工作温度为 260℃。

③喷射软管吊臂。喷射软管工作时由吊臂支撑，减小操作者疲劳。

④操作开关。操作者可通过控制把手上的开关来控制沥青输送速度、发动机转速、骨料输送速度、电动振动器和喇叭。

⑤导热油热交换系统。通过一个约 30.5 厘米循环泵，使导热油流动，被加热的导热油先通过沥青罐内的管道，然后通过沥青输送软管到达沥青管喷嘴处，再回流至热交换器。

⑥LED 导向灯。四元素发光二极管组成的黄色导向灯视距可达 500m，在沥青路面

养护作业时为安全提供保障。

（2）技术使用

①沥青灌加压。从运输支架上取下吊臂，把喷嘴从冲洗箱中取出，再把喷嘴指向地面，启动发动机并使其运转几分钟。发动机启动后空气压缩机开始运转并自动给沥青灌加压，沥青灌加压至最小值620kPa。

②清除沥青管路内溶剂。关闭发动机，把喷嘴放到冲洗箱内，把沥青灌上的阀门置于"沥青"位置，慢慢打开操作控制面板上的沥青阀门至1/4位置，10～15s后溶剂从喷嘴流出。当溶剂排净、沥青从喷嘴流出时，迅速关闭乳化沥青阀门。

（3）喷补

①从运输支架上取下吊臂，把喷嘴对准需要修补的区域。

②启动发动机。

③把发动机转速升至2 000r/min。

④清除修补区域的碎屑、泥土及积水，然后将喷嘴降低至距地面300mm的位置。

⑤根据工作情况控制发动机转速：表面修补为900～1 000r/min，路坑修补为1 100～1 200r/min，路肩修复为1 300～1 500r/min。

⑥提升喷嘴至距路面如0～500mm的高度，然后慢慢打开操作把手上的沥青阀门至1/4位置。把沥青喷洒需修补的区域作为底油（沥青覆盖区域超出需修补区域的边界15mm效果最好。损坏非常严重以及潮湿的沥青路面需要贴补较厚的沥青，以达到长期耐久的养护效果）。

⑦喷洒完底层油后打开石料开关，石料在喷嘴处和沥青进行拌和，然后再喷射到需修补的区域（如果石料出现断流，则需要提高发动机转速，以增大鼓风机的风速流量，或启动骨料仓震动器）。

⑧在修补面上连续移动喷嘴，从修补区域的底部开始喷射拌和料（如果喷嘴停止移动，修补材料会堆积起来，将得不到平滑的修补面）。

⑨用骨料和沥青组成的材料修补沥青路面时，没有被沥青包容的骨料应控制在10%以下。如果沥青的量过大，应减小其流量；如果没有被沥青包容的石料的量增加，应增大乳化沥青的流量（乳化沥青是黏合剂，为了延长维护寿命，沥青的量应充足）。

⑩达到修补标准后关闭沥青阀门，干燥的骨料继续从喷嘴喷出，在修补面形成一层薄的保护层，完成修补。

⑪关闭石料开关（石料阀门关闭后石料会继续流出，大约10s后停止）。

⑫把喷嘴从修补区域移开。

⑬关闭发动机。

（4）保养、维护

①喷补后停机时间超过 20min，以及每天作业结束后，都要用不可燃的沥青溶剂或柴油冲洗沥青管。

②定期检查空气滤清器，及时更换滤芯。

③定期清洁防尘盖。

④每天检查柴油油位和乳化沥青管路清洗箱的清洗溶剂液位。

⑤发动机首次使用 50h 后，更换机油，以后每 100h 更换一次；机油滤芯每工作 200h 更换一次。

⑥鼓风机驱动轴轴承每 30h 润滑一次。

⑦吊臂上部、下部各一个轴承，工作 300h 润滑一次，润滑脂不宜过多。

（四）红外线加热修补机械

1.红外线加热原理

红外线是可见光谱中红色光外侧的不可见光线。红外线照在物体上可发生反射、透射和被吸收三种情况。红外线加热的原理就是通过液化石油气的燃烧，激发金属材料或陶瓷介质产生红外线，当被加热物体分子的振动频率与红外线的频率相同时，则红外线的能量就被吸收，并促使其分子进一步激化、温度上升，从而达到加热的目的。红外线加热深度通常为 3～4cm，而且表层与里层温度梯度大。

2.手推式红外线加热修补机

手推式红外线加热修补机主要由扶手、燃气系统、控制盒和加热机等组成。通过液化气的燃烧，产生红外线辐射加热，将沥青路面加热至软化程度。

（1）燃气系统。燃气系统由高压液化气罐、稳压器、电磁阀及燃气管路等组成。保证工作燃气的充足供应，并适应全天候作业。燃气系统处于非工作状态时应关闭所有阀门。

（2）加热机。加热机由不锈钢外壳、耐高温陶瓷石棉、安全防爆网、点火电极、控制箱、加热板支撑移动轮等组成。加热机以液化气为燃料，通过红外线热辐射，将沥青路面加热至软化程度。

3.拖式红外线加热修补机

拖式红外线加热修补机主要由底盘、电刹车系统、电动自走系统、燃气系统、供电系统、集中控制箱和加热机等组成。

4.自行式红外线加热修补机

（1）结构与原理

自行式红外线加热修补机主要由压路机及其抬举机构、汽车底盘、储气罐、旋转式料仓、上料液化气贮罐鼓冲再生料仓机构、电控箱、柴油箱、风机系统、水箱、液压油箱、汽化器、料仓加热器以及路面加热墙等组成。

①压路机及其抬举机构。压路机为单辐振动压路机，具有静碾和振动两种工作状态。靠电气控制液压动作的抬举机构悬挂在汽车前部大梁上，通过电气控制按钮可方便地挂上和取下压路机。

②料仓。料仓安装在车的后部，由仓体及外保温层构成。仓体可绕中心轴回转，由液压系统驱动，仓体正转搅拌反转出料，仓体内臂焊有三个叶片，以方便搅拌及出料。外保温层为对开式结构，分为上保温层和下保温层，以方便拆卸及安装。在电气系统的控制下，料仓可以实现温度自动控制、自动保温，使沥青混凝土保持适宜的工作温度，并且它在任何季节都具有重新加热新的或再生的沥青混凝土的功能。

③供料机构。该机构为料仓供料，其动作由液压系统来完成，活动架及料斗的协调动作由机械系统完成。

④燃气系统。燃气系统由液化气罐、稳压器、电磁阀、汽化器、开闭器混气筒及燃气管路等组成。

⑤风机系统。风机系统为料仓底部加热器和路面加热墙提供压力空气。该系统由发动机、风机、底座及传动件组成，发动机驱动风机运转，风压由电极式压力表测定。并可根据风压的需要量，进行调整。风机系统由专用的汽油机驱动，保证供给加热墙的风压稳定。该系统中安装有数显压力控制器，当风机未转或风压过小时，控制器自动切断向加热墙供燃气的电磁阀信号，使电磁阀断电，停止向加热墙供燃气，以免发生危险。

⑥液压系统。液压系统由液压泵、液压阀组、液压油箱及管路等组成。液压泵为汽车底盘取力器带动的双联泵，分别驱动料仓旋转、液压输出、上料机构、压路机悬架、废料箱及沥青马达的动作。

⑦乳化沥青自动喷洒系统。该系统由沥青马达、沥青泵、管路控制系统、燃气加热部分、喷枪等组成。

⑧加热墙。加热墙以液化石油气为燃料，通过热辐射形式，将沥青路面加热至软化程度。加热墙由墙体、起落架、墙体左右平移滑道、上下移动方套和墙体移动控制油缸组成。加热墙有四个加热区，可同时工作，也可单独工作，视沥青路面损坏面积而定。

加热墙加热沥青路面的操作可手动或自动控制，选择自动时加热沥青路面的时间可由定时器来控制。定时器应在现场进行校验调整，以适应环境变化或材料变化对路面加热的影响。加热墙可水平左右移动 130cm，上下移动 14.5cm，回转 90°。

⑨电气系统。电气系统主要对液压系统、料仓加热系统和沥青路面加热系统进行程序化控制及监测。

（2）技术使用

①使用前的准备工作

a.按底盘使用说明书对车辆进行检查。

b.检查风机用发动机的汽油是否足够。

c.检查压路机发动机和压路机用发动机的汽油量。

d.检查水箱中的冷却水量。

e.在加热料仓前，检查燃气系统是否泄漏，观察压力表压是否正常。

f.检查液压油箱上的球阀是否打开。

g.打开电控箱，显示控制面板，检查各开关是否复位。

h.检查液化气罐。

i.按汽化器使用说明书对汽化器进行检查。

②料仓上料机构操作

a.启动汽车发动机，怠速暖车后将转速调到 1 600～1 700r/min。当储气筒气压达到 0.6MPa 时，使发动机处于怠速状态，踩下离合器踏板，按下取力器开关，慢慢抬起离合器踏板，双联齿轮泵被启动。

b.将电控箱内 24V 空气开关合上。

c.把控制面板上按钮旋到正转，使料仓正向旋转。

d.按下下降按钮，使料斗落至地面上，进行装料。

e.按下提升按钮，使料斗上升，上升完成后，料斗翻转，给料仓上料。

③燃气系统操作

a.先将液化气罐截止阀打开，再将管路上各球阀打开。

b.如使用自然气，可将开关灯打到自然气上；如使用强制气，则需打开液相出口和强制气两个开关，然后给汽化器点火加热。

c.打开逆变器并使风机运转，观察电极式压力表压力是否正常。

d.观察燃气管路上各压力表压力是否正常。

e.按下点火开关，各管路上电磁阀打开，给加热墙提供燃气。

④料仓加热操作

a.料仓加热前，将发动机启动后，踩下离合器，然后结合上取力器，启动同取力器相连的双联泵，调整发动机转速，结合上电控箱中空气开关及其他电器开关。操作料仓正转按钮，使料仓正向旋转，沥青混凝土在仓体内被搅拌。

b.设定料仓加热温度，打开风机，风压在 3.5～4.2kPa。

c.按下料仓点火按钮，底部加热器被点燃。

d.当料温达到设定值时，加热器自动熄灭。

⑤出料操作

a.将修补机开至出料位置，停止正转搅拌。

b.待料仓停稳后，停止液压输出操作。按下料仓反向旋转按钮，使料仓反向旋转进行出料。出料时发动机转速不能过高。

⑥乳化沥青自动喷洒系统的使用

a.当环境温度较低时，需要给乳化沥青进行加热。

b.首次使用气动喷洒系统时，将气源球阀关闭（在底盘储气筒上方）、清洗箱管路上球阀关闭、喷枪管路上球阀关闭、乳化沥青箱与喷洒桶间球阀打开，同时将喷洒桶侧上方放气球阀打开，使储箱中乳化沥青自然流到喷洒桶中，放入适量乳化沥青后关闭放气球阀。当需要向沥青路面喷洒乳化沥青时，首先打开气源球阀，然后打开喷枪管路上球阀。喷洒完后打开喷洒管路上气源球阀，将喷洒管路用压力空气吹净。

c.当需要清洗喷洒桶时，将喷洒桶中乳化沥青全部用喷枪喷出，直到喷出空气为止。关闭气源球阀和与乳化沥青箱连接球阀、打开喷洒桶侧上方放气球阀、关闭喷枪球阀和管路吹扫球阀、打开清洗管路球阀，使清洗液流入喷洒桶中，然后关闭清洗液球阀和放气球阀，按喷洒乳化沥青方式进行喷洒桶清洗（即将桶中清洗液喷出），从喷枪喷洒出的废液用桶收集。

d.乳化沥青箱长期不用时，应将其内的乳化沥青放掉，然后用手工方式对乳化沥青箱进行清洗。

⑦沥青系统使用

a.喷枪加热。打开逆变器，合上电控箱内的 220V 电路的空气开关，然后将操作面板"喷枪加热"旋扭旋到"加热"位置。加热时间要超过 45min。

b.沥青加热。除沥青加热炉盘前的手阀外，打开沥青加热燃气通路上的其余手动阀（根据情况确定使用自然或强制气化），将操作面板"沥青加热"旋扭旋到"加热"位置。点燃炉盘，调整手阀，使炉盘的火焰合适（点燃炉盘时先将引燃物放到炉盘上，手离开，然后再打开控制球阀，以免灼伤）。加热过程中，可手动搅拌沥青，加快融化过程。

c.沥青喷洒。沥青加热的温度达到要求后（该温度在使用中根据沥青型号进行设定，150℃左右）将沥青喷枪枪嘴放在进料斗正后方的孔内。发动机每分钟沥青的喷出量是30L（约30kg），根据料的多少，确定要喷洒沥青的量，并据此调整时间继电器。在喷洒时，要有人控制喷嘴手柄。

d.喷洒后将喷管内的沥青反吸1min，保证正常使用。

（3）保养、维修

①加热墙的日常保养

a.定期检查液化气和供风软管有否破损；

b.定期检查液化气管路有无松动、漏气；

c.每天检查加热墙砖是否有开裂、损坏现象；

d.每天检查膨胀片是否有松动或脱落；

e.定期检查加热墙上面钢丝绳的松紧；

f.检查加热墙安全挂链是否有裂纹，两端锁扣是否松动；

g.定期检查加热墙各油缸销轴是否松动，防脱销是否完好，铰接处焊缝是否有裂纹；

h.加热墙不用时要罩上防雨罩，避免加热墙砖受湿。一旦被雨水浸湿，应及时启动鼓风机将水分吹净，绝对避免在加热墙砖受潮的情况下点燃加热墙。

②料仓的日常保养

a.每天养护作业结束后，应将料仓内壁和螺旋输送器清理干净；

b.定时清除料仓加热器上的积炭；

c.检查液化气供气管路和减压阀、电磁阀；

d.定期清除进气窗的灰尘；

e.定期检查螺旋输送器的驱动链条张紧度，以手指能用力压下10～15mm为宜；

f.定期给螺旋输送器前、后端轴承加注润滑脂。

③液压系统的日常保养

a.每天检查液压油位，并及时加油；

b.定期检查液压油箱盖上的空气滤清器是否堵塞；

c.定期检查液压油高、低压滤清器，至少一年更换一次滤芯；

d.每天检查液压油散热器风扇运转是否正常，并定期清洗散热器片上的灰尘及油污；

e.定期检查液压油箱内液压油有无乳化、变稀现象。停用时间超过 6 个月，在使用之前必须更换液压油。

④供风系统的日常保养

a.定期检查、清洗鼓风机空气滤清器；

b.定期检查鼓风机传动带张紧程度，以手指能用力压下 10～15mm 为宜；

c.定期给鼓风机轴承加注润滑脂；

d.检查风压表工作是否正常。

⑤乳化沥青系统的日常保养

a.定期检查滤清器滤芯并清洗；

b.乳化沥青泵轴承定期加注润滑脂，至少每周一次；

c.定期检查乳化沥青及清洗剂管路及接头有无松动、泄漏。

⑥燃气系统的日常保养

a.定期检查减压阀、电磁阀工作是否正常；

b.定期检查管路、接头是否有松动、漏气；

c.检查并校正压力表；

d.检查汽化器的开关、点火是否正常；

e.定期检查汽化器常明火喷嘴、火头喷嘴及温度传感器感应棒。

⑦电气系统的日常保养

a.定期检查电缆线有否破损；

b.定期检查电气盒、电缆接头有无松动、生锈；

c.检查各个按钮工作是否正常；

d.检查控制盒多芯电缆接头有无脱焊或接触不良现象；

e.定期检查电瓶电解液及电缆接头连接是否良好。

⑧压路机抬举机构的日常保养

a.定期检查安全链条是否有裂纹；

b.定期检查关键焊缝是否有裂纹；

c.定期向润滑油嘴加注润滑油；

d.定期检查液压油罐及接头有否泄漏，液压软管有否松动。

（五）微波加热修补机械

1.微波加热技术

（1）微波加热原理。微波是无线电波的一种，波长在 0.001～1m 之间的无线电波统称为微波。沥青路面养护车采用的微波是一种高频波。微波加热不需要外部热源，它利用直流电源使磁控管产生微波功率，通过波导输送到加热器中，向被加热材料内部辐射微波电磁场。处于加热器中的材料吸收微波功率后，本身分子的运动在高频电磁中受到干扰和阻碍，产生了类似摩擦的作用，温度随之升高。

（2）微波加热的特点。具体内容包括：

①即时性。微波加热是使沥青中的极性分子随微波电磁场交变的方向变更而来回摆动、摩擦，产生热量使沥青温度升高。因此，只要有微波辐射，沥青即刻得到加热。反之，沥青就得不到微波能量而立即停止加热。它能使沥青在瞬间得到或失去热量来源，表现出对沥青加热的无惰性。所以微波能在沥青内部转化为热量的过程具有即时特性。

②整体均匀性。微波是一种穿透力强的电磁波，可以直接穿透沥青材料内部并向内部辐射微波电磁场。加热时热是由沥青材料内部透过沥青表面向周围空间进行，因而能使沥青内外同时加热，不存在内层沥青受热滞后的问题。而且整体温度分布较均匀，温度梯度小，是一种"体热源"，无须预热。而传统加热方式依靠物料表面热传递使热量由物体表层向内层传递，表面温度高于中心温度，温度梯度大，限制了升温速度，会出现沥青外部老化而内部达不到要求的加热温度，影响了沥青的使用质量。

③热能量利用率高。微波加热沥青时微波能量几乎全部被沥青所吸收，而金属箱体仅起到反射微波的作用，不吸收微波。再加上微波加热是内部"体热源"，不需要高温介质来传热，因此绝大部分微波能量被沥青吸收并转化为升温所需要的热量，其能量利用率高达 95%。而其他加热方式如水加热仅为 15%，红外线加热为 50%。所以微波加热是一种能量利用率高、物料升温迅速的节能加热方式，具有较好的经济性。

④操作易控制。磁控管产生微波受控于电路的接通与否，而且是在瞬间完成的，事先不需要预加热，仅由操纵微波产生的瞬时操作，特别适合于自动化控制的要求。再加上沥青吸收微波能量后即刻转换为热量，无须加热时可立即断开电路停止微波产生，而需要加热时只要接通电路即可，非常便于控制沥青的加热温度和加热时间。

2.结构与原理

微波加热沥青路面修补车主要由汽车底盘、油箱、料箱、乳化沥青喷洒系统、路面加热器、辅料加热器、控制柜、高压电源柜、柴油发电机组、压路机等组成。

（1）路面加热器。利用微波加热技术，主要由若干微波发射器件（磁控管）组合，具备路面加热功能、路面温度检测功能、微波屏蔽功能及微波泄漏检测功能。微波能量是由微波发生器产生的，微波发生器包括微波管和微波电源两个部分。其中微波管电源的作用是把常用的交流电能变成直流电能，为微波管的工作创造条件。微波管是微波发生器的核心，它将直流电能转变成微波能。磁控管由于工作状态的不同可分为脉冲磁控管和连续波磁控管两类。微波加热设备主要工作与连续状态是多用连续波磁控管，所以磁控管是微波加热的核心部件。

根据沥青路面病害类型可选择 4cm、6cm、8cm、12cm 加热深度，最大加热深度可达 20cm；路面加热器左右平移范围为 500mm。

（2）液压支腿。液压支腿由油缸驱动支撑于地面，主要保护车架、车后桥及轮胎，同时具备适当调整路面加热器的功能。

（3）压路机提升装置。压路机提升装置主要用来吊装随车压路机。压路机为刚性框架结构，采用全液压驱动。

（4）乳化沥青喷洒系统。乳化沥青喷洒系统由储气装置、清洗装置、保温装置、喷罐、软管转盘、手动喷枪等组成。具备对乳化沥青进行保温和喷洒的功能。

（5）电气系统。电气系统主要由发电机组、高压电源柜、控制柜等组成。加热前先选择"路面类型""加热深度"和"环境温度"的值，操作为触摸选择。未加热之前"路面温度"显示当前沥青路面的温度，用户可根据该温度确定具体的环境温度。系统根据选定的参数给出推荐的"加热时间"，按"＋""－"对该时间进行调整。

3.技术使用

（1）安全操作注意事项

①加热墙的安全操作

a.放置加热墙之前确认安全销已松开，液压支腿已支撑到位。

b.加热过程中必须确保屏蔽网完全接触路面，工作人员与加热墙的距离应保持 0.5m 以上。

c.每天检查屏蔽网是否有破裂现象。

d.若加热墙上的聚四氟乙烯板破损、脱落，应在修复完毕后方可使用。

e.收起加热墙前必须确保升降油缸完全收缩到位，安装插销已锁紧。

②乳化沥青喷洒的安全操作

a.严禁乳化沥青喷枪对人喷射，以免造成人身伤害。

b.严禁碾压、弯折乳化沥青喷洒软管，避免损坏管道。

c.避免使用已破乳或有结块的乳化沥青，避免造成管路堵塞。

d.每天施工完毕后应清空喷罐中残余乳化沥青并用柴油及时清洗喷洒装置，避免造成管道堵塞。

e.施工完毕后应关闭电磁气阀和手动气阀。

③压路机装卸的安全操作

a.微波加热沥青路面修补车长距离行驶前，必须将压路机悬挂机构收到最高位置，插好保险杠，并且用保险链锁好摇臂，以免发生意外。

b.拆卸压跨机前先取下保险杠，并打开保险链，以免损坏液压系统元件或提升机构元件。

c.在装卸压路机的过程中操作人员必须在压路机的侧面操作，并且确保正面及下方无人员停留。

④液压镐的安全操作

a.液压镐操作时四周不应有旁观者，以免飞溅物伤害。同时操作者应该熟悉自己的工作区地形，如果地势陡峭或存在危险，不要操作。

b.操作者按规程操作，未经培训者不允许操作。

c.操作者随时佩戴好防护眼镜、头盔和工作鞋进行工作。

d.不要带压进行检修和清洗，严禁带压拆装工具的任何部件，以免造成人员伤害。

e.严禁在未查明地下设施的情况下进行操作，以免导致触电、煤气爆炸等严重伤害。

f.严禁穿宽松衣服进行操作，以免衣物卷入工具而导致人员伤害。

g.确认所有软管连接正确。

h.在拆装快接头时，液压流量控制阀处于关闭的位置，并应清洗连接面。否则将损伤快接头，导致过热。

i.油温高于60℃时，应停止操作。否则将导致操作者不适，同时损伤工具。

j.拆卸快速接头前必须关闭操作手柄和电控开关，并充分卸压。

k.严禁使用已损坏或未经完全修复的工具，做好日常的检修工作。

（2）微波加热沥青路面修补车的检查及使用

①离开驻地前的检查

a.观察微波加热沥青路面修补车停放处是否有滴水、滴油现象。

b.检查水箱的冷却水位。

c.检查乳化沥青、清洗柴油是否足够。

d.检查柴油箱油位，并试启动发电机组。

e.安全销必须安装到位。

②开机检查

a.控制面板上除直流开关外，其他的都应处于关闭状态。

b.水路球阀除三处排水阀外，其他的都应处于常开状态。

c.发电机组启动后，观察是否有异响、排烟是否正常。

③微波加热沥青路面修补车作业时的检查

a.检查液压系统工作时压力。正常压力应为 12～14MPa，最大不应超过 20MPa，否则应立即停机检查，寻找原因。

b.液压油温不应超过 75℃。

c.水箱内冷却水温度不应超过 95℃。

d.通过 PLC 进行故障查询，看微波加热沥青路面修补车工作是否正常，如有故障报警应按照故障诊断指引检查、排除。

e.检查加热墙竖起时是否存在滴水现象，否则开盖检查加热墙内各处铜管接头是否松动或损坏，各支水管是否破裂。

f.检查液压系统各管路、接头、阀块、液压油缸有无漏油、渗油现象。

g.检查屏蔽网是否与地面贴合，否则应停机清理，避免微波泄漏超标。

h.在发电机组全负荷运转时，应注意听是否出现异响，观察排气颜色是否正常。

④乳化沥青喷洒装置检查

a.每次作业之前先充气试喷一次，检查管路及喷枪是否堵塞，并喷除储压罐内残留的清洗柴油。

b.检查清洗剂箱、乳化沥青箱、储压罐的开关阀门是否开关自如、密封良好和有无堵塞。

c.每天作业后应及时用柴油清洗喷枪，以免喷枪嘴被沥青阻塞，影响下一次使用。

⑤微波加热沥青路面修补车的停机

a.微波加热沥青路面修补车停止加热后，保持发电机组、散热水泵、散热风机继续工作 2～3min，以防止相关元件过热损坏。

b.检查加热墙竖起后是否有水从下方的屏蔽网处渗出。

c.确认加热墙、支腿、压路机等是否回收到正常位置。

d.确认安全销已安装到位。

e.清理微波加热沥青路面修补车上的杂物，保持微波加热沥青路面修补车清洁。

f.检查各个控制开关是否处于关闭状态。

g.微波加热沥青路面修补车驻车后应确认已实施驻车制动，各个门锁已关好、锁止。

⑥乳化沥青喷洒系统操作

a.打开乳化沥青喷洒系统电磁阀开关，对乳化沥青喷洒系统储气罐充气。

b.将乳化沥青加入乳化沥青储存罐，同时打开乳化沥青保温开关对乳化沥青进行保温。

c.打开排气阀，释放喷罐中的压缩空气，无明显气流喷出后打开放料阀，将经过保温的乳化沥青注入喷罐，然后关闭排气阀与放料阀。

d.打开手动气阀，将 6～8bar 压缩气体注入喷罐直至气压稳定；将三通阀扳向左位，使喷罐与软管转盘导通；将软管从软管转盘抽出，使喷枪对准施工沥青路面，扳动喷枪手柄对施工沥青路面进行乳化沥青喷洒。

三、公路沥青路面稀浆封层机械化作业

（一）稀浆封层技术

1.发展

稀浆封层是将乳化沥青、集料等原料按一定比例拌和成糊状稀浆混合料，并将其均匀摊铺于路面上的一种预防性养护技术。摊铺后经过乳液与骨料裹覆、破乳、分离、析水、蒸发和固化等过程形成密实、坚固、耐磨的表面封层结构。

1917 年，德国人发明了乳化沥青。1920 年，德国人用精细的连续级配的骨料、乳化沥青及水在一个铁锅里用铁锹搅拌成稀浆状混合料。该混合料连续级配和合适稀稠度，适合于防止沥青路面渗水和因温度疲劳产生的收缩性微裂纹、泛油等早期病害。这种混合料当时被装入罐内，用马车运到施工地点，随着汽车工业的发展，后改用汽车。

20 世纪 30 年代后期，许多国家陆续进行稀浆封层技术的试验，但由于当时的稀浆制作工艺和乳化剂性能不够完善，稀浆封层技术未得到更多的推广应用。直至 1960 年，美国得克萨斯州的扬格（Young）兄弟建筑公司研制第一台集搅拌与摊铺于一体的稀浆封层机。随后快凝式乳化沥青迅速发展，使稀浆封层技术在工业化的应用上取得了突破性进展，成为路面预防性养护新技术。

20 世纪 70 年代中期，随着改性沥青、改性乳化沥青及其应用技术的进步，微表处和改性沥青稀浆封层技术对于拓展稀浆封层的应用范围和实用性、提高公路养护效率、推动公路养护技术的发展有着巨大现实意义和深远历史意义。

我国在 20 世纪 70 年代初期，开始研究乳化沥青及稀浆封层技术，并在 70 年代末期取得了成功。"八五"期间，国家已将"稀浆封层筑、养路技术"列为重点推广内容。

稀浆封层技术发展到 20 世纪 90 年代，技术已经成熟，在许多国家中已成为高速公路预防性养护的主要手段。

2.作用及应用范围

（1）作用

①防水作用。稀浆混合料的集料粒径较细，并具有一定的级配。乳化沥青稀浆混合料在路面铺筑成型后能与原路面牢固地黏附在一起，形成一层密实的面层，可防止雨水和雪水渗入。

②防滑作用。由于乳化沥青稀浆混合料粗料分布均匀，沥青用量适当，使路面具有良好的粗糙度，摩擦系数明显增加，抗滑性能显著提高。

③耐磨耗作用。由于阳离子乳化沥青对酸、碱性矿料都具有良好的黏附性，因此稀浆混合料可选用坚硬耐磨的优质矿料，从而可获得很好的耐磨性能，延长路面的使用寿命。

④填充作用。乳化沥青稀浆混合料中有较多的水分，拌和后呈稀浆状态，具有良好的流动性。对路面上的细小裂缝和路面松散脱落造成的路面不平，可用稀浆封闭裂缝和填平浅坑来改善路面的平整度。

（2）应用范围

①旧沥青路面。沥青路面长期受到车辆载荷日晒、风吹、雨淋和冻融的作用，疲劳路面会出现开裂、松散、老化和磨损等现象。若在沥青路面尚未损坏前就采取填充乳化沥青稀浆封层，旧沥青路面不但防水、抗滑、耐磨，而且还延长了沥青路面的使用寿命。

②新铺沥青路面。在新铺双层路面的最后一层封层料可用乳化沥青稀浆封层代替。由于稀浆流动性好，可以渗入嵌缝料的空隙中并与嵌缝料牢固地结合。又因为稀浆封层集料的级配与细粒式沥青混凝土相似，摊铺成型后路面外观类似细粒式沥青路面，具有外观美和平整度好的特点，并且有良好的防水和耐磨性能。在新铺筑的粗粒式沥青混凝土路面上，为了增加路面的防水和磨耗性能，可加铺一层厚为 5mm 的乳化沥青稀浆封层保护层，使路面更加密实，防水性能更好。

③在砂石路面上铺磨耗层。在平整压实后的砂石路面上铺筑乳化沥青稀浆封层，可使砂石路面的外观具有沥青路面的特征，提高抗磨耗性能，防止扬尘，改善行车条件。

④水泥混凝土路面和桥面。乳化沥青稀浆封层对水泥混凝土具有良好的附着性，当水泥混凝土路面产生裂缝、麻面或轻微不平时，采用乳化沥青稀浆封层，可改善路面的

外观，提高路面的平整度，延长水泥混凝土路面的使用寿命。在桥梁的行车面层采用乳化沥青稀浆封层处理可起到罩面作用，且不会过多增加桥面质量。

3.对原路面要求

（1）具有足够的强度和刚度。原路面及其基层应能承受荷载的作用，在重复荷载作用下，不产生残余变形，也不产生剪切和弯拉破坏。

（2）具有良好的整体稳定性。因为稀浆封层施工后，对路面的稳定性改善很小，且稀浆封层几乎不具有结构抗应变能力，因此为了保证路面质量，对原路面必须提出稳定性要求。

（3）表面平整、密实、清洁。稀浆封层只起调整表面平整度的作用，当原路面表面不太平整时，尤其是一些大的拥包、坑槽等，应根据《城市道路养护技术规范》（CJJ36—90）和《公路养护技术规范》（JTJ073）的要求进行修补。

原路表面是否清洁，是关系稀浆封层能否与原路面黏结在一起的重要因素，因此必须保证原路面的清洁。

4.结构分类

封层结构的分类是以稀浆混合料中骨料的最大粒径及级配为依据，各国有不同的分类标准，国际稀浆协会分细封层、一般封层、粗封层、特粗层等。我国稀浆封层的骨料级配，根据实践的总结，采用 ISSA 的细封层、一般封层、粗封层三种骨料级配。

（1）细封层。由于骨料粒径很小，稀浆混合料具有很高的渗透性，沥青用量较多，有很高的黏附性和膨胀与收缩能力。这种封层可用于治愈路面的裂缝、碎石基层的透层和保护层，对于基层稳定的路面，可用作磨耗层，但不适用于冰冻或冻融交替地区。

（2）一般封层。一般封层是应用最广泛的一种，它既含有足够的细料和乳液，可渗透缝隙中治愈裂缝，又有粗骨料构成支撑体，保证耐磨与抗滑。但这种封层不宜用于温差很大地区路面的单层铺设。

（3）粗封层。这种稀浆封层，适用交通量大或温差大的地区，可在砾石基层上或旧有街道上做双层铺设，即在上面做一层粗封层以后，再加铺细封层。

5.稀浆混合料配比设计

稀浆混合料配比设计流程如下：

（1）根据道路条件、日交通量、气候情况、耐久性要求等，选择适当的封层结构。

（2）选择符合质量要求的乳化沥青、集料等，将各种集料进行筛分，乳液要测定其沥青含量。

（3）根据各种集料的颗粒组成，确定符合级配曲线要求各种集料配合比例。

（4）做稀浆混合料的稠度试验，以确定其用水量。

（5）做初凝时间试验。

（6）做固化时间试验。

（7）确定最佳沥青用量。确定沥青用量范围、容许范围和容许范围中的最佳沥青用量。

6.施工工艺

稀浆封层施工工艺流程如下：

（1）放样画线。根据路幅全宽，调整摊铺箱宽度，使稀浆封层机摊铺次数为整数。据此宽度从路缘开始放样，一般第一次摊铺从左边开始，画出走向控制线。

（2）装料。将符合要求的矿料、乳化沥青、填料、水等分别装入稀浆封层机的相应料箱，一般应全部装满。

（3）摊铺。摊铺是稀浆封层作业的关键工序之一，其操作步骤如下：

①将装好料的稀浆封层机开至施工起点，对准走向控制线，并调整摊铺箱厚度与拱度，使摊铺箱周边与原路面贴紧。

②操作手再次确认各料门的高度或开度。

③开动发动机，接通拌和缸离合器，使搅拌轴正常运转，并开启摊铺箱螺旋分料器。

④打开各料门控制开关，使矿料、填料、水几乎同时进入拌和缸，当预湿的混合料推移至乳液喷出口时，乳液可喷出。

⑤调节稀浆在分向器上的流向，使稀浆能均匀地流向摊铺箱左右。

⑥调节水量，使稀浆稠度适中。

⑦当稀浆混合料均匀分布在摊铺箱的全宽范围内时，稀浆混合料的体积为摊铺箱容积的1/2左右，操作手就可以通知驾驶员使基础车起步，并缓慢匀速前进（一般前进速度为1.5～30km/h）。

⑧按设计一次性全幅摊铺，厚度均匀，有遗漏的地方采用人工摊铺。稀浆混合料摊铺后应立即进行人工修整，修整的重点是起点、终点、纵向接缝、过厚过薄或不平处，尤其对超大粒径矿料产生的纵向刮痕，应尽快清除并填平。

⑨当稀浆封层机上任何一种材料用完时，应立即关闭所有材料输送的控制开关，让搅拌缸中的稀浆混合料搅拌均匀，并送入摊铺箱摊铺完后，即通知驾驶员停止稀浆封层机前进。

⑩将摊铺箱提起，把稀浆封层机连同摊铺箱移至路外，清洁搅拌缸以及摊铺箱。

（4）碾压。一般情况下刚破乳的沥青微粒，成膜后的性质接近于液态而非固态，此时实施碾压效果最好。选择质量小于 4.5t，轮胎压力为 0.3MPa 的胎轮压路机，碾压时做五个往返，并从路中开始，向外侧扩碾，碾压速度为 5～8km/h。

（5）养护。刚摊铺的稀浆，必须有一段养护成型期。养护成型期内严禁车辆和行人进入。养护时间视稀浆混合料中水的驱除情况及黏结力的大小而定。

（6）开放交通。待稀浆混合料固化后即可开放交通。

（二）乳化沥青

1.乳化沥青技术发展

乳化沥青是将沥青热融，经过机械的作用，以细小的微滴状态分散于含有乳化剂的水溶液中，形成水包油状的沥青乳液。

乳化沥青最早用于喷洒以减少灰尘，20 世纪 20 年代开始在道路建筑中使用。商品化的乳化沥青生产刚开始主要应用的是阴离子乳化沥青。随着近代界面化学和胶体化学的发展，阳离子乳化沥青得到了迅速发展。20 世纪 70 年代后期，原交通部组织成立了"阳离子乳化沥青及其路用性能研究"课题协作组，对这项技术进行攻关研究。

现在我国公路部门乳化沥青生产技术水平、应用范围不断拓展。近几年，为适应高等级公路养护的需求，在改性乳化沥青的研究和应用方面也取得了可喜的成绩。

2.技术特点

乳化沥青在筑养路施工中应用有以下几大特点：

（1）提高道路质量。热沥青的可操作温度为 130～180℃，当用作黏层时，由于原沥青路面为自然温度，喷洒的热沥青迅速凝结，不再具有流动性，因此很难保证撒布的均匀性。并且由于黏层所需的沥青用量很少，热沥青撒布机很难达到精度要求，沥青过多，将产生泛油；沥青过少，则不均匀，黏结效果不好。而乳化沥青的沥青含量可以任意调整，最高可达 67%，最低可以 10% 以下，因此可以根据撒布量和撒布机的具体情况，达到要求的目标。贯入式路面施工时，用热沥青的贯入深度有限，而且一般只占集料的上半表面，用乳化沥青，则可贯入到底，并可使集料的 3/4 表面附着沥青，因此沥青路面质量会得到较大提高。乳化沥青自然温度下的可流动性、水溶性等对提高沥青路面质量具有重要意义。

（2）扩大沥青使用范围。随着乳化沥青技术的不断发展，已有很多热沥青不可能做到的，用乳化沥青都能够实现。例如雾状黏层，可迅速填裂，并使表面沥青再生。用乳化沥青稀浆封层可以做 3～15mm 的不同厚度的路面，封闭路面水，保护原沥青路面不使其继续老化、硬化，延长了沥青路面使用寿命。

（3）节约能源。采用热沥青修路时，一般需要消耗大量能源为沥青材料和矿料加热。在施工过程中，为了时刻保持沥青应有的温度，常常对沥青要进行重复加热与持续保温。采用乳化沥青，只需在沥青乳化时一次加热，而且沥青加热温度只需达到 120～140℃。据统计，用乳化沥青比用热沥青可节约 50%以上热能。

（4）节省材料。乳化沥青与矿料表面具有良好的工作度和黏附性，可以在矿料表面形成均匀的沥青膜，容易准确地控制沥青用量，保证矿料之间能有足够的结构沥青，使混合料中的自由沥青降低到适宜程度，因而提高了沥青路面的稳定性、防水性与耐磨性。另外，特别是阳离子乳化沥青与碱性和酸性矿料都有良好的黏附效果，扩大了矿料的来源，便于就地取材，减少材料的运输成本，降低工程造价。

（5）延长施工季节。阴雨与低温季节是热沥青施工的不利季节，特别在我国多雨的南方。采用乳化沥青，可以少受阴湿和低温的影响，发现路面病害可以及时修补，从而能及时改善路况，提高好路率和运输效率。同时乳化沥青可以在雨后立即施工，减少停工费用和机械的停机台班费，提前完成施工任务。

（6）减少环境污染，改善施工条件。乳化沥青车间的生产过程都是在密封状态下进行的，沥青的加热温度低，加热时间短，污染程度较轻。现场施工时乳化沥青不需加热，避免了因灼热沥青而引起的烧伤、烫伤，也避免了摊铺高温混合料的熏烤。所以用乳化沥青施工，可以改善施工条件、降低劳动强度。

3.乳化工艺

乳化工艺包括生产流程、原料配方、温度控制、油水比控制等内容。乳化工艺的制定是一项复杂的工作，一般根据乳化剂厂家提供的工艺进行试验和生产，也有根据自己的研究和生产经验提出乳化工艺。乳化工艺是指导生产的依据，在生产过程中应严格遵守，不得随意改动。

（三）沥青乳化设备

1.分类

（1）根据沥青和乳化剂水溶液进入乳化机时的状态不同，可分为开式系统和闭式系统。

①开式系统。沥青和乳化剂靠自重流入乳化机的进料漏斗中，由阀门控制流量，设备结构简单，但易使空气混入乳化机而产生气泡，降低生产率。

②闭式系统。用两个泵分别将沥青和乳化剂水溶液经管路泵输入乳化机中，由流量计指示流量。闭式系统优点是不易使空气混入乳化机内，便于实现自动化，乳化沥青的质量和产量比较稳定。

（2）根据沥青乳化设备的工艺流程，可分为分批式和连续式两种。

①分批式乳化设备。乳化剂和水在掺配罐制成乳化剂水溶液，乳化剂水溶液由泵输入乳化机中，沥青由沥青泵同时送入乳化机，配制好的乳化沥青流入成品罐。当一罐乳化剂水溶液用完后，进行下一次的掺配，整个生产流程分批进行。

②连续式乳化设备。乳化剂水溶液连续不断地进入乳化机中。它是将水、乳化剂和其他添加剂分别用计量泵送入管道内，在管道内掺配成乳化剂水溶液后直接进入乳化机。可实现大流量连续作业，自动化程序高。

（3）根据设备的布局及机动性，可分为移动式、组合式和固定式三种。

①移动式沥青乳化设备。该设备是将乳化剂掺配箱、乳化机、沥青输送泵、电控装置安装在一个专用的拖式底盘上，生产率低，多用于沥青路面养护工程分散、用量较小、移动频繁的场合。

②组合式沥青乳化设备。该设备将主要装置分别安装在数个底盘上，可装车运移，并可重新拼装组合。该设备分大、中、小三种生产率，以适应各种道路和不同作业量的道路养护工程。

③固定式沥青乳化设备。该设备布置在大型沥青储存库或炼油厂附近，一般不需要搬迁，生产的乳化沥青通过沥青罐车送至施工现场。

2.结构与工作原理

根据生产工艺要求，一般沥青乳化设备由沥青配制系统、乳化剂水溶液掺配系统、沥青乳化机、计量控制系统及电气系统等组成。

（1）沥青供给系统。沥青供给系统的作用是为生产乳化沥青提供符合生产要求的沥青。一般由沥青罐、加热器、温控器、搅拌器、液控器、沥青泵等组成。可对沥青进行储存、升温、保温和控温。对于大容量的立式沥青罐，为使罐内沥青温度分布均匀，同时为了在沥青中添加改性材料并与沥青混合均匀，在罐上部设置有搅拌器。搅拌器由电机、减速器、搅拌桨叶及搅拌轴等组成。搅拌轴一般呈立式布置，搅拌桨叶可布置成一层或多层，桨叶在转动中可使沥青在罐中既做水平涡流运动也做上下运动，以达到搅拌均匀的目的。

（2）乳化剂水溶液掺配系统。乳化剂水溶液掺配系统主要由热水罐、乳化剂水溶液调配罐及输送泵等组成。该系统是用来溶解乳化剂及其他添加剂，并具有升温、保温、计量等功能。

①热水罐。热水罐的作用是为制取乳化剂水溶液生产装置的预热和清洗等提供热水。罐体容积一般为乳化机单位时间（小时）用水量的1～3倍，热水罐的加热方式有电热管加热、导热油加热或蒸汽加热等。罐体外加有保温层，以减少热量损失。在罐内设置有控制液面的液位计和控制温度的温度控制器。

②调配罐。调配罐是用来制取乳化剂水溶液的装置。对于分批掺配乳化剂水溶液的沥青乳化设备，先将非液态的乳化剂配水溶解成浓度为10%～20%的乳化剂，然后将热水、乳化剂及添加剂按一定比例加入调配罐中，经过搅拌制成乳化剂水溶液。

乳化剂水溶液调配罐主要由罐体、加热器、搅拌器、液位计、温度计等组成。罐体一般为立式，顶部为平盖板，底部为椭圆形封头或90°锥体，以利于乳化剂水溶液的排尽。进水管口位于罐的底部，以减少乳化剂的泡沫。加热器多采用蛇形管，通过导热油或蒸汽进行加热。搅拌器可加快乳化水溶液的混合速度，由电机、减速器、搅拌轴等组成。传统的搅拌器多采用低速大桨叶形式。目前趋向采用高速小桨叶搅拌器，由电动机直接驱动搅拌轴，轴上装有螺旋桨叶片，搅拌器倾斜一定方向，混合力度大、效果好，而且搅拌器结构简单。温度计用来测量乳化剂水溶液的温度，当热水和乳化剂水溶液温度没达到要求时，可通过加热器升温。液位计用来控制每次进入罐体的热水总量，常采用浮球式液位计，以实现液面上限的控制。乳化剂和添加剂每次进入罐中的量很少，一般用流量计测量控制。

③输送泵。乳化剂水溶液掺配过程中，热水、乳化剂、添加剂等通过各自的泵输送，目前广泛采用离心泵。离心泵具有流量大、结构简单、价格低廉的特点。输送热水可用普通离心泵，而输送添加剂、乳化剂、乳化剂水溶液则需采用耐腐蚀泵。

（3）计量控制系统。计量控制系统主要用于温度、液位、流量、油水比的计量控制以及各种动力装置的启动顺序和定时控制。

①温度控制。沥青与乳化剂水溶液的温度是沥青乳化过程中能否稳定生产的一个重要参数，其具体值由工艺决定。目前多采用温度仪表进行检测，当温度达到上限，电磁阀（通蒸汽或导热油）关闭；达到下限，电磁阀打开（采用电加热装置其原理相同）。

②液位控制。在罐体中掺配乳化剂水溶液时水量控制一般用浮球式液位计。液位高度理论计算后反复试验实际液位高度和实际加水量，最后确定液位计的定位高度。

在沥青乳化设备自控系统中，所有盛装液体的容器都应设置控制液位高低的液位控制器，这对连续大批量生产乳化沥青是必不可少的装置。

③油水比自动控制。在沥青乳化生产过程中，按比例控制沥青和水溶液的输送量，是生产出合格乳化沥青的重要指标之一。近几年，自动控制油水比的装置不断出现，并且自动化程度越来越高。其原理是：在沥青乳化生产过程中，沥青和乳化剂水溶液受温度、压力等因素的影响而引起流量变化。目前，油水比控制中采用单回路调节系统较多，其调节方式有如下两种：

控制方式 a。此方式的监测对象是乳化剂水溶液和乳液，调节对象是水溶液和沥青泵的流量。乳化剂水溶液和沥青泵由两个独立的单回路调节系统控制，避免互相干扰。但乳液的流量检测受乳液中的汽化影响较大，严格控制乳化剂水溶液和沥青的生产温度是此方式控制精度和稳定运行的重要因素。

控制方式 b。此方式中沥青和乳化剂水溶液各自作为监测和调节对象，在运行前需要将两个回路流量各自设定，输入计算机中进行计算，而后调节执行机构。两个独立的单回路调节系统，必须保证乳化剂水溶液和沥青进入乳化机时，压力一致。因此，要注意乳化剂水溶液泵和沥青泵的合理匹配。

（4）电气系统。电气系统主要由各电机的控制系统、电源、各执行电器元件及电器显示系统等组成。成套的沥青乳化设备中主要有计算机集中控制和常规电器元件控制两种，在控制系统电路中设有过载和短路保护装置及工作机构的工作状态指示灯，用来保护电路和直接显示设备运转情况。采用计算机进行自动控制的设备一般都装置有自动控制和手动控制两套控制装置，操纵时可以自由切换。任何形式的控制系统必须遵守工艺流程中各设备启动和停机的程序。

（5）沥青乳液储存系统。该系统包括罐体、搅拌器和齿轮泵等。

3.沥青乳化机

乳化机是完成沥青液相破碎分散的装置，其性能的好坏对乳液的质量有重要影响。

一般常用的乳化机有均化器式、胶体磨式等。

（1）均化器式乳化机。均化器的原理是将欲乳化的混合液在压力作用下从小孔喷出，所以又称作"喷嘴式乳化机"。这类乳化机主要组成是泵和均化头。泵的压力一般在7～35MPa。各种均化器的区别主要在均化头的构造上。大致可分为低压均化器和高压均化器。

①高压均化器。高压均化器的压力为 2.9MPa，流速为 200m/s。

②低压均化器。低压均化器头做成双套筒形，内筒为一封闭的空腔。液体由进口吸

入泵内，由喷嘴射到内腔里，射流碰到内腔底部后反射回来，经过内外腔间的缝隙流出。射流在内腔里产生激烈的碰撞和漩涡，从而完成沥青的分散和乳化过程。

（2）胶体磨式乳化机。胶体磨式乳化机是最常用且较理想的沥青乳化机。主要部分是转子和定子。转子和定子间有一定的间隙，大小可以调整。最小间隙可调至0.025mm。

胶体磨以微粒的细化为目的，混合液从进口流入，在离心力作用下，穿过转子、定子间的缝隙从出口流出，即完成分散、乳化的过程。沥青液相在缝隙中受到转子产生的离心力和摩擦力的作用，被磨碎成极细的微粒。

①平面槽式胶体磨。平面槽式胶体磨主要由驱动轴、叶轮、调节端盖及壳体等组成。叶轮与端盖配合面是两个相对的平面，其表面有许多通联的环槽，沥青混合液从胶体磨的中部进入内腔，驱动轴带动叶轮及桨叶转动。在桨叶驱动下，沥青混合液高速转动，并在离心力作用下高速流过端盖和叶轮间的缝隙。因受到剪切力、摩擦力、高频振动、涡流等力的作用，从而使混合液被有效地分散、破碎、均化和乳化。

②光滑锥面胶体磨。该胶体磨中的定子和转子的表面为光滑面。转子的高速转动，以及转子与定子之间微小的间隙和沥青混合液的黏度作用，使定子和转子之间形成逆向的剪切力。在剪切力及摩擦力作用下，沥青混合液分裂成微细均匀颗粒的乳化沥青。

当沥青混合液由料斗进入机内的转子周围，液体借助于转子之间的摩擦力随转子一起旋转，后从左、右两边流出。

在离心力的作用下，液体高速喷射到定子上，然后通过定子与转子间的缝隙，在剪切力与摩擦力作用下形成乳化液

定子与转子的锥角一般为6°～8°，如果太大，则液体受定子的轴向分力就大，使得右出口流量增大，而左出口流量减小，致使乳液中的沥青颗粒不均匀；如果锥角太小，则调整间隙的行程将会太大。

③综合式胶体磨。综合式胶体磨具有光面胶体磨和槽式胶体磨的特点，可作为生产乳化沥青的专用乳化机。

该机的工作过程如下：沥青混合液进入乳化机，首先受到进口处轴上加装的六个搅拌叶片的强力搅拌和混合，并在离心力作用下压向定子与转子的缝隙中。在定子和转子的配合锥面的前半段加工有凹槽，液体通过时将受到很大的冲击和剪切作用，并形成涡流运动，从而使液体被有效地分散和破碎；后半段为光滑表面，液体通过时因剪切和摩擦作用，使液体均化和乳化，从而形成高质量的沥青乳化液，随后由出料管排出。

（四）稀浆封层机

稀浆封层机是将乳化沥青、集料、水和添加剂按一定配比搅拌成稀浆混合料，对路面等进行表面封层的行走连续作业的养护机械。

1.分类

（1）按牵引方式，稀浆封层机可分为自行式和拖式两种。

①自行式稀浆封层机

该机将稀浆封层装置安放在汽车底盘上，由底盘提供作业所需的动力及行驶动力，具有行驶速度快、转场方便、生产量大、对坡道和弯道摊铺质量好等特点，是内外稀浆封层机的主要结构形式。

②拖式稀浆封层机

该机将稀浆封层装置安放在挂车上，装有独立的辅助发动机。工作时由拖拉机或运料车牵引。这种形式机动性差，作业速度效率较低，多用于小型沥青路面养护工程。

（2）按作业方式，稀浆封层机可分为间断式和连续式两种。

①间断式稀浆封层机

间断式稀浆封层机无前接料斗，是国内外较多使用的一种机型。作业前需将各种材料装进车上的骨料仓、水箱、乳液箱等容器内，一车料摊铺完需到料场再次添加各种原材料。

②连续式稀浆封层机

连续式稀浆封层机有前接料斗，作业时受料斗前面的滚子顶着自卸车的后轮胎，由封层机推着自卸车一起行驶。同时受料斗接受自卸车卸下的骨料，由封层机前部的刮板提升机将骨料送到车上的料仓内。各种液体原料都配有抽液泵，可从运液罐车上将液体抽进车上的各种罐体内。该机在装料时不中断摊铺作业，生产率高，特别适用于高等级公路和大型沥青路面养护工程。

（3）按拌和方式，稀浆封层机可分为单轴螺旋式和双轴桨叶式两种。

①单轴螺旋式稀浆封层机

该机主要用于拌制普通型稀浆混合料，适用骨料粒径为3～10cm，可以保证物料在大流量、短行程条件下搅拌均匀。

②双轴桨叶式稀浆封层机

该机主要用于拌制聚合物改性沥青稀浆混合料，适用于高等级公路沥青路面的精细表面处理和填补车辙，也可以拌制各种稀浆封层混合料。因此，这种稀浆封层机有较大的适用范围。

稀浆封层机的型号由组、型代号、主参数代号及变型更新代号组成。

2.技术要求

（1）一般要求

①摊铺厚度为 3～15mm，精度在±2mm 范围内；摊铺宽度不小于规定值，且调节精度不大于 10mm。

②自行式封层机的爬坡度不小于 20%。

③操作方便，转向灵活，制动可靠，手柄、按钮、踏板、仪表等布置合理，并在操作者易于操作和视野范围内，各操纵机构的工作位置有指示标牌。

④电气系统安装良好，信号系统齐全。

⑤摊铺机构有调节摊铺宽度、摊铺厚度以及分布稀浆的功能。

⑥保证在封层作业时行驶速度稳定，误差不大于 0.05km/h。

⑦供水系统设有供水计量装置，输送量误差不大于±3%。

⑧搅拌机构能够提供均匀的乳化沥青稀浆，各样品的密度值与其平均值之差不大于 3%，并设有调节装置，能控制稀浆的输出量。

⑨矿料输送机构设有输送带张紧调整装置，输送量误差不大于±3%。

⑩矿料仓内设有破拱装置，装料高度不超过 3.5m。

（2）技术检测

①供料稳定性检测。主要检测骨料、沥青乳液、填料、给水等四个给料系统的供料稳定性。检测在额定生产率情况下进行，其掺配比例按施工要求设定。将采样装置安放在混合料出口，然后采集各种料并测定实际采样时间。检测各进行 10 次，结果取其平均值，同时应用算术平均值和均方差的公式计算标准差和离散系数。

②拌和均匀性检测。稀浆封层机在额定生产率状态下作业，油石比和矿料级配按设计要求设定。拌和系统将骨料、填料、水及沥青乳液连续拌成稀浆混合料，在出口处以等间隙时间连续取出 15 个样品，每个料样质量约 800g 并编上顺序号。将各料样烘干并称重，将烘干的试样抽提试验、测定油石比，结果取平均值，同时计算标准差及离散系数。

③摊铺均匀性检测。稀浆封层机在额定生产率情况下进行拌和、摊铺作业，掺配比例及摊铺宽度和厚度按设计要求而定。摊铺系统将稀浆混合料均匀地摊铺在路面上，在所摊铺的路段上待水蒸发后布置要求取样。将料样烘干并称重，计算各测点单位面积摊铺量，结果取平均值。

3.结构原理

稀浆封层机可分为两大部分，即行驶底盘部分与作业部分。前者，是使封层机能按预定速度工作与行驶，完成运输和作业中的行驶任务，并在其上安放全套作业装置；后者，完成作业过程中的各种物料的存储、输送、搅拌、摊铺、控制、操作等，主要由给料系统、拌和系统、动力传动系统以及计量控制系统组成。

（1）底盘。稀浆封层机一般都是选用承载能力符合要求的汽车底盘，经改制后成为封层机的底盘。改制部分主要是增加一级换挡变速系统，使最低的稳定行驶速度达 1～4km/h，以满足摊铺作业要求。

（2）给料系统。给料系统由骨料供给装置、乳液供给装置、供水装置、添加剂供给装置等四部分组成。

①骨料供给装置。骨料供给装置由料斗、料门、骨料带式输送器、驱动装置等组成，其主要功能是存储骨料、为搅拌输送骨料、调节骨料的输送量。料斗由钢板焊成，通常做成倒置梯形，以便全部骨料自行滑落到输送带上。斗壁上装有液压仓壁振动器，以清除骨料起拱现象。出料闸门安装在料斗下方，通过螺旋机构使出料门上下移动，调节开启高度以改变带式输送器的供料量。辅助发动机输出动力经减速器和换向机构直接驱动带式输送机。也有采用液压马达经减速装置驱动的。输送带应制成无接缝环形带。带式输送机的后部装有张紧装置，用于调节输送带的张紧度及纠正输送带跑偏。骨料输送器的作用是将骨料从料斗中输出并对骨料计量，其计量方式是通过调节料斗闸门的开启高度改变骨料的体积。

②乳液供给装置。乳液供给装置主要由乳液箱、乳液泵、三通阀、运转循环阀及一整套连接管路组成。其主要功能是：存储乳液，向搅拌器输送乳液；实现乳液循环；对乳液箱进行装料。乳液箱一般布置在骨料箱的右前方，有矩形的、立式圆柱形的，也有采用卧式圆罐。当三通阀标记指向乳液箱和乳液泵时，乳液就通过管路进入搅拌器；当三通阀的标记指向乳液箱及外部大气时，就可以为乳液箱装料，或者抽出乳液箱中的乳液。乳液泵具有变量的功能，根据油石比的要求调节泵的排量。一旦整机经过标定，乳液泵的流量就无须调节。乳液泵要具有夹套预热能力，可用汽车的热水对其加热、软化泵内可能破乳的沥青。运转循环阀作用是沟通乳液箱与搅拌器之间的管路，为搅拌器提供乳液；另外，接通乳液箱和乳液泵之间的管路，实现循环。三通阀和运转循环阀也要具有夹套保证功能，以软化阀内可能破乳的沥青，使阀转动灵活。

③供水装置。供水装置主要由水箱、三通阀、水泵、主水管、主喷管、水阀等组成。水箱用来储水。水泵一般用离心泵,通过三通阀的换向,可以使用水泵抽出水箱中的水,供向主水管,还可以为水箱装水。主水管作用是为搅拌器主喷管供水。主水管中应设置供水调节阀。主水管主要是用于湿润封层前的路面。主喷管在封层机底部布置多排喷头。另外,还应带有手持式单头喷水枪,用于补洒未被主喷管洒到的地方及冲刷摊铺槽等装置的表面污物。

④填料装置。填料装置主要由填料箱、螺旋输送器、填料疏松器及传动链轮等组成。填料箱用来存储填料。螺旋输送器布置在填料箱底部,作用是向搅拌器输送填料。填料疏松器布置在填料箱内,用来疏松填料箱内的填料。传动链轮一般布置在填料箱的右侧,用来驱动螺旋输送器和疏松器。

⑤添加剂装置。添加剂装置主要由添加剂罐、添加剂泵、转子流量计、阀门及管路等组成。添加剂罐用于储存添加剂。它是用耐腐蚀材料制成。添加剂泵用于输送添加剂,是用耐腐蚀材料制成。转子流量计用于检测并显示添加剂的流量,以便对添加剂的流量进行严格控制。添加剂通过管路用泵直接输入到搅拌器内。

给料系统是以上几种材料能否按配比要求制取稀浆混合料的关键。

（3）拌和系统。拌和系统具有在短时间里将骨料、填料、添加剂、水及乳液均匀地搅拌成理想的稀浆混合料的功能。

单轴螺旋式拌和系统由搅拌筒、出料门、底部闸门、分配器等组成。搅拌筒由筒壁、搅拌器、搅拌筒盖等组成,主要用来将筒内各种物料混合均匀。特殊结构形式的搅拌器可使物料在向后运的总趋势下,伴随有圆周运动,以保证物料搅拌均匀。底部闸门水平布置在搅拌筒后部。为使物料充分拌和,筒内物料应有一定存量,存留量由出料门开度来调节。分配器布置在出料门下方,左右移动分料口,可调整进入左右摊铺器中稀浆的多少,以满足摊铺工作的需要。

双轴浆叶片搅拌器由搅拌筒、出料槽及支承装置等组成。搅拌筒由筒壁、搅拌轴、联动齿轮、搅拌筒盖等组成。出料槽形式各异,橡胶槽形式较多,用液压缸控制橡胶槽泄料方向。

（4）摊铺系统。摊铺系统是一个独立的作业系统。它的作用是将稀浆均匀地摊铺在路面上,并按要求达到摊铺的宽度和厚度。摊铺系统由摊铺箱、螺旋摊铺器、液压马达、封浆刮板以及滑轨调节器等组成。

摊铺箱由左右主框架组成并由销轴连接，以便随路拱自行调拱。横向可以伸缩的摊铺箱适应不同宽度的沥青路面需要，摊铺宽度的调整范围一般在 2.5～4.5m 之间。根据不同的路况，摊铺箱有多种形式。

螺旋摊铺器起到再次拌和并将稀浆摊向两侧的作用，由液压马达驱动，旋转方向和转速分别可调。用于普通稀浆摊铺，一般布置单排螺旋摊铺器（二轴），用于聚合物改性沥青稀浆封层的摊铺器则需要两排以上的螺旋摊铺器（四轴），以增强搅拌强度和效果。

封浆刮板、刮平板以及滑轨调节器保证了摊铺箱向前移动时，稀浆混合料从压向地面的刮平胶板与地面之间形成的间隙流出。

滑轨一般设三个，通过螺旋机械可以控制封层的厚度。滑轨的另一个作用是支撑摊铺箱的重力，减轻稀浆对刮平胶板的磨损，因此滑轨底面由硬质耐磨材料制成。

（5）传动系统。稀浆封层机的传动系统一般有两种形式，即机械传动和液压传动。前者由主减速器、链条、链轮、电磁离合器、涡轮、蜗杆减速器等组成，分别驱动搅拌器、带式输送机。而乳液泵、添加剂泵、摊铺机搅拌器、填料搅拌器则是采用液压泵—液压马达驱动。

（6）控制操纵系统。稀浆封层机一般采用集中控制系统。控制操作系统由电控和液控两部分组成。电控部分包括发动机的电启动，作业系统的各种开关、电磁阀、指示灯及计量部分的计数器、压力表、转速显示仪等。液控部分主要用来完成作业装置的动作，由液压泵、换向阀、液压马达、液压缸等组成。

自动控制的稀浆封层机对各个作业动作实现程序控制，从而减轻操作人员的失误，提高摊铺质量。此外，自动控制的稀浆封层机还配有一套手动控制装置，可在操作时自动切换。

①液压控制系统

典型的液压控制系统中，三联泵可分别向搅拌器双向液压马达、搅拌器提升液压缸及填料箱左、右螺旋送料器液压马达提供压力油。双联系可分别向摊铺箱的左、右布料螺旋双向液压马达，摊铺箱左、右升降液压缸，摊铺箱左、右横向移动液压缸以及搅拌器单向液压马达提供压力油。分别接通骨料供给系统、填料输送系统和搅拌器搅拌工作系统的电磁换向阀，即可驱动液压马达，各供料系统将同时向搅拌器供料。此时，应同时启动供水泵、乳液泵及添加剂供料系统，使之按预定配比向搅拌器输送乳液、水和添加剂。添加剂是利用外界压缩空气的加压作用向搅拌系统供料的。供料前必须打开系统加压机构的供气开关，然后再开启添加剂电磁阀。

各供料系统均设有供料调节装置，用以调节混合料配比，提高混合料的级配精度。骨料系统可通过调速阀，改变液压系统的流量，从而调节骨料带式输送机液压马达的转速，改变和调整骨料供给量。骨料供料调节装置还设有料门调节机构，通过调节手轮，即可调节料门的开启程度，控制输料量。填料、水、添加剂和乳化沥青的供给系统均设有流量调节阀，可分别调节填料箱左、右螺旋液压马达的转速，改变填料输送量；可调节供水系统的水流量，改变供水量；可调节添加剂系统流量调节阀，改变添加剂供给量；可调节乳液流量阀，改变乳液泵转速，控制乳液供给量。

搅拌器液压回路的调速阀可调节搅拌器油马达的转速及旋转方向，控制混合料的输送量。

②计量控制系统

按计量方式，计量控制系统可分为容积计量式和质量计量式两种。

a.容积计量式控制系统。该系统是将骨料等固体材料通过料仓闸门以及给料皮带的速度来进行体积计量，乳液等则通过容积流量来进行体积计量。所有体积计量的数据，均需要通过标定来转换成重量数据。

b.质量计量式控制系统。采用安装在集料带上电子秤以直接称重方式获得。

（五）改性沥青稀浆封层技术

1.改性沥青

改性沥青是指掺加橡胶、树脂、高分子聚合物、磨细的橡胶粉或其他填料等外掺剂（改性剂），或采取对沥青轻度氧化加工等措施，使沥青性能改善。

在公路施工与养护中常用的改性沥青有以下几种：

（1）热塑性橡胶类改性沥青。热塑性弹性体类（Thermoplastic Elastomer，TPE）改性沥青，主要有聚氨酯、聚酯-聚醚共聚物以及苯乙烯嵌段共聚物等，其中苯乙烯嵌段共聚物非常适合公路应用，它的代表性产品是 SBS、SIS、SE/BS 改性沥青，通常称为热塑性橡胶类（TR）。SBS 的分子结构呈条形，常用于路面沥青混合料，SIS 主要用于热熔黏结料，SE/BS 则用于抗氧化、抗高温变形要求高的道路，目前世界各国用于道路沥青改性最多的是 SBS 改性沥青。

（2）橡胶类改性沥青。橡胶类改性沥青通常称为"橡胶沥青"，使用最多的是丁苯橡胶沥青（SBR）和抓丁橡胶（CR），它们是世界上出现最早并广泛应用的改性沥青品种。

（3）热塑树脂类改性沥青。主要是由聚乙烯（PE）、聚丙烯、聚氯乙烯、聚苯乙烯和乙烯-乙酸乙烯酯共聚物（EVA）作为添加剂的改性沥青。这一类热塑树脂的共同特点是加热时软化，冷却时固化变硬。热塑性树脂类改性剂的最大特点是在常温下黏度增大，从而使高温稳定性增加。

2.施工

（1）现场准备工作

a.下承层验收。复测下承层，现场清理干净，放样画线。

b.交通管制。为了保证施工安全，设置封闭交通及限制交通标志、设置安全显示器及锥形施工标志等。

c.专用机械的调试与检修。改性沥青稀浆封层机的计算、行走、拌和、摊铺、清洗、标定与计量等各个系统的调试。

d.设置好原材料供应场地，保证原材料供应合理，堆放整齐，并有明显的标识。

（2）施工工艺

a.稀浆混合料拌和。改性沥青稀浆混合料是将五种材料按一定比例、一定的顺序进行配料与拌和而成。各种原材料进入拌和机的顺序要按照流程进料，顺序不能颠倒，否则就不能拌出合格的稀浆混合料，无法取得封层施工成功。

b.稀浆混合料摊铺。混合料摊铺是改性沥青稀浆封层施工的关键工序，目前，改性沥青稀浆封层施工，均采用连续式改性沥青稀浆封层机。用自卸卡车供料，倾卸于机前的存料斗，由传送带倒运到机后骨料仓，改性乳化沥青、水、外加剂等可用专用灌车，边走边装，保证连续生产的需要。

c.稀浆混合料碾压。改性沥青稀浆封层施工，采用改性沥青稀浆封层机上的摊铺器进行摊铺，待混合料达到初凝时用10t胎轮压路机碾压。

d.检查验收。改性沥青稀浆封层的施工检验，应由业主或上级公路管理部门，组织监理及基层公路管理部门组成验收小组，深入现场，按规定的项目及标准逐项检查。

3.主要机械

主要机械包括改性沥青稀浆封层机、装载机、轮胎压路机等。

4.施工质量控制

（1）总体控制。根据路面情况的要求，在摊铺箱前用喷雾的方法预湿路面。水雾的用量应根据温度、路面结构、湿度来调节。

（2）刮痕处理。由过大骨料引起的刮痕应去除。若产生过大的刮痕，应停止施工，直到承包商向用户授权代表，证明情况已消除。

（3）接头处理。在纵向或横向接头处不允许有过高的突起。为了使整个工程中纵向接头减小到最小，纵向接头应尽量放在车道线上，其重叠量最大为 76.2mm。同时，用 3m 长的直尺在接头处测量高差时，其值不超过 6mm。半幅或奇幅施工要尽量减少。若必须采用奇幅施工，则不应作为最后的施工程序。

（4）稀浆混合料的拌和。稀浆混合料由自动程序化的自行式改性乳化沥青稀浆封层拌和设备拌和。要保证稀浆混合料有足够的拌和时间，以达到拌和均匀的目的。

（5）稀浆混合料摊铺。摊铺时摊铺速度要均匀，供料要及时。已摊铺的稀浆混合料不应有过量水分和乳化沥青，也不应发生乳化沥青和细骨料与粗骨料分离的现象。施工时不允许将水直接喷入摊铺箱中。

（6）边角施工控制。对于一些改性沥青稀浆封层摊铺机不能到位的地方，要用人工刮板封层。有时需要在手工作业的区域预先喷洒一点水。压路机压不到的地方，用人工夯实。但表面要平整，保持与摊铺效果相同。

（7）温度控制。一般施工温度控制不低于 10℃。如果道路温度或气温都在 10℃以下并继续下降，则不允许施工；但道路温度和气温都在 7℃以上并继续上升，则可以施工。若施工后 24h 内有可能产生冻结，也不允许施工。

（8）车辙箱控制。对于深度不足 12.7mm 的不规则车辙或浅车辙，只需按要求一次全宽度刮平摊铺，大于 12.7mm 或更深的车辙须用专门的车辙箱填平，这种车辙箱宽度为 1.52m 或 1.81m。深度超过 39mm 的车辙应多次摊铺并恢复到原来路面。

（9）沥青黏结层。通常情况下不需要沥青黏结层，除非路面极为干燥、剥落或水泥混凝土路面或汽车赛道。如果需要沥青黏结层，则由一份乳化沥青和三份水组成，并由标准的喷洒器喷到路面上。乳化沥青是 SS 或 CSS 等级。沥青黏结层必须在改性乳化沥青稀浆封层前充分凝固。

四、公路沥青路面石屑封层机械化作业

（一）石屑封层处治技术

1.石屑封层技术

石屑封层技术是在原沥青路面上喷洒一层沥青材料，接着撒布单级配碎石或适当级配的集料，最后碾压、开放交通。

2.石屑封层作用

石屑封层技术主要起防水、防滑、耐磨和改善路表外观的作用，在沥青路面结构体系中，只能作为表面保护层和磨耗层。它适用于二级及二级以下公路沥青面层的预防性养护，也可用于加铺薄层罩面、磨耗层、水泥混凝土路面上的应力缓冲层、各种防水和

密水层。石屑封层质量与石屑封层机械性能、机械操作手的熟练程度以及所用材料质量紧密相关。

3.石屑封层对原沥青路面要求

选用石屑封层技术处治沥青路面病害时，原沥青路面必须满足以下要求：

（1）具有足够的强度和刚度。原沥青路面及其基层是承重层，应具有足够的强度和刚度，能够承受荷载的作用，在重复荷载作用下不会产生残余变形，也不允许产生剪切和弯拉损坏。

（2）具有良好的整体稳定性。原沥青路面的整体稳定性和热稳定性是否良好，是保证施工后沥青路面稳定性的基本因素。

（3）原沥青路面病害必须事先进行处治。如原沥青路面上有坑槽、车辙、裂缝等病害必须事先进行修补，亦即大的拥包和深的车辙应先进行铣刨和填补、坑槽应事先进行挖补处理、大的路面裂缝应进行灌缝处理。

（4）表面平整、密实、干燥、清洁。

4.石屑封层工艺分类

（1）根据沥青材料的选用，石屑封层工艺可分为热施工和冷施工两种。

①热施工。撒布一层热沥青，接着撒布集料、碾压，开放交通。热施工的缺点是需要加热、保温沥青。

②冷施工。用乳化沥青代替热沥青，无须加热装置。

（2）根据撒布沥青及撒布集料的层次，石屑封层可分为单层式、双层式和三层式。

①单层式。撒布一层沥青，铺撒一层集料，厚度为 1.0～1.5cm。

②双层式。撒布二层沥青，铺撒二层集料，厚度为 2.0～2.5cm。

③三层式。撒布三层沥青，铺撒三层集料，厚度为 2.5～3.0cm。

在日常沥青路面预防性养护中常采用单层式。

（3）根据沥青与石屑撒布的时间间隔，石屑封层又可分为如下三种：

①常规石屑封层。先撒布沥青，再撒布集料，最后碾压、开放交通。

②同步碎石封层。沥青撒布与集料撒布同步进行，在一台机械上完成，接着碾压、开放交通。

③同步碾压封层。集料撒布与碾压同步进行。

5.单层常规石屑封层工艺

（1）单层常规石屑封层工艺流程：备料—清扫沥青路面—撒布沥青—撒铺石屑—压

路机碾压—开放交通-初期养护。

①前期准备工作。在对沥青路面进行石屑封层施工前，应先对沥青路面附属物进行处理，主要有路缘石、雨水口及各种管线检查井等，对不符合施工要求的基础和隧属物进行清理整修。同时，根据施工计划准备需要的工程材料。在石屑封层前，应将路面清扫干净并保持相对干燥。如路面基层整体强度不足应先予以补强，对有坑槽、裂缝等病害的路面应先进行修补。

②撒布沥青。旧沥青路面按有关要求处理好以后，即可撒布沥青。要结合旧沥青路面状况，选用合适的沥青用量进行撒布。沥青的喷洒温度应根据施工气温及沥青标号选择，石油沥青的撒布温度宜为130～170℃，煤沥青的撒布温度宜为80～120℃。乳化沥青在常温下撒布。在撒布过程中，如发现撒布数量不足，如空白、缺边等应立即用人工补撒，有沥青积聚现象应予以刮除。沥青撒布的宽度和长度应与矿料撒布相匹配，避免沥青撒布后等待很长时间才撒布矿料。在每段接茬处，可用铁板或建筑纸等横铺在本段起撒点前及终点后，宽度为1～1.5m，确保前后段搭接良好，分几幅撒布时纵向搭接宽度宜为100～150mm。

③撒布石屑。选用符合规范要求的集料并干燥无尘，级差小等。如果施工条件具备，可考虑把符合级配要求的集料在沥青拌和站进行加热除尘，并拌和3%～4%的沥青。撒布沥青后，应立即撒布集料（当使用乳化沥青时，集料撒布必须在乳化沥青破乳之前完成），其数量按规定一次撒足，预拌料如有剩余应覆盖保存以备下次使用。集料撒布要及时均匀，覆盖全路面，厚度一致，不重叠，不应露出沥青。当局部缺料或料过多处，用人工适当找补或清除。

④碾压。撒布完一段集料后，应立即用16～20t轮胎压路机进行碾压。碾压时应从一边逐渐移至路中央，然后再从另一边开始压至路中心，压路机行驶速度开始不宜超过2km/h。

⑤初期养护。除乳化沥青石屑封层应等待破乳后水分蒸发并基本成形方可通车外，其他沥青封层碾压结束即可限速（小于20km/h）开放交通。在通车初期，如有泛油现象，应在泛油地方补撒与最后一层集料规格相同的集料，过多的浮动集料应清扫出，以免搓动其他已经黏着的集料。

（2）单层常规石屑封层技术要求。具体内容包括：

①石屑封层宜选择在干燥的夏季施工，并要在最高温度低于15℃时结束。

②各施工工序必须紧密衔接。每个作业段长度应根据集料数量、撒布机、压路机数

量等具体确定。当天施工的路段必须当天完成。

③除阳离子乳化沥青以外，不得在潮湿的集料或基层上撒布沥青。当施工遇雨时，应待矿料晒干后再继续施工，施工路段宜在雨前完成施工。

④对原沥青路面的坑槽、严重网裂、结构裂缝等病害要预先进行处理，然后清扫路面，并用强力吹风机对路面进行除尘，以保证路面清洁干燥。

（3）单层常规石屑封层用机械。如沥青撒布机、石屑撒布机和压路机等。

①沥青撒布机。石屑封层施工采用沥青撒布机喷洒沥青，撒布时车速和喷洒量保持稳定。沥青撒布机在整个宽度内喷洒应均匀。使用液压式加长管撒布车，能使接缝保持在道路中央，而在道路边缘调校其宽度，可以避免那些正好处于轮迹处难看又危险的接缝。撒布车喷嘴类型不同，撒布的效果也不同，宜选用缝隙式喷嘴。

②石屑撒布机。采用石屑撒布机不仅使工作进展快，而且按需要的撒布率把集料撒布更平整和精确。另一个优点是撒布时集料更紧贴道路表面，从而减少了集料跳离路面露出黏结料或跳到石屑封层以外部位而使黏结料滞留在表面的情况发生。人工撒布仍是我国目前小型养护采用的方法，其缺点是不易控制集料的撒布量，并且手工撒布具有效率低和工期长的缺点。对于较大的工程项目应采用石屑撒布机。

③压路机。石屑封层施工宜采用16～20t轮胎压路机进行碾压。碾压时应使集料嵌挤紧密，石料不得有较多压碎现象。

（二）沥青撒布机

1.分类

沥青撒布机可以根据其沥青容量、移动形式、喷洒方式及沥青泵的驱动方式进行分类。

（1）根据沥青储箱容量，沥青撒布机可分为小型（容量小于1 500L）、中型（容量1 500～3 000L）、大型（容量大于3 000L）。

（2）根据移动形式，沥青撒布机可分为手推式、拖运式、自行式。

自行式沥青撒布机是目前最常用的一种沥青撒布机，其特点是将沥青储箱及撒布系统都装置在同一辆汽车底盘上，具有加热、保温、撒布、回收及循环等多种功能。其沥青储箱容量一般大于1 500L，沥青撒布量可进行调节控制。

（3）根据喷洒方式，沥青撒布机可分为泵压喷洒、气压喷洒两种。

①泵压喷洒。泵压式沥青撒布机是利用齿轮式沥青泵等把液态热沥青从储箱内吸出，并以一定的压力输送到撒布管并喷洒到地面上。泵压喷洒式沥青撒布机有以下功能：在沥青库可自行灌装沥青；利用沥青泵将库内沥青输入其他容器；储箱内沥青可在循环中

被加热到工作温度。

②气压喷洒。气压式沥青撒布机是利用空气压力使沥青经撒布管进行喷洒作业。气压式沥青撒布机的优点是：作业结束时可将管路中的残留沥青吹扫干净；喷洒乳化沥青时不会产生破乳现象。

（4）根据沥青泵的驱动方式，沥青撒布机可分为汽车发动机直接驱动式和独立发动机驱动两种形式。

2.应用范围

沥青撒布机在沥青路面施工与养护中的应用近几年来显得越来越重要，这不仅是因为沥青撒布机撒布的质量好、效率高，能够提高施工质量和进度，而且还因为它在沥青路面的修建和养护中适用范围愈来愈广。其主要应用内容主要包括：

（1）碎石封层表面处置。碎石封层表面处置常用于沥青路面预防性养护。

（2）新建路面的"透层""下封层""黏层"。其中"透层"一般撒乳化沥青或煤油稀释的沥青；"黏层"一般撒乳化沥青；"下封层"一般撒热沥青（重交沥青或改性沥青）。

（3）乡村公路建设。乡村公路由于道路负荷不大，一般可不采用沥青拌和机和沥青摊铺机的施工工艺，而使用较经济的"碎石封层表面处置"。

（4）应力吸收层（SAM）和应力吸收中间层（SAMI）。应力吸收层和应力吸收中间层一般用"碎石封层"模式，为保证反射裂纹吸收效果，黏结材料一般采用改性沥青或橡胶沥青，软化点要高，撒布量较大，约为 $1.8\sim2.5kg/m^2$。在美国、南非，常把橡胶沥青应力吸收层用在薄层抗反射路面的罩面中，效果十分理想，其抗反射能力相当于 5.2cm 的沥青混凝土。应力吸收中间层一般用于沥青路面上面摊铺层之下，可有效防止面层裂纹。

3.结构与原理

沥青撒布机主要由保温沥青箱、加热系统、传动系统、循环撒布系统、操纵机构及检查、计量仪表等组成。

沥青撒布机的主要工作流程：由沥青泵从沥青熔化池中将热沥青吸入储箱；运输到施工现场，通过加热系统将沥青加热到工作温度；操纵控制机构，开启喷洒阀门；通过撒布管、喷管，由沥青泵将热沥青按一定的撒布率及一定的撒布压力喷洒到路面上。作业结束后，即操纵沥青泵反向运转，将循环管路中的残留沥青吸送到沥青保温箱中。

（1）沥青箱。沥青箱主要包括箱体、隔热层、外罩、溢流管、过油管、阀门、隔板、加热管、浮标及固定架等部件。

沥青箱一般为一个用 3～5mm 厚的钢板焊接成的椭圆形断面长筒，筒体外包有一层约 50mm 厚的隔热保温层，隔热保温层外通常再包裹一层薄钢板外罩。为了减缓箱内液料在沥青撒布机行驶时所产生的冲击振荡以及加强箱体的坚固性，在箱内的中部焊有一块横隔板，使箱体分隔成前后两室，以减少冲击。箱顶中部设置有带滤网的大加油口，箱体中部焊有一块横隔板，箱底后部开有出油孔，孔内置有总阀门。为了加热箱体内的沥青，一般箱体中下部还排列有加热管。为了观察箱内的液量，在箱内置有浮标，它通过杆件与箱后壁外侧的刻度盘指针连接，从而可测知箱内液面的高度。为了减少箱底沥青残留量，常在底部特设凹槽，底阀位置偏近后端，箱体以 1°～2° 的微小后倾安装在车架上。

（2）加热系统。沥青撒布机加热系统分为沥青箱箱底加热和箱内加热两种方式。箱底加热方式是火焰直接加热箱底，把热量传给沥青，大多用于小型沥青撒布机。箱内加热方式目前大多采用 U 形或 L 形火管，根据沥青箱大小可用 1 根或 2 根火管。加热系统主要由燃油箱、喷灯、U 形火管和带燃油滤清器的油管系统。

（3）传动系统。自行式撒布机的传动系统包括两部分，一部分是将发动机的动力传递给基础车的驱动轮使车辆行驶，它是由汽车底盘部分的传动系统来执行；另一部分是驱动沥青撒布机的沥青泵工作的传动系统，它是由装在基础车右侧的分动箱来完成的。传动的顺序是：发动机—离合器—变速箱—分动箱—传动轴及联轴节—沥青泵，在联轴节与泵轴之间安装有安全销，一旦油泵超载，安全销首先折断而起到安全作用。

（4）撒布系统。撒布系统的主要功能是：从沥青储料箱内吸进高温液态沥青，完成液态沥青的撒布工作；工作完成以后抽空储料箱和撒布管内的余留沥青；输送液态沥青；液态沥青通过管道不断循环，使储料箱内的沥青保持均匀的温度。撒布系统主要包括沥青泵、撒布管道和大小三通阀三个部分。沥青泵一般为低压齿轮泵，安装在输油总管上，转速为 150～600r/min，控制转速即可控制沥青的撒布量。

循环撒布管道是用不同长度和规格的无缝钢管做成的，其作用是输送高温液态沥青。管道应力求短，以减少热量损失。它一般由吸油管、输油总管、横管、进油管、循环管、撒布管等所组成。撒布管中间被隔开，以控制左右侧沥青撒布，撒布管的长度一般为 2～2.5m，并每隔 100mm 开一个小孔，以便配制不同规格的喷嘴。喷嘴按不同的需要选定。为了扩大撒布机的使用范围，在撒布管的两侧可以临时安装活动撒布管。

三通阀用来控制液态沥青在管道内流动的方向，通过操纵三通阀的不同位置，并配合沥青泵的正反转，可以完成沥青撒布机的吸油，循环、撒布、左右撒布，抽空和少量撒布等操纵机构。操纵机构是由站在沥青撒布机后面的操纵台上的工作人员通过手轮和操纵杆等进行操纵。操纵包括三通阀的拨转和撒布管的升降两部分。前者在一般作业中拨动一次即可，后者则在撒布过程中要根据施工的需要经常操作和调整。

（三）石屑撒布机

1.分类

石屑撒布机是以一定的宽度、一定的流量继沥青撒布后向地面撒布石屑的机械。石屑撒布机用于沥青路面的新建和养护作业。新建和改建路面用于下封层石屑撒布，即在沥青下封层表面上撒布一层石屑，撒布量为4~6L/m²，能够覆盖沥青表面80%，同样方式亦可用于沥青路面应力吸收层石屑撒布。沥青路面预防性养护作业，常用层铺法对沥青路面进行表面处置。

石屑撒布量以m³/1 000m²数来表示；也以L/m²数来表示。石屑撒布量的大小取决于底盘移动速度和石屑排出流量。当底盘移动速度一定时，石屑排出流量增大则撒布量增大，石屑排出流量减小则撒布量减小；当石屑排出流量一定时，底盘移动速度增大撒布量减小，底盘移动速度减小撒布量增大。为求得需要的石屑撒布量，现有的石屑撒布机，不论是手动控制或自动控制都是通过调节二者的不同配合来实现的。石屑排出采用撒布辊法，即用旋转的撒布辊将自然堆积起来的石屑抛撒出去；石屑排出装置通常安装在可移动的底盘上，根据不同的底盘和移动方式，石屑撒布机可分为悬挂式、拖式和自行式三种。

2.悬挂式石屑撒布机

悬挂式石屑撒布机是固定悬挂在自卸车的车厢后面与自卸车共同工作。其撒布过程是：装有石屑的自卸车厢被顶起后，在石屑自身重力的作用下流至处于旋转状态的撒布机上，并在撒布帽的旋转带动下抛至分流板上，然后石屑沿倾斜的分流板下滑，经反弹布料板后落向地面。分流板是一个带沟槽的上窄下宽的梯形结构，上端宽度与撒布滚宽度相配合，宽度为2 300mm，下部宽度为3 000~3 100mm，用以将石屑撒布扩宽。石屑经反弹布料板后落地，可以使石屑撒布更加均匀。

（1）分类

①根据技术特点悬挂式石屑撒布机可分为以下两类：

根据有无辅助发动机，悬挂式石屑撒布机又可分为带辅助发动机的悬挂式石屑撒布机和不带辅助发动机的悬挂式石屑撒布机。

根据驱动撒布辊的动力源，悬挂式石屑撒布机又可分为液压驱动悬挂式石屑撒布机和电驱动悬挂式石屑撒布机。

②根据启动料斗闸门的动力源，悬挂式石屑撒布机又可分为气动门悬挂式石屑撒布机和机械门悬挂式石屑撒布机。

采用电驱动撒布帽的优点：一是撒布机驱动功率不大，约200W；二是对汽车底盘运行来说，石屑撒布工作时间较短，汽车有足够的时间为电瓶恢复充电；三是调速较为方便，可通过控制箱上的"霍尔手柄"对撒布辊进行调速，以达到石屑撒布量的设定要求。

（2）操作程序

悬挂式石屑撒布机无论哪种结构形式，其操作程序大体是一样的，现以液压驱动撒布方式为例。

①启动汽油机，使齿轮泵工作，液压油经液压油管、分流阀，摆线马达，通过链轮使撒布辊旋转；

②操纵转盘，调节好料门的开启限位高度；

③选择好合理的车速，与相应的撒布要求相匹配；

④打开气缸阀门的控制开关，石屑随即撒布至路面上。

（3）撒布宽度调节

撒布宽度最大为3100mm，其他宽度可以通过关闭闸门数量（共10个闸门）来进行调节。

（4）撒布量调节

①通过改变分流阀的流量来调节撒布辊的转速；

②改变闸门的开启大小；

③调节车辆的行驶速度。

（5）影响撒布均匀的因素

①车厢的倾斜角度（最佳角度为35°）；

②车厢的出料底板的平整度；

③分流板的倾斜角度；

④下滑板的倾斜角度；

⑤车速的稳定性；

⑥石屑的清洁及干燥等。

（6）保养

其内容包括：①使用前须检查液压油箱的液位高度；

②汽油机的保养按其使用说明书的规定进行；

③液压缸活塞杆表面，每周应涂一次润滑脂；

④撒布闸门转动轴部位，每周应注射一次润滑脂；

⑤撒布辊轴承座处每周注入一次润滑脂；

⑥传动链处每周加润滑脂一次。

（7）施工方法及注意事项

石屑撒布机进入施工现场之前，应先在路上进行试撒，以确定撒布各种规格石料时应控制的供料量和撒布料门间隙。施工时石屑撒布机应紧跟在沥青撒布车的后面，最小安全距离保持在10~15m。石屑撒布机的石屑储备量应与沥青撒布车撒布的沥青量相匹配，如果不能及时撒布石屑或石屑用量不足，沥青撒布车必须停止施工，避免由于沥青黏结剂冷却而降低石屑与沥青的黏结效果。

3.拖式石屑撒布机

拖式石屑撒布机主要由带有拖臂和行走轮的底盘，料斗和石屑撒布机构，支撑轮机构以及操纵机构等组成。

（1）主要性能特点

①自身不带动力，靠自卸车倒车行驶推动行走；

②石屑通过撒布辊不经分料板直接抛落地面，落地宽度与撒布滚宽度相同，防止了因分料板引起的撒布不均匀性；

③撒布辊的动力来自拖式石屑撒布机的行走轮，通过一组传动链轮调速后驱动撒布辊撒布石屑。由于撒布辊与行走轮联动，将导致石屑撒布量自动受控于行驶速度，撒布量随行驶速度增减，有效保证了石屑撒布的均匀性；

④拖式石屑撒布机与自卸车联机工作，石屑撒布完之后再与自卸车脱机。因此，一台拖式石屑撒布机可配合多台运料自卸车在现场连续工作，可以节省石屑撒布机的购置数量；

⑤撒布辊离地面较低，有利于减少石屑飞溅。

（2）主要性能指标

①石子粒径：5~35mm。

②撒布幅宽：250～3 000mm（级差 250mm）。

③撒布速度：50～80m/min。

（3）操作

①将碎石撒布机运至施工现场，将离合器手把放至"分离"位置。装满石子的自卸车倒车至撒布机工作面，对正。调整伸缩臂到适当孔位，插上插销，使两边拖臂夹持盘扣在自卸车的轮辋上（与支撑轮及自卸车配合协同调整）。转动牵引锁紧手把及支撑臂的端头，使支撑臂端头销孔与伸缩臂外套侧耳销孔对正，插上插销。最后再转动牵引锁紧手把，使整个牵引臂以及自卸车车轮紧定牢固。

②转动支撑轮升降摇把，使支撑轮离开地面。扳动闸门手把，使闸门关闭。搬动料门调节手把，在不影响闸门关闭情况下，使料门开度定在经验位置（平时根据石子不同粒度及空隙率调整的位置）。自卸车向料斗内倾卸石子。

③松开制动器手柄，将离合器手把扳至"结合"位置。工作开始，自卸车缓慢退行，同时应开启闸门，观察撒布情况，再根据实际情况微调料门开度，以达到撒布要求。

④工作台上应有 1～2 人配合操作，有大石子或者其他异物阻料时应该及时排除。

⑤石子撒完停车时将离合器手把放至"分离"位置，关闭闸门，并扳动制动器手柄使石屑撒布机制动。转动支撑轮升降摇把使支撑轮撑地。转动两边支撑调节杆，放松夹紧，拔掉插销，扳转伸缩臂，使夹持盘脱离汽车轮辋，自卸车开走再次装料。如此反复进行。

⑥调整撒布宽度时拉动单个闸门调节手把，打开部分闸门。

（4）安全规程

①运转前按要求进行润滑。各离合器手柄都必放在分离位置，闸门处于关闭状态。

②运转后根据作业要求，调整离合器位置及开启闸门和调节料门。

③严禁超标号的大石子进入料斗。

④严禁将工具等异物放入料斗。

⑤运行过程中严禁用手触动运转部件或拨动料斗内石子。

⑥自卸车与本机连接后至运行前，必须将支撑轮提起，制动器松开。自卸车停止作业并与本机脱离前，必须先将支撑轮放下，支撑牢固，制动器抱紧，闸门关闭，离合器脱开。运行过程中严禁操作制动器。

⑦严禁将装有石料的石屑撒布机械单独停在坡道上。

⑧严禁在非作业现场推拉石屑撒布机行走。

4.自行式石屑撒布机

自行式石屑撒布机投放市场的时间较早，英国、日本、德国、美国都有生产。我国是 20 世纪 70 年代末原交通部新津筑路机械厂开始研制，并小批量生产。自行式石屑撒布机的撒布量便于控制，撒布精度高。自带动力行驶，可通过自动挂钩牵引自卸车同步工作，边卸料边撒布，生产率高。可一机配合多台自卸车工作，减少购机台数。自行式石屑撒布机前进中进行石屑撒布作业，司机操作便于控制，且工作速度范围较大，性能优于悬挂式和拖式石屑撒布机。

（1）结构。自行式石屑撒布机主要结构如下：

①挂钩。挂钩用于牵引自卸车同步工作，因此自卸车后机架部分应配装相应的环状联结构件。挂钩一般由液压操纵启闭，由石屑撒布机司机控制。

②后料斗。后料斗用于接收自卸车倾卸下来的石屑，把石屑分流给石屑输送带。后料斗左、右有两个由液压缸驱动的槽形翼板，可以展开也可以收起。工作时翼板展开，增大料斗容量；行驶时翼板收起，缩小通行宽度。

③带式输送机。带式输送机倾斜安装在机架上，后低前高，把后料斗接收的石料及时传送入前料斗内。带式输送机可以用一条中间布置，也可以用两条分两边布置，一般多用两条输送带。

④前料斗。前料斗可连续、均匀地把石屑分布在撒布辊上。其下部安装有闸门和料门，用于控制撒布宽度以及料门开度。

⑤撒布装置。撒布装置主要由撒布辊、驱动机构组成。撒布辊长度决定撒布宽度，撒布辊转速调节撒布量。撒布辊驱动一般用液压马达。

⑥行走机构及动力装置。行走机构一般由前桥和后桥组成，通常前桥转向、后桥驱动。自行式石屑撒布机都带有独立的发动机，行走机构可以用机械驱动，亦有用液压驱动，但撒布机多用液压驱动，便于转速控制。

⑦控制系统。现代电子技术和液压技术的发展为自行式石屑撒布机的控制系统创造了条件。为保证前料斗料位高度常采用传感技术以控制皮带机运转速度。为保证撒布均匀性，一方面采用电控技术精确控制撒布机转速及车速，另一方面为防止车速变化对撒布精度的影响。还采用车速反馈信号闭环控制撒布辊转速，以减少车速变化的影响．

（2）操作。自行式石屑撒布机的操作方法类似于拖式石屑撒布机。使用时首先将自卸车倒驶到工作位置，在辅助人员的照看下小心把挂钩机构合上。打开后料斗两侧翼板，运转皮带机，慢慢提升自卸车料斗，石料卸入前料斗内。待前料斗料面达到一定高度时，停止输料。根据撒布量的要求打开闸门和料门，然后按要求的车速前进并撒布石屑。撒布过程司机和辅助人员随时观察调节皮带速度及自卸车料斗卸料速度，以保证前料斗料位合适，能连续、均匀地给撒布机供料。

当石料撒布完时或自卸车卸料完成之后，连接挂钩即可以脱开，更换另一台自卸车为石屑撒布机供料。如此循环工作。

（四）同步碎石封层机

1.同步碎石封层技术

（1）同步碎石封层技术发展。同步碎石封层技术，从 20 世纪 80 年代开始在法国被大规模采用，20 世纪 90 年代在整个欧洲及美国、俄罗斯、印度、非洲、澳洲等得到推广。据统计，在欧洲有 95%以上的公路沥青路面采用这项技术进行养护。目前，同步碎石封层技术在我国部分省市的高速公路及国道、省道的建设中已经得到应用。与其他技术如稀浆封层技术相比，同步碎石封层技术具有较强的防水性、很高的防滑性。同步碎石封层技术既适用于高等级公路，也适用于城市道路和乡村公路。

采用同步碎石封层技术由于受矿料和沥青的数量限制，每天施工路段相对较短，宜用于日常沥青路面养护。由于同步碎石封层将沥青喷洒与集料撒布两道工序集中在一台车上同时进行，可以使碎石颗粒立即与刚喷洒的沥青相黏结。由于沥青流动性较好，能够更深地埋入黏结剂内。同步碎石封层缩短了沥青喷洒与集料撒布之间的间隔，增加了集料颗粒与黏结剂的裹覆面积，更易保证它们之间的稳定比例关系，提高了作业效率，降低了施工成本。沥青路面经过同步碎石封层处理后具有良好的抗滑性能和防渗水性能，能有效治愈路面贫油、掉粒、轻微网裂、车辙、沉陷等病害。在美国，据记载同步碎石封层可延长沥青路面使用寿命 1 年以上；澳大利亚研究表明，同步碎石封层技术能使损坏比较严重的道路寿命延长 10～15 年。同步碎石封层技术是一种薄层技术，其单层施工的厚度大致为所用骨料的粒径大小，与热摊铺和稀浆封层/微表处比较更薄。沥青与骨料无须高温加热拌或搅拌拌和即可很好地结合。

（2）同步碎石封层技术特点。其内容包括：

①同步碎石封层是靠一定厚度沥青膜（1～2mm）黏结的超薄沥青碎石表面处治层，其整体力学特征是柔性的，能增加路面抗裂性能、治愈路面龟网裂、减少路面反射裂缝、提高路面防渗水性能；

②同步碎石封层可以提高原沥青路面的摩擦系数，即增加路面防滑性能，并能使沥青路面平整度得到一定程度的恢复；

③通过采用局部多层摊铺不同粒径石料的施工方法，同步碎石封层能有效治愈深达10cm以上的车辙、沉陷等病害，这是其他养护方法无法比拟的；

④同步碎石封层可以作为低等级公路的过渡型路面；

⑤同步碎石封层工序简单、施工速度快，可即时限速开放交通；

⑥无论用于道路养护还是作为过渡型路面，同步碎石封层的性能价格比明显优于其他表面处理方法，从而大大降低道路的维修养护成本。

（3）同步碎石封层工艺。从沥青路面预防性养护角度看，与其他养护技术相比，同步碎石封层技术没有对施工条件提出更高的要求。为了提高养护性能，充分发挥同步封层技术优势，首先要对公路表面损伤进行诊断，明确将要进行修补的要害问题。充分考虑沥青结合料和骨料的质量标准，比如其润湿性、黏合性、耐磨性、抗压性等。在技术规范所允许的范围内正确、合理地选择材料，确定级配，正确操作机械。

同步碎石封层施工工艺如下：

①常用的结构。普遍采用间断级配结构，碎石封层所用石料粒径范围有严格要求，即等粒径石料最理想。考虑到石料加工的难易程度及路面防滑性能的要求不同，可分为2～4mm、4～6mm、6～10mm、8～12mm、10～14mm五挡，比较常用的粒径范围为4～6mm、6～10mm这两种，而8～12mm和10～14mm两挡主要用于低等级公路过渡型路面的下面层或中面层。

②根据沥青路面平整度情况和抗滑性能要求确定石料的粒径范围。一般沥青路面进行一次碎石封层即可，沥青路面平整度较差时可选用适宜粒径的石料作为下封层找平，然后再做上封层。碎石封层作为低等级公路沥青路面时须二层或三层，各层石料粒径应互相搭配以产生嵌挤作用，一般遵循下粗上细原则。

③封层前要对原沥青路面进行认真清扫，作业过程中应保证足够数量的轮胎压路机，以便在沥青温度降低之前或乳化沥青破乳后能及时完成碾压定位工序。另外，封层后即可开放交通，但在初期应限制车速，以防止快速行车造成石子飞溅，待2h后可完全开放。

④使用改性沥青作为黏结料时，为保证雾状喷洒而形成均匀的沥青膜，必须保证沥青的温度在160～170℃范围内。

⑤同步碎石封层机的喷嘴高度不同，所形成的沥青膜厚度会不同，可通过调整喷嘴高度使得沥青膜的厚度符合要求。

⑥同步碎石封层机应以设定的速度均匀行驶，石料和黏结料两者的撒布率必须匹配。

⑦作为表处层或磨耗层的碎石封层，其前提条件是原沥青路面的平整度和强度满足

要求。

2.结构

同步碎石封层机主要包括汽车底盘（牵引车＋挂车）、沥青保温罐、沥青管路平台、碎石料斗、沥青喷洒臂、碎石撒布机、配电柜及控制电脑等。

（1）沥青罐。罐上配有快速上料阀、沥青空阀、液位计、防波板。罐外有大于100mm厚的保温材料，外罩不锈钢薄板。特制的 U 形管道的导热油加热器安装在沥青罐内，法兰螺栓固定，容易拆卸。另外有自动点火加热器及全自动阀门。

（2）沥青管路平台。平台上的沥青泵及管路可以实现沥青的上料、排空、循环及喷洒。所有功能均靠自动阀与电脑配合来实现，操作简单。所有沥青管道均为双层管路，内有导热油循环加热，通过导热油泵的循环为沥青管路升温及防止沥青过冷而堵塞。同时为沥青泵升温，保证沥青泵在启动时轻松顺利。

（3）碎石料斗。碎石料斗宽度不超过 2.5m，上装后的总高度满足运输的要求或可适用于一般的装载机。形式分为油缸举升和自由下滑两种。欧亚公司采用的自由下滑式料斗，经特殊设计，石料利用重力下滑，在满载时不会对同步碎石封层机料门有很大的压力，结构简单，使用方便。

（4）沥青喷洒臂。沥青喷洒臂按结构分为折叠式和翻转式，撒布宽度根据同步碎石封层机的结构和施工要求，设计为 3.2～4m，喷嘴的结构直接影响撒布精度，所以要求其应雾化效果好，撒布精确，且能独立拆卸，易于清洗。

（5）碎石撒布机。碎石撒布机固定在碎石的料斗后面，由液压马达带动料辊转动，液压油缸控制料门开度的大小，保证撒布量的均匀准确。料门由汽缸控制可实现独立开关，撒布宽度要与沥青的撒布宽度一致。

（6）配电柜及电脑。配电柜安装在碎石料斗或碎石撒布机上，可实现手动操作与自动操作的转换，在电脑出现问题时可方便地转为手动操作，而不会延误工期。电脑设定了沥青模式、碎石模式和同步模式，即同步碎石封层机可用于单独喷洒沥青或撒布碎石，也可用于两和物料的同时撒布。

（7）其他。工作系统的动力取自底盘车或牵引车，同步碎石封层机上安装取力器，带动液压泵从而驱动沥青泵和导热油泵上的液压马达运转，同步碎石封层机上装有车速雷达及泵速传感器，电脑可以根据车速、泵速及撒布量的要求，自动调整沥青泵的转速，从而精确控制沥青的撒布量。

3.控制系统

（1）功能。控制系统使同步碎石封层机作业时准确地控制沥青撒布与碎石撒布，精确调节和控制沥青的撒布量及其均匀性，并能智能联动沥青、碎石同步封层，使施工中的沥青撒布需求和碎石撒布需求在同一时间内同步进行，保证沥青路面的施工及养护质量。

同步碎石封层机控制系统要求可以实现"联动/分动"模式的切换。联动模式下由控制系统实现沥青喷洒与碎石撒布的自动同步进行，分动模式下由操作人员根据实际工况分别手动操控沥青喷洒与碎石撒布的进行，根据施工要求单独进行沥青撒布作业或碎石撒布作业。

同步碎石封层机控制系统应该与主车参数实现精确匹配以达到最佳控制效果：控制精确有效，人机交互方便；具有高温、高振动恶劣条件下的高可靠性。

控制系统采用数字控制技术，与主机参数精确匹配以达到性能指标要求，实现最佳控制效果。

同时，采用先进的测控技术，消除动力半径变化和地面滑移等因素对沥青撒布量及碎石撒布量的影响，保证作业的精度。

（2）构成。同步碎石封层机控制系统包括基本电气系统、工作装置控制系统、人机交互系统、故障诊断系统、通信系统等几大主要模块。

工作装置控制系统实现沥青喷洒与碎石撒布的自动控制，精确调节和控制沥青的撒布量及撒布宽度、碎石的撒布量及撒布宽度，能够保证同步碎石封层机工作时，平稳有序地按照工艺流程及工作程序完成各种动作，可进行"联动/分动"模式的切换。

通过对沥青喷嘴气阀、沥青循环电磁阀及沥青泵的控制，实现沥青喷洒的自动控制。单位面积沥青撒布量一经设定后，控制系统能够根据车速和喷洒宽度的变化对沥青泵转速进行实时调节，使沥青撒布量不随车速及喷洒宽度的变化而变化。

通过对料斗、主调节板、挡料板及布料辊的控制，实现碎石撒布的自动控制。单位面积碎石撒布量一经设定后，控制系统能够随着车速和撒布宽度的变化对布料辊转速进行实时调节，使碎石撒布量不随车速以及撒布宽度而变化。

对沥青温度进行监控，确保作业过程中沥青温度保持在适合的喷洒温度范围之内。

（3）硬件结构。控制系统主控制器的性能对提高施工自动化程度、作业质量及作业效率起着至关重要的作用。人机交互界面用智能 LCD 显示终端，可以适应同步碎石封层机作业时的工作环境。

（4）软件结构。在控制方式上，同步碎石封层机控制系统要求可以"联动/分动"模式的切换，联动模式下由控制系统实现沥青的喷洒与碎石撒布的自动同步进行，分动模式下由操作人员根据实际工况分别手动操控沥青喷洒与碎石撒布的进行。因此，控制软件具有两个独立的子系统，沥青撒布系统可确保沥青的精确撒布，碎石撒布系统则确保碎石的最佳撒布。两个子系统共享车速信息，通过软件设计实现智能联动。

除此之外，控制软件还具有以下几个子系统：

①温度控制系统，实时监控沥青、导热油及液压油温度；

②人机交互系统；

③故障、误操作报警子系统。

（5）沥青撒布量控制。同步碎石封层机工作时沥青泵、沥青泵驱动马达和液压泵都必须工作在一个合理的工作区域内，三者的容积效率和机械效率都比较高，可以在保证系统控制精度的同时，提高驱动系统的动力性和经济性。因此，控制系统需要将这一共同工作区域作为沥青撒布量控制的调节区域。此外，由于发动机、液压泵、液压马达和沥青泵系统调解范围的局限性，同步碎石封层机无法在某一挡位下实现所有撒布量的作业，作业宽度的变化还会使得这一过程更加复杂。因此，撒布量的分布必须按照挡位和撒布宽度进行分配，由控制系统根据撒布宽度、撒布量给出推荐挡位。在控制系统中，这一分配关系以函数形式存储，作业过程中控制系统根据输入的撒布量和喷洒宽度以及沥青种类，通过查表得到作业行驶的最佳挡位和车速。在推荐挡位下，控制系统根据实时车速精确调整沥青泵转速，调节沥青的撒布量，使之能达到设计喷洒精度。碎石撒布的调节原理与此相同。

（6）碎石撒布量控制。碎石撒布量控制系统由液压定量泵带动液压马达，驱动碎石料辐，并由传感器将料辐转速和撒布杆高度通过光纤上传电脑，电脑根据设定的撒布量和雷达采集的车速，计算出所需的撒布杆高度，自动调整撒布杆，使碎石的撒布量与车速无关，进而保证了碎石撒布的精度。使碎石靠重力沿均匀分布的导向槽向下滑动，并经过挡料板的撞击使其分散并均匀地滑向地面，进而保证了其撒布的均匀性。

（7）作业速度测量。同步碎石封层机作业时，控制系统根据作业速度对沥青泵和布料辐转速进行调节。因此，作业速度测量的准确性将会直接影响到作业精度。传统测速方法是通过测量车辆传动轴转速或是驱动轮转速来进行换算的。此方法无法消除车辆滑动率（地面条件和承载质量）、动力半径（轮胎气压、气温、轮胎磨损程度）等参数对作业速度的影响。雷达测速技术使得测量精度不仅可以满足同步碎石封层机控制系统要求，而且可以消除车辆滑移率和动力半径等因素造成的影响。

测速雷达输出为一系列频率与作业速度成正比的脉冲信号，该脉冲信号经控制器处理后可进行作业速度计算。为保证作业速度测量的精度，采用基于多倍周期法设计作业速度计算方法，通过测量多个车速脉冲周期来计算作业速度。用该方法测量的误差无论是低频还是高频信号都只有时钟频率的计数误差。

4.液压系统

（1）结构。同步碎石封层机液压系统主要液压执行元件包括：

①沥青泵驱动液压马达。该马达用来驱动沥青泵泵出适量沥青，其转速能够通过比例调速阀进行调节，以适应车速变化时沥青撒布作业的要求。

②导热油泵驱动液压马达。该马达用来驱动导热油泵，使导热油在加热管路内循环，保持作业过程中沥青温度不发生改变。速度精度要求低，无须调节。

③布料辊驱动液压马达。该马达用来驱动布料辊旋转，均布石料。精度要求高，但不需要适时调节。

④其他执行元件。石料斗举升油缸、石料门开度调节油缸、车身调平油缸、撒布杆伸展马达、撒布杆提升油缸和撒布杆侧移油缸等执行元件仅在作业开始前和作业结束后动作，作业过程中不做调节。

同步碎石封层机的液压系统与沥青撒布机的液压系统相类似。但是，由于石料斗举升油缸的容积大（约 52L），为了获得较快的提升速度，需要配备排量较大的液压泵，而布料辊驱动液压马达和导热油泵驱动液压马达所需的流量相对较小。若采用如沥青撒布机液压系统的设计，即沥青泵采用闭式回路驱动，很难在石料斗的快速举升和液压系统驱动之间取得平衡。所有的执行机构用 1 台带远程恒压控制功能的负载敏感泵驱动，负载敏感泵的排量能够根据系统流量需要和远程调压阀设定压力，自动实现排量调节，始终保持泵的出口压力在调压阀的调定压力点。液压马达转速和液压缸的速度通过节流调速阀进行控制，负载只会对节流调速阀的出口压力产生影响，不会影响到节流阀的入口压力。通过设立两个不同的工作点，以满足不同作业的需要。

（2）性能分析。同步碎石封层机液压系统的两个重要指标是：沥青泵的转速控制精度和液压系统的效率。

为了提高沥青泵转速的稳定性，为沥青泵驱动液压马达的调速阀配置了压力补偿器。压力补偿器可以将调速阀两端的压力差控制在一定值。在正常工作范围内，无论负载压力如何变化，均不会对流经调速阀的流量造成影响，整个调速系统始终保持均一的调速精度。此外，由于该系统中负载敏感泵是作为远程恒压泵来使用的，压力补偿器的引入，对于提高液压系统的工作稳定性具有重要意义。

第三节　公路水泥混凝土路面机械化施工管理

一、水泥混凝土路面面层分类及常用材料

（一）水泥混凝土路面面层的分类

水泥混凝土路面通常是指水泥与水拌和而成的水泥浆作为结合料，以碎（砾）石、砂为集料，再添加适当的外加剂，有时掺加掺和料拌制成的混凝土铺筑面层路面。它包括普通混凝土路面、钢筋混凝土路面、连续配筋混凝土路面、组合式（双层式）混凝土路面、钢纤维混凝土路面、水泥混凝土预制块铺砌路面、碾压混凝土路面。目前采用最广泛的是就地浇筑的普通混凝土路面，简称"混凝土路面"，也称为"刚性路面"。

1.普通混凝土路面

普通混凝土路面是指除接缝区和局部范围（边缘和角隅）外，面层内均不配置钢筋的混凝土路面。与沥青路面类型路面相比，普通混凝土路面具有强度高、稳定性好、耐久性好、有利于夜间行车等优点，但也存在大量的接缝施工、开放交通较迟、修复困难等缺点。

混凝土面层是由一定厚度的混凝土板所组成，它具有热胀冷缩的性质，因此需要设置横向接缝（横向缩缝、胀缝、施工缝）和纵向接缝。横向接缝是垂直于行车方向的接缝，间距一般为 4~6m（即板长）。纵向接缝是指平行于混凝土路面行车方向的接缝，间距为 3.0~4.5m。

水泥混凝土的弹性模量为 $25 \times 103 \sim 40 \times 103$ MPa。它属于脆性材料，抗弯拉强度比抗压强度低得多。为使水泥混凝土路面能够经受车轮荷载的多次重复作用，抵抗温度翘曲应力，并对地基变形有较强的适应能力，混凝土面板必须具有足够的抗弯拉强度和厚度。

2.钢筋混凝土路面

当混凝土板的平面尺寸较大，或者预计路基或基层有可能产生不均匀沉降，或者板下埋设有地下设施等情况时，宜采用钢筋混凝土路面。

钢筋混凝土路面是指板内配置有纵横向钢筋（或钢丝）网的混凝土路面。设置钢筋

网的主要目的，是控制裂缝缝隙的张开量，把开裂的板拉在一起，使板依靠断裂面上的集料嵌锁作用而保证结构强度，并非增加板的抗弯强度。因而，钢筋混凝土面层所需的厚度与素（无筋）混凝土面层厚度相同。配筋是按混凝土收缩时将板块拉在一起所需的拉力确定。最大的拉应力出现在板中央开裂时，它等于由该处到最近的板边缘范围内面层和基层之间的摩阻力。

为使板内应力尽可能分散，宜采用小直径钢筋。纵横向钢筋宜采用相同直径。网筋的最小间距应为集料最大粒径的 2 倍。钢筋的搭接长度，根据经验，宜为直径的 24 倍以上。由于钢筋的主要作用是使裂缝密闭，它在板内的竖向位置并不太重要，只要有足够的保护层以防锈蚀即可。通常设在顶面下 1/3～1/2 板厚范围内。外侧钢筋中心到接缝或自由边的距离为 0.1m。

钢筋混凝土板的缩缝间距（即板长）一般为 13～22m，最大不宜超过 30m。缩缝内必须设置传力杆。其他接缝构造与素混凝土路面相同。

3.连续配筋混凝土路面

连续配筋混凝土路面的特点是一般不设横缝（施工缝和特定情况下必设的胀缝除外）且配筋量很大的混凝土面层。这种面层会在温度和湿度变化引起的内应力作用下产生许多横向裂缝，裂缝的间距为 1.0～3.0m，缝隙的平均宽度为 0.2～0.5mm。但是，由于配置了许多纵向连续钢筋，这些横向裂缝不至于张开而使杂物侵入或使混凝土剥落，因而不会影响行车的使用品质。

确定纵向钢筋用量的控制因素是裂缝缝隙的宽度，缝隙过宽易使杂物和水侵入。配筋量多，可使缝隙宽度和间距减小。由于缝隙间距同缝隙宽度有直接关联，钢筋用量可按规定的裂缝间距来确定。虽然有好几种理论公式可用以计算钢筋用量，但通常都是根据经验确定，一般认为保持裂缝完整无损所需配筋量为混凝土板断面积的 0.6%～0.8%。在美国一般气候区最小钢筋用量取 0.6%，在寒冷地区取 0.7%。钢筋间距最小为 0.1m，最大为 0.23m。钢筋直径应按规定选用。钢筋的埋置深度，在顶面下 1/3～1/2 板厚范围内。搭接长度至少 0.5m 或钢筋直径的 30 倍，所有搭接均需错开。

横向钢筋的用量很小，其配筋率约为纵向钢筋的 1/5～1/10，主要目的是保持纵向钢筋的间距，纵横向钢筋均需采用螺纹钢筋，以保证混凝土和钢筋之间具有足够的握裹力。

连续配筋混凝土板内的钢筋并非按承受荷载应力进行设计的。因此，它的厚度仍可采用无筋混凝土路面板的计算方法确定。由于不考虑温度应力的组合，可适当降低厚度，例如，按无筋混凝土面板计算厚度的 85%～90%取用。

连续配筋混凝土面层在浇筑中断时需设置施工缝。施工缝采取平缝形式，并用长度为1m的拉杆增强。拉杆的直径与间距同纵向钢筋，以使施工缝两侧的混凝土板块加固成连续的整体。

由于连续配筋的混凝土路面没有接缝（施工缝除外），所以，在长板的端部、桥头连接处，或者与其他路面纵向道路连接处都要设置胀缝，以便为混凝土的膨胀留有余地。

4.组合式（双层式）混凝土路面

新建道路的混凝土面板一般按单层式建造，只有当缺乏品质良好的材料时，才考虑采用双层式混凝土路面板，即利用当地品质较差的材料修筑板的下层，而用品质较好的材料铺筑板的上层，以降低造价。在改建旧混凝土路面时，有时在其上加铺一层新混凝土面层，这样也形成双层式混凝土路面结构。根据双层混凝土路面上下层板之间结合程度的不同，有结合式、分离式和部分结合式三种形式。

（1）结合式。上下层混凝土板牢固结合成为一整体，新建路面时，上下层混凝土连续施工，即可做成结合式。改建路面时，将下层板表面凿毛、洗净晾干，并喷刷高等级水泥浆（水灰比为0.4～0.5）或环氧树脂等黏结剂，随即浇筑新混凝土面层。对于这种结合形式，下层板的裂缝和接缝将会反射到上层板内，因此要求上下层板的接缝必须对齐，并采用同样的接缝形式和缝隙宽度，这种结合形式适用于下层板完整无裂缝或虽有一些裂缝但不再发展的情况。支立模板时，可采用混凝土块顶撑或利用旧路面板的接缝钻孔插入钢钎固定的方法。

（2）分离式。上下层混凝土板之间铺以厚1～2cm以上的沥青砂或双层油毡作为隔离材料，以达到分离的目的。这种分离措施，可防止下层板的裂缝和接缝反射到上层板内。因此分离式双层混凝土路面板不要求上下层板的接缝对齐。当下层板严重破碎时，也可采用这种形式。新铺混凝土面层的厚度不宜小于12cm。施工立模时可采用穿孔插钎固定模板，也可采用预制混凝土块顶撑模板的方法固定模板。

（3）部分结合式。改建路面时，先对原有混凝土板表面进行清理后再浇筑上层板。由于上下层板之间存在部分结合，下层板的裂缝与接缝通常仍会反射到上层板内，所以上下层板的接缝位置应相同，但其形式和宽度不要求完全相同。旧面层的结构损坏不太严重并已经修复时，可采用这种结合形式。

5.钢纤维混凝土路面

钢纤维混凝土路面是在混凝土中掺入一些低碳钢、不锈钢或玻璃钢的纤维，使其成为一种均匀而多向配筋的混凝土。试验表明，钢纤维与混凝土的握裹力高达4MPa。施工时一般在混凝土中掺入 1.5%～2.0%（体积比）的钢纤维，过多则混凝土和易性不好。钢纤维长度宜为 25～60mm，直径为 0.25～1.25mm，过长则与混凝土拌和易成团，过短则混凝土强度增高不多，钢纤维混凝土路面的抗疲劳强度、抗冲击能力和防止裂缝的能力比普通混凝土路面要好得多。同时钢纤维混凝土路面厚度可以减薄 30%～50%，雨缩缝间距可以增至 15～30m，胀缝和纵缝可以不设。

作为一种新型的路面材料，钢纤维混凝土路面具有广泛的发展前途，它具有薄板、少缝、使用寿命长、养护费用少等特点，特别是作为旧混凝土路面的罩面尤为适宜。

6.水泥混凝土预制块铺砌路面

块料由高强水泥混凝土材料预制而成，抗压强度约为 60MPa，水泥含量为 350～380kg/m³，水灰比为 0.35，最大集料尺寸为 8～16mm，块料承受磨耗的面积一般小于 0.03m²，厚度至少 6cm，形状有矩形、嵌锁形（不规则形状）两类。这种路面结构由面层、砂整平层和基层组成，基层类型同普通混凝土路面。

水泥混凝土预制结构简单，价格低廉，能承受的单位压力，出现较大变形也不会破坏块料，便于修复，因此，比较广泛地用于铺筑人行道、停车场、堆场（特别是集装箱码头堆场）、街区道路、次要道路、一般公路的路面等。

7.碾压混凝土路面

碾压混凝土是一种含水率低，通过振动碾压施工工艺达到高密度、高强度的水泥混凝土。碾压混凝土路面与普通水泥混凝土路面相比能节省大量的水泥，且施工速度快，养生时间短，强度高，具有很好的社会经济效益。

根据我国碾压混凝土路面的施工水平，全厚式碾压混凝土路面的平整度难以达到规定的要求。国外也没有直接用作车辆高速行驶的路面面层。因此，碾压混凝土路面一般适用于二级及其以下等级的公路。

碾压混凝土的集料最大粒径以 20mm 为宜。当碾压混凝土分两层摊铺时，其下层集料最大粒径可采用 40mm。

（二）常用材料的要求

水泥混凝土的基本组成材料有水泥、水、粗集料、细集料、外加剂和矿物掺和料六种。水泥混凝土质量的好坏，除了配合比和搅拌质量外，与原材料的质量和技术指标有很大关系，因此施工前和施工中，严格科学地选择或生产符合质量的原材料，是铺筑优质水泥混凝土路面的前提。

1.水泥

水泥是混凝土的胶结材料。混凝土所用水泥的好坏直接影响混凝土路面抗折强度、疲劳强度、体积稳定性和耐久性等关键性能指标。并非任何水泥都可用于铺筑水泥混凝土路面，选用水泥时，要根据不同的路面等级和交通量要求，选择不同的水泥。

采用机械化施工时，应优先选用散装水泥，散装水泥供应不上时，可选用吨包袋装和大袋水泥。工程规模小时，采用小型机具施工，可用袋装水泥。为降低水化反应速度防止温差开裂，散装水泥的夏季出厂温度，南方不宜高于 65℃，北方不宜高于 55℃。拌和时水泥温度，南方不高于 60℃，北方不高于 50℃，同时为保证水泥尽快达到抗冻临界强度和便于抗滑构造制作和养生等工序的进行，水泥的温度不宜低于 10℃。

2.粉煤灰和其他掺和料

水泥混凝土中使用的掺和料主要有粉煤灰、硅灰和磨细矿渣。

（1）粉煤灰

粉煤灰是煤粉燃烧后收集到的灰粒，其主要成分是活性氧化硅和氧化铝。研究表明，粉煤灰渗入混凝土后，不仅可节约水泥，而且能与水泥长短互补，充当混凝土的减水剂释水剂、增塑剂等一系列复合功能，具有明显的技术、经济效益。

（2）硅灰

硅灰是从冶煤金属硅或硅铁合金的烟道中收集到的极细高水硬活性硅质灰粉，其细度比水泥高 1～2 个数量级，密度很小，单位质量体积很大。

硅灰在公路路面使用时，主要用于高强与超高强混凝土。使用时，由于需水量很高，必须与高效减少剂或超塑化剂共同掺用，在一般施工条件下要求缓凝，应使用高效缓凝剂。

（3）矿渣

矿渣是从冶铁高炉排出，给高温水淬处理后的炉渣，经与水泥相同工序磨细后得到的超细矿渣，由于本身具有自硬化能力，水化反应速度快，因此，一般用于制高强混凝土。

硅灰和矿渣在使用前应经过试配检验，确保路面和桥面混凝土弯拉强度、工作性、抗磨性、抗冻性等技术指标合格。

3.粗集料

粗集料是混凝土中大于 5mm 的碎石、砾石和碎砾石。

为保证混凝土高强度和密度，节约水泥，要求集料组成的矿物质要有良好的级配，级配分为连续级配和间断级配，连续级配的优点是配制的混凝土较密实，具有良好工作性，不易离析；间断级配的优点是同强度混凝土水泥用量小，但易产生离析，需强力振捣。

混凝土的粗集料不得使用不分级配的流料，应按最大粒径分级进行掺配。碎石最大粒径不应大于 31.5mm，砾石不大于 19mm，碎砾石不大于 26.5mm，小于 75μm 的矿粉不大于 1%。

粗集料按技术指标分为I、II、III级。二级以上公路及有抗（盐）冻要求的其他公路混凝土路面粗集料应不低于II级，无抗（盐）冻要求的其他公路混凝土路面，碾压混凝土及贫混凝土基层可用III级粗集料，有抗冻（盐）要求时，吸水率：I级不应大于 1%，II级不大于 2%，对于要求抗压的混凝土结构，I级一般用于强度大于 C60 的混凝土；II级用于介于 C30 与 C60 及有抗冻、抗渗或其他要求的混凝土；III级用于小于 C30 的混凝土。

4.细集料

混凝土的细集料是指粒径小于 5mm 的天然砂、机制砂或混合砂。

优质的混凝土用砂要具有高的密度和小的比面积，从而达到混凝土既有较好的和易性及硬化后有一定的强度和耐久性，又达到节约水泥的目的。

砂的级配，应与粗集料级配组成的矿质混合料一齐考虑。施工中，混凝土同一配合比用砂的细度模数变化范围不应超过 0.3，否则应调整配合比砂率。

细集料按其技术指标分为三级，二级以上公路及有抗冻（盐）要求的三、四级路面应使用不低于II级的砂，无抗（盐）冻要求的三、四级公路路面及贫混凝土基层可用III级砂。

5.水

饮用水可直接使用，对水质有疑问时，检验其硫酸盐含量、含盐量、pH 值，以及是否含油污、泥和其他有害杂质，检验合格方可使用。

6.外加剂

混凝土外加剂是在拌和混凝土时掺入，用以改善混凝土性质的物质，在混凝土路面修筑中，常用外加剂主要有三种：减水剂或塑化剂；缓凝剂、速凝剂和早强剂；引气剂。减水剂主要是在混凝土坍落度不变时，能减少拌和用水；缓凝剂、速凝剂是在不影响混凝土的物理力学性质条件下，调和混凝土凝结时间的外加剂；引气剂是改善混凝土和易性，减少泌水和离析，提高混凝土抗冻、抗渗和抗蚀等性能的外加剂。

7.接缝材料

接缝材料按使用性能分胀缝接缝板和接缝填缝料两类。接缝板要求能适应混凝土面板的膨胀与收缩，且施工时不变形、耐久性良好。填缝料要求能与混凝土面板缝壁黏结力强，且材料的回弹性好，能适应混凝土面板的膨胀与收缩、不溶于水、不渗水、高温时不溢出、低温时不脆裂和耐久性好。

胀缝接缝板应选用能适应混凝土板膨胀收缩、施工时不变形、复原率高和耐久性好的材料。高速公路和一级公路宜选用泡沫橡胶板、沥青纤维板，其他等级公路也可选用木材类或纤维类板。

接缝填料应选用与混凝土接缝槽壁黏结力强、回弹性好、适应混凝土板收缩、不溶于水、不渗水、高温时不流淌、低温时不脆裂、耐老化的材料。常用的填缝材料有聚氨酯焦油类、氯丁橡胶类、乳化沥青类、聚氯乙烯胶泥、沥青橡胶类、沥青玛蹄脂及橡胶嵌缝条。

二、水泥混凝土路面的施工方法

（一）水泥混凝土路面施工方式选择

施工技术直接影响水泥混凝土路面质量，而其关键是路面混凝土摊铺的机械和技术。路面机械化施工，不仅可提高施工速度和施工质量，而且还可降低工程造价。目前，常见的大型摊铺设备有滑模摊铺机和轨道摊铺机，由于我国各地经济发展水平各不相同，大型摊铺设备前期投资较大，因此在混凝土施工中还大量存在小型机具施工和三辊轴机组施工。

水泥混凝土路面的施工方法主要有小型机具施工、三辊轴施工、轨道摊铺施工、碾压混凝土施工、滑模摊铺机施工。无论采用何种施工方式，施工前都要做好准备工作，它是保证施工顺利进行和施工质量的前提。其施工方式准备工作主要有以下几个方面：

（1）编制好施工组织设计，建立健全全面质量管理体系。

（2）现场清理和水电供应、施工道路、拌和站建设、办公生活用房等辅助设施建设。

（3）原材料的准备和性能检验以及混凝土配合比检验调整。

（4）对基层的平整度、压实度、高程、横坡等指标进行检查和处理修整，并洒水湿润。

（5）严格按照要求安装模板。

（二）水泥混凝土路面常用的施工方法

1.小型机具施工

由于施工需要，虽然小型机具施工速度慢，人为影响质量较大，但目前仍然得到广泛应用，尤其是在二级以下公路建设中，仍占很大比例。

水泥混凝土小型机具施工主要有以下工序：测量放样—安装模板—架设传力杆和拉杆—拌和物搅拌和运输—摊铺成型—表面修整—抗滑构造制作—接缝施工—养生。小型机具施工主要机械设备有：配备自动质量计量设备的间歇式搅拌的强制式搅拌机，一般选用双卧轴式；插入式振捣棒、平板振动器和振动梁等振捣工具；提浆滚杆、叶片式或圆盘式抹面机、3m 刮尺和抹刀等整平抹面工具；拉毛机、工作桥、硬刻槽机等抗滑构造设备以及运输车辆。小型机具选型和配套时应根据工程规模、质量要求和工期等要求进行合理配置。

小型机具铺筑水泥混凝土路面，在摊铺前一定做好检查准备工作，施工现场应有专人指挥卸料，拌和物应分布成均匀的小堆，以方便摊铺，若拌和物有离析，应用铁锹翻拌均匀，严禁加水，用铁锹送料，应用锹反扣，严禁抛掷和搂耙。面板厚度在 22cm 以下，可一次摊铺，若超过 22cm，应分层摊铺，人工摊铺拌和物的坍落度应控制为 5～20mm。拌和物松铺系数应通过现场试验确定，一般控制为 1.10～1.25，料偏干取较高值，反之取较小值。

拌和物摊铺均匀后，应采用插入式振捣棒、平板振动器和振动梁配合进行振捣成型，这是保证混凝土路面质量的关键。在每个车道上，每 2m 应配备两根振捣棒。振捣时，先用振捣棒按梅花桩位置交错振捣，每次振捣不应少于 30s，以拌和物不再冒气泡和泛出水泥浆，并停止下沉为止。振动棒移动间距应不大于 50cm，离板边缘应不大于 20cm，并避免和模板、钢筋、传力杆、拉杆碰撞，在边角位置应特别注意，仔细加以振捣。

插入振捣棒振捣后，用振动板全面振实，每车道配 1 块振动板，纵横交错振捣两遍，振动板移位时，应重叠 10～20cm，在每一位置振动时间应以振动板底部和边缘泛浆厚度为（3±1）mm 为限，时间不少于 15s，注意不能过振。然后，用振动梁进一步振实整平提浆，振动梁应垂直路面中线，沿纵向拖行，往返 2～3 遍，使表面泛浆均匀平整，振动梁应具有足够的刚度和质量，底部应焊接或安装深度 4mm 左右的粗集料压实齿，每个车道上应配备一根具有两个振动器的振动梁。

在振捣过程中，应随时进行人工找平，找平中所用拌和物应用同一批次的拌和物，严禁使用砂浆，还应随时检查模板、拉杆、传力杆、钢筋网位置，出现问题及时调整。

采用两次摊铺时，两层摊铺间隔时间应尽量短，上层振捣必须在下层初凝前完成。

振实作业完成后，可通过滚杆、抹面机或大木抹进行整平，整平时先用滚杆提浆整平，每车道配备一根滚杆，整平时第一遍应短距离缓慢一进一退拖滚式推滚，以后要长距离匀速拖滚两遍，并将水泥砂浆始终保持在滚杆前方。

拖滚后，用 3m 刮尺纵横各一遍整平饰面或采用抹面机往返 2～3 遍压浆并整平抹面。使用抹面机时，每车道应配备至少一台。抹面机完成作业后，应进行清边整缝，清除黏浆，修补缺边、掉角，清除抹面留下的痕迹，并用 3m 刮尺，纵横各一遍精平饰面，精平饰面后，平整度要达到规定要求。

2.三辊轴机组摊铺技术

三辊轴机组是介于小型机具施工和摊铺机施工之间的一种中型施工设备，比之摊铺机成本低，适应性强，操作简单方便，能达到较高的平整度，自 20 世纪 90 年代以来，在我国得到广泛应用。

三辊轴机组施工工艺流程以及机械布置顺序为：测量放样—安装模板—拌和物拌和与运输—布料机具布料—排式振捣机振捣—拉杆安装机安装拉杆—人工找补—三辊轴整平（真空脱水）—精平饰面—抗滑构造制作—接缝施工—养生—硬刻槽—填缝。

三辊轴机组施工的摊铺能力不是很强，因此要特别注意布料的均匀性、准确控制布料高度，要有专人指挥车辆均匀卸料，布料可用人工也可用装载机或挖掘机布料。人工布料时，应使用排式振捣机前方的螺旋布料器辅助控制松铺厚度，在坍落度为 10～40mm 的拌和物松铺系数应取 1.12～1.25，坍落度大时取低值，坍落度小时取高值。超高路段和有横坡路段，摊铺应考虑横坡影响，松铺系数横坡高侧取高值，低则取低值。

当混凝土摊铺长度超过 10m 时，应立即进行振捣密实。振捣时，每次移动距离不宜超过振捣棒有效半径的 1.5 倍，且不得大于 50cm，振捣时间一般为 15～30s，以拌和物中粗集料停止下沉表面不再冒泡，并泛出水泥浆为准。注意不能过振，振捣中，排式振捣机应均匀缓慢不间断地前进。

面板振实后，应立即安装拉杆，单车道施工时，应在侧模预留孔中按设计要求在板厚度中间插入钢筋拉杆，双车道摊铺施工时，除在侧模插入拉杆外，还要使用拉杆插入机在中间纵缝部位按设计要求插入钢筋拉杆，插入拉杆后立即振捣拌和物，以使拌和物充分包裹拉杆。

混凝土拌和物振捣后，工作性损失较快，若布料长度较短就开始振动，三辊轴整平机不能立刻跟上施工，两道工序间隔时间较长，会使拌和物工作性损失较高，造成以后施工较困难，因此应在布料达到一个作业单位长度才开始振实，并紧跟三辊轴整平机进行整平，两道工序间隔时间不宜大于 10min.

三辊轴整平机作业长度一般为 20～30m。在一个作业长度内，三辊轴机应采用前进振动、后退静滚的方式作业，其作业遍数一般为 2～3 遍，不得超过 3 遍。振动时，调整好振动轴的高度，与模板顶面留 2mm 间隙，振动轴只能打击削平拌和物表面。由于三辊轴机自重较大，施工中要随时注意观察模板情况，出现问题立即纠正。

振动滚压完成后，将振动辊轴抬离模板，用整平轴前后静滚整平，静滚遍数要足够多，一般为4～8遍，直到平整度符合要求，表面砂浆厚度和水灰比均匀为止。最终表面砂浆厚度应控制在（4±1）mm内。三辊轴整平机前方表面过厚过稀的砂浆必须刮除丢弃，以改善表面的抗滑性及耐磨性。

三辊轴整平机作业期间，恰好处于混凝土向上泌水过程中，表面砂浆水灰比及流动性增大，容易影响路面质量，为增强表面耐磨性，改善平整度，也可采用两台三辊轴整平机联合作业，中间增加真空脱水作业。

三辊轴整平机基本整平路面后，应立即采用3～5m刮尺进行饰面。刮尺应纵向摆放，横向推拉，速度要均匀，每次推拉要一次完成，不停顿，并调整好刮刀与路面的接触角度。

待表面泌水蒸发消失后，再使用刮板或抹刀进行1～2遍收浆饰面抹光，经过抹光处理后，再进行抗滑构造施工，可明显提高表面耐磨性，收浆饰面应在泌水蒸发消失、混凝土表面还能够压实但不留下明显浆印时进行。

3.轨道摊铺机技术

轨道式施工是指在基层上铺设两条轨道板，作为路面侧向支撑和路形定位模板，顶部作为路面表面基准，施工机械行驶在轨道上进行布料，振动密实，成型、修整和拉毛，养生的混凝土路面施工法。

轨道摊铺施工的工艺流程为：混凝土搅拌—人工支模板—架设拉杆—布料—振捣—表面修整—接缝施工—抗滑构造制作—养护—锯缝填缝—路面性能检测—竣工验收—开放交通等。

轨道摊铺机施工是在使用轨道和模板合一的专用机模上进行摊铺，其模板要求较高，一般其单根长度为3m，底面宽度为高度的80%，轨道顶面应高于模板2～4cm，轨道中心至模板内侧边缘距离一般为12.5cm。

轨道用螺栓和垫层固定在模板支座上，模板用钢钎固定在基层上，安装后应对照摊铺厚度进行调整检测，并在模板内涂刷脱模剂和隔离剂，接头应黏胶带或塑料薄膜密封。

轨道准备的数量应根据施工进度和施工气温，并满足拆模周期需要而定，一般不少于3～5d需要。

平缝要设置拉杆时，应根据设计要求，预先在轨模上制作拉杆孔，以便施工时插入，也可和传力杆一样，采用门形式固定在基层上。

轨道摊铺机是通过卸料机将混凝土倾卸在基层上或料箱内，然后按摊铺厚度均匀分布在模板内,其布料方式有螺旋布料器布料、刮板布料和料箱布料,布料松铺系数应根据拌和物实测坍落度控制在 1.15～1.30。

使用螺旋布料器和刮板布料时,卸在铺筑宽度中间的拌和物不得过高、过大,也不得缺料,螺旋布料器前拌和物应保持在面板以上 10cm 左右。

箱式布料一般应用在摊铺钢筋混凝土路面和有裸露粗集料的抗滑表层路面,其装料时应关闭料斗出料口,运到布料位置时,轻轻打开出料口,待拌和物堆成"堤状",再左右移动料斗布料。

轨道施工振捣一般采用振捣棒组和振动板或振动梁振捣修整,振捣棒组振捣方式有斜插连续拖行和间歇式垂直插入两种。当面板厚度超过 150mm,坍落度小于 30mm 时,必须采用插入振捣;连续拖行振捣时,其作业速度应控制为 0.5～1.0m/min,间歇式振捣时,其移动距离一般不大于 50cm。振捣棒组振捣后,应及时采用振动板或振动梁对混凝土表面进行振捣整平,使用振动梁时,其频率应控制为 50～100Hz,偏心轴转速调至 2 500～3 000r/min。一般情况下,经振捣棒组振实的混凝土,应使用振动板提浆,并密实饰面,其提浆厚度控制在(4±1)mm 内。

振捣后应及时整平和精光,可采用抹平板和往复式滚筒,使用往复式滚筒整平时,其前面混凝土堆积物应涌向横坡高的一侧,保证路面横坡高的一端有足够料,在整平过程中要及时清理路面边缘余料,以保证整平精度和机械顺利作业。

整平后要及时精平饰面,其施工要求同三辊轴施工方式。

路面摊铺后,拆卸轨道模板应根据不同气温条件、混凝土抗压强度达到 8MPa 以上方可进行,缺乏强度实测数据时,边侧模板允许最早拆模时间应符合《公路水泥混凝土路面施工技术规范》(JTGF30—2003)的规定,拆除的模板应及时清理。

4.碾压混凝土路面施工

碾压混凝土施工技术是利用沥青混凝土摊铺机铺筑碾压混凝土的施工方法,一般施工流程为:碾压混凝土拌和—运输—卸入沥青摊铺机—沥青摊铺机摊铺—打入拉杆—钢轮压路机初压—振动压路机复压—轮胎压路机终压—抗滑构造处理—养生—灌切缝—灌缝。配置的主要机械设备有沥青摊铺机、静力式光轮压路机、振动压路机、轮胎压路机和其他一些辅助设备。

基准线是碾压混凝土施工的生命线,在施工前要完成基准线的设置,单根基准线一般不超过 450m,基准线设置宽度除应保证摊铺外,还应满足两侧 650～1 000mm 横向支距的要求,基准线桩在直线段一般间距为 10m,曲线段要加密设置,但间距不能小于 2.5m。

固定线桩时，应保证夹线臂到基层距离为450～750mm，设置好后应以不小于1 000N的拉力对基准线进行张拉。

碾压混凝土摊铺前应先洒水湿润基层，摊铺速度要均匀、连续，不要随意变换速度或停顿，一般控制在0.6～1.0m/min范围内。

碾压混凝土路面摊铺时的松铺系数应根据混凝土配合比、施工机械由试铺决定。摊铺布料时应使螺旋布料器转速和摊铺速度相适应，防止两边缘料不足。在摊铺到弯道时，应及时调整左、右两侧分料器的转速，防止两侧供料不均衡。在摊铺中，应同时设置拉杆，设置拉杆通过设醒目定位标记保证拉杆准确打入。

摊铺完成后，应立即对混凝土表面进行检查，修补缺陷，局部缺料应及时补上，粗集料集中部位采用湿筛砂浆进行弥补。

当摊铺长度超过30m即可进行碾压，一般碾压作业段长度为30～40m。碾压按初压、复压、终压三个阶段进行，碾压时，在直线段应按从外侧向路中心碾压；在平曲线有超高路段，由低侧向高侧，由内向外碾压。

初压一般要用钢轮压路机或振动压路机静压，相邻碾压带应重叠1/3～1/2碾压宽度。在复压过程中应禁止振动压路机中途急停、急拐、紧急起步和快速倒车，要缓慢柔顺。复压要使混凝土达到规定压实度为止，一般为2～6遍。

终压采用轮胎压路机静压，终压遍数应以弥合表面微裂纹和消除轮迹为标准，初压、复压、终压作业要紧密相连，环环相扣，一气呵成，中间不停顿，相互间也不得干扰。

碾压混凝土横向施工缝和其他方法相比较为特殊，呈"台阶状"。目的是便于插入传力杆和接头处碾压密实。其方式是：在施工终点处设纵向斜坡，碾压结束后将不合格部位切除，第二天摊铺开始时，后退15～20cm，切割施工缝，深度为8～10cm，并将切缝外混凝土刨除形成台阶，然后涂刷水泥浆，继续连接摊铺新路面，硬化后切施工缝。

5.滑模摊铺机施工

施工技术直接影响水泥混凝土路面的使用性能，而其关键是水泥混凝土路面摊铺机械和技术。目前我国水泥混凝土路面发展迅速，且交通运输向大型重载高速发展，这些都要求加快施工速度，提高施工质量，降低工程造价。因此，客观上要求在水泥混凝土路面施工中采用滑模施工等机械化施工。

滑模施工是一种采用滑模摊铺机摊铺水泥混凝土路面的机械化施工工艺方式，其特征是不架设边缘固定模板，将布料、松方控制、高频振捣棒组、挤压成型滑动模板、拉杆插入、抹面等机构安装在一台可自行的机械上，通过基准线控制，能够一遍摊铺出密实度高、动态平整度优良、外观几何形状准确的水泥混凝土路面。滑模摊铺机1963年诞生于比利时，我国在1986年首次引用。到现在，其机械设计、施工技术和管理日益成熟。滑模摊铺机自动化程度高，不但提高摊铺质量和施工效率，节省工程投资，还提升了公路行业技术水平。

滑模施工与其他施工技术相比具有以下特点：

（1）滑模摊铺机有密集排列均匀配制的振捣棒，振动强度高、振动速度大。对水泥的活性有很大激发作用，使水泥的水化反应程度加深。试验表明，滑模施工的水泥混凝土路面比人工施工的抗折强度高10%～15%。

（2）滑模摊铺机吨位大，有自重50%～70%的挤压力作用于振捣过的混凝土路面，由于具备强大的挤压成形和进一步密实作用，因而滑模摊铺施工的水泥混凝土路面外观尺寸误差小、密实度高、抗折强度保证率高。

（3）节约材料和人工费用。由于滑模摊铺不需架设模板，无模板及其损耗，且因自动化程度高，需辅助生产的劳动力比其他施工方式少得多，其生产率是人工施工的5～10倍。

（4）生产效率高，摊铺速度快。目前，国内日施工最快可达15 300m²（8.5m宽、26cm厚路面），正常情况下，可施工8 500m²。

（5）水泥混凝土配料精度和均匀稳定性极高。由于滑模摊铺混凝土速度快，必须使用数台大型混凝土搅拌楼生产混凝土配合，大型搅拌楼计量精度和自动化程度较高，从而极大地提高水泥混凝土拌和物的精度。

（6）自动化程度高。滑模摊铺机具有自动防差错系统、自动故障报警系统、自动学习系统、自动设置路线弯道参数等高技术计算机操作系统，是目前筑路机械设备中高新技术应用最充分的先进路面施工装备之一。

随着滑模摊铺施工的逐步推广，必能极大地提高我国水泥混凝土摊铺效率，提高水泥混凝土路面质量，充分发挥水泥混凝土路面的优势。

三、水泥混凝土拌和物的搅拌与运输

（一）水泥混凝土拌和物的搅拌

1.搅拌设备

（1）总拌和生产能力要求

采用滑模、轨道、碾压、三辊轴机组摊铺时，搅拌场配置的混凝土总拌和生产能力要适量，并按总拌和能力确定搅拌楼数量和型号。

间歇式搅拌楼搅拌精确度高于连续式搅拌楼，弃料少，宜优先选配间歇搅拌楼。强制双卧轴或行星立轴是搅拌效果最好的机型。自落式小滚筒搅拌机体积计量不准，加水量易失控，导致强度失控，混凝土拌和物质量和匀质性无法保证，采用这种方式铺筑的路面表面砂浆和水泥浆的聚积程度不同，表面色泽不均匀。每台搅拌楼应配齐自动供料、称量、计量、砂石料含水率反馈控制、外加剂加入装置和计算机自控所需的各种内置设备。

（2）搅拌场最小生产容量

搅拌楼最小生产容量应满足标准规定。一般可配备 2～3 台搅拌楼，最多不宜超过 4 台，搅拌楼的规格和品牌尽可能统一。

每台搅拌楼应配齐自动供料、称量、计量、砂石料含水率反馈控制、外加剂加入装置和计算机自控所需的各种内置设备。同时还应配齐生产所需的各种外置设备，包括 3～4 个砂石料仓，1～2 个外加剂池，3～4 个水泥及粉煤灰罐仓。使用袋装水泥时应配备拆包和水泥输送设备。搅拌场应配备适量装载机或推土机供应砂石料。

2.拌和技术要求

（1）搅拌楼的标定和校验

每台搅拌楼在投入生产前，必须进行标定和试拌。在标定有效期满或搅拌楼搬迁安装后，均应重新标定。施工中应每 15d 校验一次搅拌楼计量精确度。搅拌楼配料计量偏差不得超过规定。不满足时，应分析原因，排除故障，确保拌和计量精确度。采用计算机自动控制系统的搅拌楼时，应使用自动配料生产，并按需要打印每天（周、旬、月）对应路面摊铺桩号的混凝土配料统计数据及偏差。定期测定集料含水率，并进行混凝土的配合比调整。

（2）拌和时间

应根据拌和物的黏聚性、均质性及强度稳定性试拌确定最佳拌和时间。一般情况下，单立轴式搅拌机总拌和时间宜为 80～120s，全部原材料到齐后的最短纯拌和时间不宜短于 40s；行星立轴和双卧轴式搅拌机总拌和时间为 60～90s，最短纯拌和时间不宜短于 35s；连续双卧轴搅拌楼的最短拌和时间不宜短于 40s。为保证搅拌楼产量，最长总拌和时间不应超过高限值的 2 倍。

（3）砂石料拌和要求

混凝土拌和过程中，不得使用沥水、夹冰雪、表面沾染尘土和局部暴晒过热的砂石料。

（4）外加剂掺加要求

外加剂应以稀释溶液加入，其稀释用水和原液中的水量，应从拌和加水量中扣除。使用间歇搅拌楼时，外加剂溶液浓度应根据外加剂掺量、每盘外加剂溶液筒的容量和水泥用量计算得出。连续式搅拌楼应按流量比例控制加入外加剂。加入搅拌锅的外加剂溶液应充分溶解，并搅拌均匀。有沉淀的外加剂溶液，应每天清除一次稀释池中的沉淀物。

（5）引气混凝土拌和要求

拌和引气混凝土时，搅拌楼一次拌和量不应大于其额定搅拌量的90%。纯拌和时间应控制在含气量最大或较大时。

（6）粉煤灰等掺合料掺加要求

粉煤灰或其他掺合料应采用与水泥相同的输送、计量方式加入。粉煤灰混凝土的纯拌和时间应比不掺的延长10～15s。当同时掺用引气剂时，宜通过试验适当增大引气剂掺量，以达到规定含气量。

（二）水泥混凝土拌和物的运输

1.运输设备

混凝土运输车辆可选配车况优良、载重量5～20t的自卸车。自卸车后挡板应关闭紧密，运输时不漏浆撒料，车厢板应平整光滑，其最大运距不应超过20km。远距离运输或摊铺钢筋混凝土路面及桥面时，宜选配混凝土罐车。

应根据施工进度、运量、运距及路况，选配车型和车辆总数。总运力应比总拌和能力略有富余，确保新拌混凝土在规定时间内运到摊铺现场。

2.运输技术要求

（1）装车前，要冲洗干净车厢并洒水湿润，但不允许积水。

（2）减少拌和物离析：装料时，自卸车应挪动车位，搅拌楼卸料落差不应大于2m；车辆起步和停车应平稳；自卸车运输应减小颠簸。

（3）混凝土运输过程中应防止漏浆、漏料和污染路面。

（4）驾驶员要了解混凝土拌和物出料到运输、铺筑完毕允许最长时间，途中不得随意耽搁，混凝土一旦在车内停留超过初凝时间，应采取紧急措施处置，严禁混凝土硬化在车厢（罐）内。使用自卸车运输混凝土最远运输半径不宜超过20km。烈日、大风、雨天和低温天远距离运输时，自卸车应遮盖混凝土，罐车宜加保温隔热套。

（5）运输车辆严禁碰撞模板或者基准线，一旦碰撞，应告知测工重新测量纠偏。

（6）车辆倒车及卸料时，应有专人指挥。卸料应到位，严禁碰撞摊铺机和前场施工设备及测量仪器。卸料完毕，车辆应迅速离开。

（7）碾压混凝土卸料时，车辆应在前一辆车离开后立即倒向摊铺机，并在机前 10～30cm 处停住，不得撞击沥青摊铺机。然后换成空挡，并迅速升起料斗卸料，靠摊铺机推动前进。

四、水泥混凝土面层铺筑机械化施工

水泥混凝土面层铺筑机械化施工主要有滑模摊铺机铺筑、三辊轴机组铺筑、轨道摊铺机铺筑、小型机具铺筑等技术。采用轨道摊铺机施工、三辊轴机组施工和小型机具施工时，均需要安装侧向模板。传统工艺的水泥混凝土路面面层施工操作程序主要包括安装模板、接缝与安设钢筋、混凝土的拌和与运输、混凝土的摊铺与振捣、抹面和拆模、养生与填缝。其中，接缝包括纵缝与横缝，横缝又包括胀缝、缩缝与工作缝。

（一）滑模摊铺机铺筑

1.机械配备

（1）滑模摊铺机

高速公路、一级公路施工，宜选配能一次摊铺 2～3 个车道宽度（7.5～12.5m）的滑模摊铺机；二级及二级以下公路路面的最小摊铺宽度不得小于单车道设计宽度。硬路肩的摊铺宜选配中、小型多功能滑模摊铺机，并宜连体一次摊铺路缘石。

（2）布料机械

滑模摊铺路面时，可配备 1 台挖掘机或装载机辅助布料。

（3）抗滑沟槽施工机械

可采用拉毛养生机或人工软拉槽制作抗滑沟槽。工程规模大、日摊铺进度快时，宜采用拉毛养生机。高速公路、一级公路宜采用刻槽机进行硬刻槽，其刻槽作业宽度不宜小于 500mm，所配备的硬刻槽机数量及刻槽能力应与滑模摊铺进度相匹配。

（4）切缝机械

滑模摊铺混凝土路面的切缝，可使用软锯缝机、支架式硬锯缝机和普通锯缝机。配备的锯缝机数量及切缝能力应与滑模摊铺进度相适应。

2.基准线设置

滑模摊铺混凝土路面的施工应设置基准线。基准线用拉线的设置方法。基准线设置形式有单向坡双线式、单向坡单线式和双向坡双线式三种。基准线应满足下列要求：

（1）基准线宽度：除应保证摊铺宽度外，尚应满足两侧 650～1 000mm 横向支距的要求。

（2）基准线桩纵向间距：直线段不应大于 10m，竖、平曲线路段视曲线半径大小应加密布置，最小 2.5m。

（3）线桩固定时，基层顶面到夹线臂的高度宜为 450～750mm。基准线桩夹线臂夹口到桩的水平距离宜为 300mm。基准线桩应钉牢固。

（4）单根基准线的最大长度不宜大于 450m。

（5）基准线拉力不应小于 1000N。

（6）基准线设置后，严禁扰动、碰撞和振动。一旦碰撞变位，应立即重新测量纠正。多风季节施工，应缩小基准线桩间距。

3.摊铺准备

（1）机械机具就位：所有施工设备和机具均应处于良好状态，并全部就位。

（2）基层、封层表面准备：基层、封层表面及履带行走部位应清扫干净。摊铺面板位置应洒水湿润，但不得积水。

（3）横向连接摊铺准备：横向连接摊铺时，前次摊铺路面纵缝的溜肩胀宽部位应切割顺直。侧边拉杆应校正扳直，缺少的拉杆应钻孔锚固植入。纵向施工缝的上半部缝壁应涂沥青。

（4）板厚检查与控制：板厚检查与控制必须在摊铺前的拉线上进行，并要求旁站监理认可。否则摊铺后不合格很难弥补。

4.布料

（1）布料高度：滑模摊铺机前的正常料位高度应在螺旋布料器叶片最高点以下，亦不得缺料。卸料、布料应与摊铺速度相协调。

（2）松铺系数控制：当坍落度在 10～50mm 时，布料松铺系数宜控制在 1.08～1.15，布料机与滑模摊铺机之间施工距离宜控制在 5～10m。

（3）钢筋结构保护：摊铺钢筋混凝土路面、桥面或搭板时，严禁任何机械开上钢筋网。

5.滑模摊铺机的施工参数设定及校准

（1）振捣棒位置设定：振捣棒下缘位置应在挤压板最低点以上，振捣棒的横向间距不宜大于 450mm，均匀排列；两侧最边缘振捣棒与摊铺边沿距离不宜大于 250mm。

（2）挤压底板前倾角：挤压底板前倾角宜设置为 3°左右。提浆夯板位置宜在挤压底板前缘以下 5～10mm。

（3）超铺高程及搓平梁的设置：两边缘超铺高程根据拌和物稠度宜在3～8mm调整。

搓平梁前沿宜调整到与挤压板后沿高程相同，搓平梁的后沿比挤压底板后沿低1～2mm，并与路面高程相同。

（4）首次摊铺位置校准：滑模摊铺机首次摊铺路面，应挂线对其铺筑位置、几何参数和机架水平度进行调整和校准，正确无误后，方可开始摊铺。

（5）摊铺参数复核：在开始摊铺的5m内，应在铺筑行进中对摊铺出的路面标高、边缘厚度、中线、横坡度等参数进行复核测量。

6.铺筑作业技术要点

（1）控制摊铺速度：操作滑模摊铺机应缓慢、匀速、连续不间断地作业。严禁料多追赶，然后随意停机等待，间歇摊铺。摊铺速度应根据拌和物稠度、供料多少和设备性能控制在0.5～2.0m/min，一般宜控制在1m/min左右。拌和物稠度发生变化时，应先调振捣频率，后改变摊铺速度。

（2）松方高度板调整：应随时调整松方高度板控制进料位置，开始时宜略设高些，以保证进料。正常摊铺时应保持振捣仓内料位高于振捣棒100mm左右，料位高低上下波动宜控制在±30mm之内。

（3）振捣频率控制：正常摊铺时，振捣频率可在6000～11 000r/min之间调整，宜采用9 000r/min左右。应防止混凝土过振、欠振或漏振。应根据混凝土的稠度大小，随时调整摊铺的振捣频率或速度。摊铺机起步时，应先开启振捣棒振捣2～3min，再缓慢平稳推进。摊铺机脱离混凝土后，应立即关闭振捣棒组。

（4）纵坡施工：滑模摊铺机满负荷时可铺筑的路面最大纵坡为：上坡5%；下坡6%；上坡时，挤压底板前仰角宜适当调小，并适当调轻抹平板压力；下坡时，前仰角宜适当调大，并适当调大抹平板压力。当摊铺机板底不小于3/4长度接触路表面时抹平板压力适宜。

（5）弯道施工：滑模摊铺机施工的最小弯道半径不应小于50m；最大超高横坡不宜大于7%。

（6）插入拉杆：单车道摊铺时，应视路面设计要求配置一侧或双侧打纵缝拉杆的机械装置。2个以上车道摊铺时，除侧向打拉杆的装置外，还应在假纵缝位置配置拉杆自动插入装置。

（7）抹面与表面砂浆厚度控制：软拉抗滑构造时表面砂浆层厚度宜控制在4mm左右，硬刻槽路面的砂浆表层厚度宜控制在2～3mm。

（8）养护 5～7d 后，方允许摊铺相邻车道。

7.摊铺中问题处置

（1）摊铺中应经常检查振捣棒的工作情况和位置。路面出现麻面或拉裂现象时，必须停机检查或更换振捣棒。摊铺后，路面上出现发亮的砂浆条带时，必须调高振捣棒位置，使其底缘在挤压底板的后缘高度以上。

（2）摊铺宽度大于 7.5m 时，若左右两侧拌和物稠度不一致，摊铺速度应按偏干一侧设置，并应将偏稀一侧的振捣棒频率迅速调小。

（3）路面一旦出现横向拉裂现象，应从如下几方面进行检查处理：

①拌和物局部或整体过于干硬、离析、集料粒径过大，不适宜滑模摊铺。或在该部位摊铺速度过快，振捣频率不够，混凝土未振动液化而拉裂，应降低摊铺速度，提高振捣频率。

②应检查挤压底板的位置和前仰角设置是否变化，前倒角时必定拉裂，前仰角过大，也可能拉裂，应在行进中调整前 2 个水平传感器，即改变挤压底板为适宜的前仰角以消除拉裂现象。

③拌和物较干硬或等料停机时间较长，起步摊铺速度过快，也可能拉裂路面。停机等待时间不得超过当时气温下混凝土初凝时间的 4/5，超过此时间，应将滑模摊铺机迅速开出摊铺工作面，并做施工缝。

8.自动抹平板抹面

滑模摊铺过程中应采用自动抹平板装置进行抹面。对少量局部麻面和明显缺料部位，应在挤压板后或搓平梁前补充适量拌和物，由搓平梁或抹平板机械修整。滑模摊铺的混凝土面板在下列情况下，可用人工进行局部修整：

（1）用人工操作抹面抄平器，精整摊铺后表面的小缺陷，但不得在整个表面加薄层修补路面标高。

（2）对纵缝边缘出现的倒边、塌边、溜肩现象，应顶侧模或在上部支方铝管进行边缘补料修整。

（3）对起步和纵向施工接头处，应采用水准仪抄平并采用大于 3m 的靠尺边测边修整。

9.滑模摊铺结束后的工作

（1）滑模摊铺结束后，必须及时清洗滑模摊铺机，进行当日保养等。

（2）宜在第二天硬切横向施工缝，也可当天软作施工横缝。

（3）应丢弃端部的混凝土和摊铺机振动仓内遗留下的纯砂浆，两侧模板应向内各收进 20～40mm，收口长度宜比滑模摊铺机侧模板略长。施工缝部位应设置传力杆，并应满足路面平整度、高程、横坡和板长要求。

10.滑模摊铺机施工案例

某高速公路水泥混凝土路面厚 24cm，采用滑模摊铺机双车道摊铺。

（1）拌和设备配套

按双车道滑模施工，搅拌楼生产能力不小于 200m³/h。采用两座 50m³/h 和一座 120m³/h 的拌和站来满足摊铺能力。搅拌设备的类型，是间歇式的混凝土搅拌站，供料系统配有电子秤的自动计量设备。

（2）混凝土拌和与运输

将原材料砂、石、水泥、外加剂按设计配比加入料仓内后，加入水进行搅拌 45s。混凝土运输在 45min 到 lh 内完成，否则，即使没有到初凝时间，由于混凝土坍落度损失太大而不适应滑模摊铺。最大运输距离不超过 15～20km，运距超过 7km 时，用苫布盖上混凝土。

（3）滑模摊铺机施工

①测量放样

a.由测工确定"中桩"及"边桩"，中桩由中线点垂直于中线外侧加 1.4m，拉出中桩点，边桩为中线点位加路面宽 1.4m 垂直于中线向外侧拉出边桩点，基准桩直线段间距为 10m，曲线段间距为 5m。

b.用冲击钻在确定的"中桩"及"边桩"点位钻孔打入专用放样钢钎，保证钢钎的牢固和正直。

c.放样钢钎钉好后，调整钢钎上活动支架，一般距地面距离为"板厚+30cm"，挂上钢线，调整活动支架，使钢丝与路中线平行，由测工用经纬仪进行校核。钢丝长度一般 100m 左右。

②调机、定位

a.在摊铺机前某一横断面上，由路面两侧向内移 1m 处放置两个桩，桩的高度小于 20cm。

b.测定桩的高程，计算出钢钎顶部距路面的高差。

c.启动摊铺机，调置自动找平状态行走，当尾板到达这一断面时，停机、测量尾板距钢钎顶部的距离是否为刚才的计算值，若不符，则调节两侧高程传感器直至符合为止。

d.在待摊路面相邻两点中线之间连接一段放样小线。启动摊铺机使其尾侧模板与小线在一条直线上，挂上方向传感器，使摊铺机前进和倒退，看侧模板与小线是否始终在一条直线上，如不符，调整方向传感器直至符合为止。

③滑模摊铺机施工

a.虚方控制板：虚方控制板比路面顶高 15～20cm 为合适，过高时混凝土振捣过程中排气效果差，过低时可能振捣棒烧坏。

b.振捣棒：振捣棒间距为 40cm 左右，振捣棒下缘位置应在挤压板最低点以上。滑模摊铺速度均匀，少停机，振捣频率为高频。北方地区气候干燥，风速大的春、秋季施工时，为避免路面开裂，采用贴近表面振捣的方式。

c.挤压成型底板：挤压底板前仰角 3°左右，实际上发现挤压不充分或挤压力过大时，摊铺机四个传感器中的前两个高度可进行必要的微调 2～3mm，使实际前仰角发生变化。

d.提浆夯实杆：要保证足够的砂浆提浆厚度做抗滑构造和光滑表面，提浆夯实杆低于挤压底板 0.5cm，施工时坍落度 3～5cm 时有较好的效果。

e.振动搓平梁：振动搓平梁的高低位置低于挤压底板后缘 1～2cm。振动搓平梁的左右摆动幅度为 2～3cm，摆动频率为 40～90 次/min。振动搓平梁搓起一根砂浆卷，以便拉杆传力杆捅坏的混凝土路面上半部分完全振搓修复好。满足平整度要求，振动搓平梁前的砂浆卷的大小由四个水平传感器来调整。

f.超级自动抹平板：自动抹平板作用在混凝土路面上的压力，其压力宜小不宜大，压力过大会使平整度变差。当施工上坡时，自动抹平板压力会使摊铺机前仰后压，使自动抹平板压力自动增大减轻压力；下坡时同样的道理，加大压力。混凝土较硬时，抹面速度要慢，反之压力要增大。

（二）三辊轴机组铺筑

1.设备选择与配套

（1）三辊轴整平机的主要技术参数：板厚 200mm 以上宜采用直径 168mm 的辊轴；桥面铺装或厚度较小的路面可采用直径为 219mm 的辊轴。轴长宜比路面宽度长出 600～1 200mm。振动轴的转速不宜大于 380r/min。

（2）三辊轴机组铺筑混凝土面板时，必须同时配备一台安装插入式振捣棒组的"排式振捣机"，振捣棒的直径宜为 50～100mm，间距不应大于其有效作用半径的 1.5 倍，并不大于 500mm。插入式振捣棒组的振动频率可在 50～200Hz 之间选择，当面板厚度较大和坍落度较低时，宜使用 100Hz 以上的高频振捣棒。

（3）当桥面铺装厚度小于 150mm 时，可采用"振捣梁"。振捣频率宜为 50～100Hz，振捣加速度宜为 4～5g（g 为重力加速度）。

（4）当摊铺双车道路面时应配备"纵缝拉杆插入机"，并配有插入深度控制和拉杆间距调整装置。

2.三辊轴机组铺筑作业要点

（1）基层处理：布料前应将基层清扫干净，并洒水润湿。

（2）卸料：应有专人指挥车辆均匀卸料。

（3）布料及松铺控制：布料应与摊铺速度相适应，不适应时应配备适当的布料机械。坍落度为 10～40mm 的拌和物，松铺系数为 1.12～1.25。坍落度大时取低值，坍落度小时取高值。超高路段，横坡高侧取高值，横坡低侧取低值。

（4）振捣作业：混凝土拌和物布料长度大于 10m 时，可开始振捣作业。密排振捣棒组间歇插入振实时，每次移动距离不宜超过振捣棒有效作用半径的 1.5 倍，并不得大于 500mm，振捣时间宜为 15～30s。排式振捣机连续拖行振实时，作业速度宜控制在 4m/min 以内。

排式振捣机应匀速缓慢、连续不间断地振捣行进。其作业速度以拌和物表面不露粗集料、液化表面不再冒气泡并泛出水泥浆为准。

（5）安装纵缝拉杆：面板振实后，应立即安装纵缝拉杆。

（6）三辊轴整平机作业

①作业单元划分：三辊轴整平机按作业单元分段整平，作业单元长度宜为 20～30m，振捣机振实与三辊轴整平两道工序之间的时间间隔不宜超过 15min。

②料位高差控制：三辊轴滚压振实料位高差宜高于模板顶面 5～20mm，过高时应铲除，过低应及时补料。

③滚压方式与遍数：三辊轴整平机在 2 个作业单元长度内，应采用前进振动、后退静滚方式作业，宜分别 2～3 遍。最佳滚压遍数应经过试铺确定。振动滚压遍数并非越多越好，不应过振。

④在三辊轴整平机作业时，应有专人处理轴前料位的高低情况，过高时，应辅以人工铲除，轴下有间隙时，应使用混凝土找补。

⑤滚压完成后，将振动辊轴抬离模板，用整平轴前后静滚整平，直到平整度符合要求，表面砂浆厚度均匀为止。

表面砂浆厚度宜控制在（4±1）mm，三辊轴整平机前方表面过厚、过稀的砂浆必须刮除丢弃。

⑥精平饰面：应采用 3～5m 刮尺，在纵、横两个方向进行精平饰面，每个方向不少于 2 遍。也可采用旋转抹面机密实精平饰面两遍。刮尺、刮板、抹面机、抹刀饰面的最迟时间不得迟于规定的铺筑完毕允许最长时间。

（三）轨道摊铺机铺筑

1.轨道式水泥混凝土路面摊铺设备

（1）轨道模板

轨道模板的作用：整套机械在轨道模板上前后移动，并以轨道模板为基准控制路面的高程。同时，又是水泥混凝土成型模板。

对轨道模板的要求：

①要有足够的强度和刚度，能承担轨上机械的重力，且不变形或变形量很小，满足施工技术要求。

②要有足够的精度，以防轨道上的机械，特别是表面修整机械的摆动和颠簸。精度包括自身制造精度和安装精度。

③根据施工进度，要有足够的周转数量。

（2）轨道式摊铺机械

轨道式摊铺机的优点是结构简单、价格低、可靠性好、易于维修、操作容易，对混合料的要求相对较低。但其施工需要大量的钢轨和模板，劳动强度大，自动化程度低，施工速度和施工质量都相对较低。

①料箱式布料机。混合料卸在摊铺机料箱内，料箱可随机架沿轨道纵向移动，同时也可在机架的横梁上横向移动，将箱内混合料按松铺高度卸下并刮。

特点：一次将料全部收入箱内，质量大，对轨模要求高；摊铺均匀、准确，摊铺能力大；由于结构简单，故障率小。

②刮板式摊铺机。摊铺机本身能在模板上自由前后移动，刮板在导杆上左右移动且能自转、上下移动，因此，可将卸在基层上的混凝土推向任意方向自由摊铺。

特点：质量轻，对模板要求相对较低；结构简单，故障率小；使用方便，易于掌握；摊铺能力较低。

③螺旋式摊铺机。螺旋杆可以正反向旋转，将混凝土摊开，螺旋后面有刮板，可以准确调整高度。

特点：摊铺能力大；在摊铺过程中对混合料再施加了一次搅拌（叶片深埋 2/3，左右推动正反转），有效地消除卸料过程中形成的离析；结构简单，故障率小，使用方便，易于掌握。

④回转叶轮布料器。通常圆弧叶轮整平器安装在振实机构的前面，其轴心线距路基表面的距离，除同振实梁一起随机架升降外，通过两端支架上的一对垂直丝杆可实现无级调整，以获得相对于振实梁底面的合理位置。

进行摊铺作业过程中，叶轮一方面随机架徐徐向前移动，另一方面通过转动中的每个叶片将多余混合料向前推滚。叶轮旋转母线在最低位置形成的轨迹，即为被修整过的平面。

特点：结构简单，故障率小，在摊铺过程中对混凝土有一个推压力，起到密实的作用。但在摊铺时被摊铺的混合料不能堆放过高，否则会将料带到后方，并且叶片不能反转。

（3）捣实装置

混凝土振捣机是在摊铺机后面，对混凝土进行再一次整平和捣实的机械。在振捣梁前方设置一道与铺筑宽度同宽的复平梁。其作用一方面是补充摊铺机初平的缺陷，更重要的是使松铺混凝土在全宽度范围内达到正确高度，它与振捣密度和路面平整度直接相关。其后是一道全宽的弧面振捣梁，以表面平板式振动把振动力传至全厚度。振动频率在 50～100Hz，属于低频振捣。按混凝土工艺学的振动机理，低频是以集料接触传递振动能量。掌握布料的均匀和松铺厚度是关键。复平梁前沿要堆有确保充满模板的少量余料，余料堆积高度不应超过 15cm，过多会加大复平梁推进阻力。弹性振捣梁通过后混凝土已全部振实，其后部混凝土应控制有 2～5mm 回弹高度，提出的砂浆，使整平工序能正常进行。靠近模板处的混凝土，用插入式振捣器补充振捣。

（4）表面修整机械

①轨道式表面修光机。表面修整机有斜向移动和纵向移动两种。斜向表面修整机通过一对与机械行走轴线呈 10°～13° 的整平梁做相对运动来完成修整，其中一根整平梁为振动整平梁。纵向表面修整机为整平梁在混凝土表面沿纵向往返移动，由于机体前进而将混凝土板表面整平。机械修整的速度须考虑混凝土的易修整性和机械的特性。轨道或模板的顶面应经常清扫，以便机械能顺畅通过。

整平操作时，应使整平机械前的集料涌向路面横坡高的一侧。采用 VOGELE（弗格勒）机整平时，要注意随时清除因修光梁往复运行推到路面边沿的粗集料，确保整平效果和机械正常行驶。在施工中途有停歇时，整平梁停驻处混凝土表面常有微小的棱条出现，可辅以人工抹面。

精光工序是对混凝土表面进行最后的精细修整，使混凝土表面更加致密、平整、美观，这是混凝土路面外观质量的关键工序。

②纹理制作机。纹理制作机对混凝土路面进行拉槽或压槽，使混凝土表面在不影响平整度的前提下，具有一定的粗糙度。纹理制作是提高水泥混凝土路面行车安全性的重要措施之一。

纹理制作的平均深度控制在 $1\sim2mm$，制作时应控制纹理的走向与路面前进方向垂直，相邻板的纹理要相互衔接，横向邻板的纹理要沟通，以利于排水。适宜的纹理制作时间以混凝土表面无波纹水迹为宜，过早或过晚都会影响纹理制作质量。

2.机械选型与配套

目前，在水泥混凝土机械化施工中最常用到的是轨道式摊铺机械，特别是在我国北方地区更是如此。

各施工工序应采用与该工序要求相适应类型的机械。不同工序的机械因其类型和型号不同而具有不同的性能特点和生产能力。因此，整个机械化施工中必须要考虑机械的选型和配套。

（1）主导机械的选型

通常把混凝土摊铺机作为第一主导机械，把混凝土拌和机械作为第二主导机械。

在机械选型时，应首先选定主导机械，然后根据主导机械的技术性能和生产率，选配配套机械。

主导机械的选择，应考虑满足施工质量和进度的要求，同时还要考虑我国现阶段工程单位的技术人员素质、管理水平和购买能力等实际情况。配套机械的选型和配套数量，须保证主导机械发挥其最大效率，且使用配套机械的类型和数量尽可能少。用机械铺筑的路面质量（密实度和平整度）及操作进度取决于水泥混凝土的拌制质量。拌制质量主要与混凝土配合比有关，也与拌和方式有关。在选择拌和机型时，主要考虑拌和品质和拌和能力、机械可靠度、工作效率和经济性等。

轨道摊铺机的选型应根据路面车道数或设计宽度按规定技术参数选择。最小摊铺宽度不得小于单车道 3.75m。轨道摊铺机按布料方式不同，可选用刮板式、箱式和螺旋式布料机械。

（2）机械合理配套

合理配套主要指拌和机与摊铺机、运输车辆之间的配套情况。当摊铺机选定后，可根据机械的有关参数和施工中的具体情况计算出摊铺机械的生产率。拌和机械与之配套就是在保证摊铺机械生产率充分发挥的前提下，使拌和机械的生产率得到正常发挥，并在施工中保持均衡、协调一致。

当摊铺机和拌和机的生产率确定后，车辆在整个系统内的配套实质上是车辆与拌和机的配套。车辆的配套问题可以应用排队论，找出合理的配套方案。考虑到装载点与车辆的配套动态系统，随着摊铺作业的推进，车辆的运输路程随时间的增加而增加。在运输与装载过程中，随机影响因素较多，如道路状况、操作水平、设备运行状况等都在不断变化。因此，对排队论中单通道模型进行改进，增加时间变化等因素便于在配套方案中适时优化控制，通过输入不同的采集数据得到不同的结果，然后进行分析比较，找出合理的优化方案。

3.轨道式摊铺机械施工

（1）水泥混凝土拌和

在拌和机的技术性能满足混凝土拌和要求的条件下，混凝土各组成材料的技术指标和配比计量的准确性是混凝土拌制质量的关键。在机械化施工中，混凝土拌和的供料系统应尽量采用配有电子秤等自动计量设备。有困难时，最低限度也要采用集料箱加地磅的计量方法，而体积计量法难以达到计量准确的要求，应停止使用。采用自动计量设备，在施工前，应按混凝土配合比要求，对水泥、水和各种集料的用量准确调试后，输入自动计量的控制存储器中，经试拌检验无误，再正式拌和生产。一般国产强制式拌和机，拌制坍落度为 $1\sim5$cm 的混凝土。其最佳拌和时间的控制：立轴强制拌和机为 $90\sim180$s；双卧轴强制拌和机为 $60\sim90$s。最短拌和时间不低于低限，最长拌和时间不超过最短拌和时间的 3 倍。拌和中，如需加入外加剂，应对外加剂单独计量。

（2）水泥混凝土运输

为保证混凝土的工作性，在运输中，应考虑蒸发失水和水化失水（指水泥在拌和之后，开始水化反应，其流动性下降），以及因运输的颠簸和振动使混凝土发生离析等。要减少这些因素的影响程度，其关键是缩短运输时间，并采取适当措施防止泌水、水分损失（如用帷布或其他适当方法将其表面覆盖）以及离析。

（3）水泥混凝土的摊铺捣实和成型

摊铺机施工前，要对摊铺机械进行调试。先根据混凝土的配合比，做 50m 左右的试验段，以调试和熟悉掌握摊铺机的操作规律、检查设备配置情况、施工进度安排是否合理等。摊铺工序的关键是要将摊铺机的底面（刮板等）调整到准确的松铺厚度。为了保证铺筑路面横向坡度，分料器、刮板等在横坡高的一侧控制高度应稍加大。同时，要注意摊铺机前必须保持有 $5\sim15$cm 的混凝土堆料，以保证摊铺范围内有足够的找平料。振捣工序是保证混凝土内在质量的关键。为使混凝土振捣密实和均匀，应根据坍落度大小调节振动梁的振动频率和摊铺机的工作速度。一般情况下，当坍落度为 1～5cm 时，振动频率调节 50～100Hz，摊铺机工作速度为 0.8～15m/min。当坍落度小于 3cm 时，除摊铺机工作速度为 0.8m/min 外，还要用插入式振捣器对靠近模板、接缝、角隅处 50cm 范围内进行预振捣。摊铺机的搓拉式修光、整平梁与混凝土的密贴程度影响到提浆厚度和平整精度。根据经验，提浆厚度控制在 3～5mm 来调节整平梁与混凝土的密贴程度，效果比较理想。如一次达不到要求，可将机器倒回再次进行修整。

第五章　公路工程压实机械化施工管理

第一节　公路工程压实机械工作原理

一、静力压路机的压实原理

静力压实机械是利用机械自身重力产生的静滚压力作用，迫使被压实材料产生永久性变形而达到压实的目的。随着碾压次数的增多，材料的密实度增加。为了进一步提高被压材料的密实度，必须用较重的滚轮来碾压。静力压实机械应用于土方、砾石、碎石和沥青混凝土路面的压实作业中。静力压实机械由于受机械自重的限制，其压实深度和密实度有一定的局限。静力压实机械的特点是循环延续时间长，材料应力状态的变化速度不快，但应力较大。

二、振动压路机的压实原理

振动压实的工作原理是利用固定在质量为 m 的物体上的振动器所产生的激振力，迫使被压实材料作垂直强迫振动，急剧减小土壤颗粒间的内摩擦力，使颗粒靠近、密实度增加，从而达到压实的目的。振动压实的特点是其表面应力不大、作用时间短、加载频率大，同时还可以根据不同的铺筑材料和铺层厚度，合理选择振动频率和振幅，以提高压实效果，减少碾压遍数。振动压路机可广泛用于黏性小的砂土、土石填方、沥青混合料以及水泥混凝土混合料等的压实。

三、夯实机的压实原理

夯实机的工作原理是利用一块质量为 m 的物体，从一定的高度处落下，冲击被压材料从而使之被压实。其特点是使材料产生的应力变化速度很快，特别适用于对黏性土壤、砂质黏土和灰土的压实。主要用于作业量不大及狭小场地的压实作业，特别是对路肩和道路的维修、养护工程等的压实作业。

四、振荡压路机的压实原理

随着振动压实技术的发展，20 世纪 80 年代瑞典等国又研制了振荡压路机。该机采用土力学土壤交变剪应力的原理，在碾轮内对称安装并同步旋转的激振偏心块（轴），使碾滚承受交变扭矩，对地面持续作用，形成前后方向的振荡波，使被压实材料产生交变剪应变。在这种水平激振力和滚轮垂直静载的共同作用下，实现对被压实材料在水平和垂直两个方向的压实。

振荡压路机消除了振动压实因垂直振动和冲击给操作者和机械本身带来的危害，改善了工作条件，降低了能源消耗。正因为这种压路机所产生的激振力主要是沿行驶方向发生的，因此，特别适宜于建筑物群间的压实。

五、轮胎压路机的压实原理

轮胎压路机是通过特制的充气轮胎，利用机械自重压实铺层材料的压实机械。轮胎压路机的轮胎是由耐热、耐油橡胶制成的光面滚或细花纹工作胎面的充气轮胎。由于充气轮胎的弹性变形，轮胎压路机工作时除有静力压实作用外，还产生揉压作用（剪切压实效应），易使液相和气相物（水和空气）从铺层材料中排出。

轮胎压路机对铺层的压实作用不同于静力压路机。装有特制宽基轮胎的轮胎压路机，轮胎胎面与铺层的接触面为矩形，而静力压路机的光面钢压轮与铺层的接触面为一窄条。

第二节 公路工程压路机具体操作技术

一、压路机压实运行程序

（1）道路碾压程序。压路机压实作业时应以路基或路面中心线为目标，从左、右两边线开始逐趟压向中心线（压路机在纵向长度运行一次为一趟），直至压路机的主轮压到中心线为止，最后在路中加压那些主轮仍未按要求压到的地方。即先两边后中间。

（2）坡度碾压程序。自低向高处压实。

（3）大面积压实方法。自高向低处压实。

（4）每次碾压重叠量。二轮二轴为 25～30cm。三轮二轴为 1/3～1/2 压实轮宽度，三轮三轴为 1/3 压实轮宽度。

二、压路机的调车方法

使用压路机进行压实作业时，为进行下一个压实循环而进行的压路机横向移位叫倒轴。压路机的调车换向必须在碾压段以外进行。

（1）换向前调车。换向前调车是指压路机碾压运行到接近路段外时，在一定的距离内将压路机按主轮重叠宽度的要求向左或右移动，以达到倒轴的目的。具体做法是（以向左倒轴为例）：在压路机接近路段终点时，向左打转向盘，待压路机向左侧移到规定距离后，向右回转转向盘，直到车身回正后，再向左移动转向盘将转向轮回正。停车之后，车身和转向轮都已经处于直线行驶状态。操纵换挡，起步直线行驶再开始压实作业，即完成了倒轴调车。

（2）换向后调车。换向后调车是指压路机运行至本压实路段外时，先停车变换方向后再经过3次调整转向盘使压路机至倒轴位置。

注意：这两种调车方法都存在一个共同的问题，就是如何确定调车工作段的长度。实际作业时，要视具体情况而定。距离过大则碾压效率低；过短则转弯半径过小，对接触面（压路机轮与路面接触面）产生过大的挤压，影响施工质量。一般来讲，碾压路基时，其距离可短些；碾压路面时，其距离应长些。总的原则是：在不影响施工质量的情况下，其距离尽可能短些，以提高工作效率。

第三节　不同类型压路机在公路工程中的施工管理

一、静力光面滚轮压路机

（一）静力光面滚轮压路机用途

静力光面滚轮压路机（简称"光轮压路机"）对被压材料的压实是依靠本身的重量来实现的。它可以用来压实路基、路面、机场和其他各类工程的地基等。其工作过程是沿着工作面前进与后退，同时光面滚轮反复地滚动，使被压实材料具有足够的承载力和平整的表面。

自行式静力光面滚轮压路机根据滚轮和轮轴数目主要分为二轮二轴式（简称"两轮式"）和三轮二轴式（简称"三轮式"）。三轮压路机主要用于路面压实；三轮压路机一般重量较大，主要用于路基压实。

（二）静力光面滚轮压路机结构

1.基本构造

三轮二轴式光面滚轮压路机结构由动力装置、传动系统、操纵系统、行驶滚轮、机架和驾驶室等部分组成。发动机（多采用柴油机）作为其动力装置，安装在机架的前部。机架由型钢和钢板焊接而成，分别支承在前后轮轴上。前轮为方向轮，后轮为驱动轮。

2.传动系统

静力光面滚轮压路机传动系统，主要由主离合器、变速器、换向机构、差速器、末级传动机构等组成。发动机输出的动力经主离合器传至变速器，变速后（三个挡位）的动力通过变速器第二轴末端的锥形驱动齿轮带动换向机构，然后通过横轴中部的圆柱齿轮带动差速器，最终经侧传动齿轮传至驱动轮，使之旋转。

静力光面滚轮压路机的传动系统中都装置有一个带差速锁的差速器。差速器的作用是在压路机转向或行驶在高低不平、松实不均的路段时，能使两个驱动轮在相同的时间内滚过不相同的距离，从而实现驱动轮无滑移滚动，避免机件损坏和保证压实质量。差速锁是使两驱动压轮联锁（失去差速作用），以便当一个驱动轮打滑时，另一个不打滑的驱动轮仍能使压路机行驶。

差速器主要有齿轮式和牙嵌式两种结构形式，国产静力光面滚轮压路机主要采用齿轮式差速器。差速器两半壳内装着 8 个圆柱直齿行星齿轮，4 个为一组，分别与两个差速齿轮啮合，并且不同组的相邻两个行星齿轮为一对，相互啮合。差速齿轮是由两个相同的圆柱直齿轮，各自通过花键与差速半轴相连接。

静力光面滚轮压路机的差速锁装置在末级传动大齿圈处。末级传动左侧大齿圈与连接齿轮啮合，而连接齿轮则以平键与驱动轮轴连接。右侧大齿圈处装着锁定齿轮，可沿轴套上的滑键轴向滑动，而轴套又通过平键与驱动轮轴相连接。末级传动大齿圈固装在驱动轮内侧，末级传动小齿轮固装在差速半轴上，动力经差速器传给末级传动机构。

静力光面滚轮压路机的换向机构由主动部分、从动部分和操纵机构等组成。其主动部分由锥齿轮、离合器外壳和离合器主动齿片等组成。两个大锥齿轮通过滚柱轴承支承在横轴上，它与变速器输出轴上的小锥齿轮常啮合。离合器外壳用花键装在大锥齿轮的轮毂上，并通过滚珠轴承支承在变速器壳体两侧的端盖上。两面铆有摩擦衬片的主动齿片，以外齿与离合器外壳的内齿相啮合，同时还可轴向移动。从动部分由驱动小齿轮、固定压盘、中间压盘和后压盘等组成。驱动小齿轮装在横轴上，轴套装在横轴外端的花键上，固定压盘以螺纹形式与轴套连接，中间压盘与后压盘以花键形式与轴套相连接，也可沿轴向移动。操纵机构由压爪、可调节的压爪架和离合器分离轴承等组成。

3.工作装置

压路机的碾压轮既是压路机实施碾压作业的工作装置，也是自行式压路机的行走装置。方向轮受转向机构控制，引导压路机转向和实施部分压实功能，其机构形式主要有框架式和无框架式两种。静力光面滚轮压路机无框架式方向轮由滚轮、轮轴、Ⅱ形架和转向立轴等组成。因为滚轮较宽，为了便于转向，一般都制成相同的左、右两个部分，分别通过两个轴承支承在轮轴上，可以单独自由旋转，互不干扰。轮轴直接用轴盖、螺栓固装在Ⅱ形架上，n形架上部用横销与立轴铰接。立轴靠轴承支承，立轴上端固装着与转向油缸连接的转向臂。

静力光面滚轮压路机所采用的摆线转子泵液压操纵随动系统，由转阀式转向器、转向油缸、油泵和油箱等组成。当转动方向盘时，油泵送来的压力油进入转向器，并进入油缸的左腔或右腔，使车轮向左或向右偏转。当压路机直线行驶时，油泵送来的压力油通过转向器直接回油箱。当发动机熄火或液压系统出现故障时，转动方向盘即可驱动转向器，压力油被输入油缸的左腔或右腔，完成所需转向。但此时不再是液力转向，而是人力转向。

驱动轮的功用是驱动压路机运行，并承担压路机的主要压实功能。压路机的驱动轮的结构由轮圈、内轮辐、外轮辐、轮毂及齿圈等组成。轮圈和内外轮辐由钢板焊成，轮轴的两端支承在两个驱动轮的轮毂上。在轮毂的内端装着从动大齿圈。在外轮辐上有两个装砂孔，用盖板封着，可向轮内添加配重砂，用来调节压路机的质量。

（三）静力光面滚轮压路机作业时的注意事项及维修、保养

1.作业时注意事项

（1）作业或行驶中紧急制动时，必须先踏下主离合器踏板以切断动力，然后再踏制动踏板，否则易损坏制动器；解除时，应先松制动踏板，然后再松主离合器踏板以恢复行驶。

（2）对于带差速锁死装置的压路机，在正常作业时应将差速锁死装置置于差速位置，以便于机器转向，并可避免损坏路面；当机器陷入泥坑或有较大石块阻住后轮使轮打滑时，可将差速锁死装置置于锁死位置，以帮助压路机克服后轮打滑并越过障碍。

（3）上坡前换挡变速时必须停机，下坡时应挂低速挡。

（4）高速行驶时严禁急转弯。

（5）几台压路机联合作业时，其间距应大于3m，以免发生碰撞或造成转向困难。

（6）应避免远距离行驶；需要远距离转场时，应用其他车辆运载。

2.维修、保养

（1）变速箱的维修、保养

变速箱必须按期添油和换油，变速箱润滑油采用60%齿轮油及40%机油混合配成，齿轮油应根据地区、季节的不同，使用合乎要求的油料，冬季用"冬"用齿轮油，夏季用"夏"用齿轮油。

静力光面滚轮压路机每工作50~60h，检查油位，不足时添油，每工作400~500h换一次油。

变速箱内部每年至少要用煤油清洗一次，在清洗之前将箱内润滑油放出，用煤油将箱内的污油和杂物清洗放掉，再灌注新润滑油。

要注意检查变速箱各密封处是否漏油，如果密封损坏应立即更换；注意检查变速箱与机架连接之螺钉，勿使松动脱落。

应经常检查变速操纵机构的定位装置是否能使变速齿轮保持在一定的位置，如有问题，应及时调整和修理好，否则定位装置失灵，将会引起变速机构的跳挡事故。

（2）液压系统的维修、保养

①经常检查油泵转动皮带的松紧程度，避免因皮带过紧而使油泵轴断裂，反之过松易产生皮带打滑，油泵转速降低，使油量不足。

②每天应检查液压系统是否漏油及油面工作状况。

③向液压系统油箱加油时，应注意过滤，以免杂质和污物混入油内。过滤器的滤芯应定期清洗。

④压路机每工作1 000h需更换液压油，灌入新油以前应用煤油清洗液压系统各部件。

⑤各油路管道应定期进行吹洗，以免油路堵塞。各密封填料应定期检查，发现漏油应及时更换。

二、轮胎压路机

（一）轮胎压路机概述

1.用途

轮胎压路机是通过特制的充气轮胎，利用机械自重静作用力压实铺层材料的压实机械。轮胎压路机的轮胎是由耐热、耐油橡胶制成的光面滚或有细花纹工作胎面的充气轮胎。由于充气轮胎的弹性变形，轮胎压路机工作时除有静力压实作用外，还产生揉压作用（剪切压实效应），易使液相和气相物（水和空气）从铺层材料中排出。

轮胎压路机可通过增加压重和调节轮胎充气压力来调节轮胎接地比压，从而在较大范围内改善了轮胎压路机对不同工况的适应性，扩大了轮胎压路机的使用范围，促使轮胎压路机迅速发展。由于具有独特的压实性能，轮胎压路机不仅能有效压实非黏性土、少黏性土和最佳含水量的黏性土，而且光面轮胎压路机还可有效压实沥青混凝土和黑色碎石粒料路面，广泛用于机场跑道、堤坝、路基和路面等基础设施工程的压实作业。

2.分类

轮胎压路机可分为拖式、半拖式和自行式三种形式。拖式轮胎压路机为双轴式，即所有轮胎分别安装在前、后两根轴上；半拖式轮胎压路机为单轴式，所有轮胎都装在一根轴上。现在常用的是自行式轮胎压路机（通常简称为"轮胎压路机"），按质量可分为轻型（10～16t）、中型（20～25t）和重型（30t以上）。

3.特点

充气轮胎的一大特点是可以改变轮胎内的气压，以限制对铺层压实材料表面的最大压应力作用，从而提高压实效果。在相同重力负荷下，充气轮胎的最大压应力比光面钢压轮小，铺层材料表面的承载力因而也比较小，这样可使下层材料得到较好的压实。

轮胎压路机对沥青混凝土和黑色碎石粒料路面有着独特的综合压实效果，具有光面钢压轮不具备的弹性压实特性。特制的充气轮胎除了给铺筑层施加垂直压实力外，同时还沿压路机的行驶方向和机械的横向产生水平压实力，实现全方位压实，沿各个方向挤压和推移被压材料颗粒，提高垂直和水平密实度，对高温、高黏性的沥青混合料也是如此。轮胎压路机利用橡胶充气轮胎的弹性柔曲特性，对整个被压层起到"揉搓作用"，轮胎表面可通过柔曲变形挤压被压层凹部，进行密封性压实，提高压实表面和内层的密实性。在碾压沥青路面时，柔性轮胎不是像光面钢压轮那样将沥青混合料向前推，而是在沥青混合料上形成最初的接触点，施加较大的垂直压实力，从而避免了钢压轮碾压时经常产生的裂缝现象，提高了路面压实的封闭性和密实度的均匀性。

除上述特点外，现代轮胎压路机还具有以下几个特点：

（1）采用液力机械传动和液压传动。液力机械传动效率高，液压传动速度调节范围大。

（2）在机械上设有轮胎悬挂装置，这样可使每个轮胎负荷均匀，并且在不平整地面碾压时能保持机架的水平和负荷的均匀。

（3）在最终传动方面，采用全齿轮传动，差速器上装有自动锁紧装置，常采用牙嵌式闭锁差速器。

（4）采用轮胎气压集中调压装置，可以得到较好的碾压效果，机械通过性能也大为提高。

（5）采用压力喷雾洒水系统。

（6）压路机质量增加，采用大功率发动机和全轮驱动形式。

（7）采用铰接式机架，折腰转向，保证了机械的机动性，又减少了对铺层的横向剪力，可提高压实质量。

（8）采用宽基轮胎。宽基轮胎的断面高度与宽度之比为 0.65 左右（普通轮胎为 0.95～1），宽基轮胎的接地压力比较均匀。

（二）轮胎压路机的结构

1.基本构造

自行式轮胎压路机由发动机、底盘和特制轮胎所组成，底盘包括机架、传动系统、操纵系统、洒水装置和电气设备等。

2.传动系统

轮胎压路机的传动系统组成基本与前述光轮压路机相似，只是最终传动采用链传动的形式。发动机输出的动力经由离合器、变速器、换向机构、差速器、左右半轴、左右链轮等的传动，最后驱动后轮。

3.工作装置

轮胎压路机的工作装置是充气轮胎，因此对轮胎及其悬挂装置提出了特殊要求，所采用的轮胎都是特制的宽基轮胎，其踏面宽度是普通轮胎的 1.5 倍左右，压力分布均匀，从而保证了对沥青面层的压实不会出现裂纹。轮胎压路机轮胎前后错开排列，有的前三后四，有的前四后五或前五后六，前、后轮轮迹相互叉开，由后轮压实前轮的漏压部分。轮胎是由耐热、耐油橡胶制成的无花纹的光面轮胎（压路面）或有细花纹的轮胎（专压基础），轮胎气压可以根据压实材料和施工要求加以调整。

由于轮胎压路机用多轮胎支承，所以必须用悬挂装置保证每个轮胎负荷均匀，在不平整的铺层上还能保持机架的水平。悬挂装置有液压悬挂和机械摇摆两种。

轮胎压路机采用机械摇摆式悬挂装置。前轮（方向轮），共有 4 个轮子，分成可以上、下摇摆的两组，通过摆动轴铰装在前后框架上，再通过立轴、叉脚、轴承和立轴壳与机架连接。在立轴的上端固装着转向臂，转向臂的另一端与转向油缸的活塞杆端相铰接。两组轮胎可绕各自的摆动轴上下摆动，其摆动量由螺栓来调整，当不需要摆动时，可用销子将其锁死。

轮胎压路机共有 5 个后轮（驱动轮），分左、右两组。左边三个车轮的轮轴是由两根短轴组成的，其间靠联轴器连接在一起。右边两个车轮共用一根短轴。每个后轮都用平键装在轮轴上。左、右轮轴分别通过滚珠轴承装在各自的支架上，支架则和机身连接。左、右侧两个车轮和中间车轮装有制动器。

集中充气系统由空气压缩机、空气滤清装置、储气罐、控制阀、管路、气门和操纵系统等组成。空气压缩机必须有足够大的排量，储气罐也应有足够大的储气量，才能保证在尽可能短的时间内，完成轮胎的充气任务。

（三）轮胎压路机使用技术

自行式轮胎压路机以其独特的柔性压实作用特别适合压实较均匀的砂质土壤和沥青混凝土路面。改变轮胎压路机充气轮胎的负荷（增减压重）和调节充气压力，可以调整轮胎压轮的平均接地比压，扩大了轮胎压路机的压实作业范围。由于轮胎压路机采用橡胶充气轮胎作碾压轮，故不能碾压有尖锐棱角的碎石和块料，以免扎坏或割伤压轮。

1.轮胎压路机的使用特点

轮胎压路机可以进行各种料层基础的压实工作；对自行式轮胎压路机来说，还可以进行沥青混合料面层的压实。在备有集中充气装置的轮胎压路机进行压实作业时，轮胎负荷与充气压力之间存在的函数关系，对某种状态的土或材料都具有最佳的匹配。所以，为了充分利用和发挥轮胎压路机的优良性能，必须要熟悉轮胎压路机的使用特点，并能熟练地进行驾驶操作。

轮胎压路机是一种静作用压路机，在进行压实作业时，与光轮压路机类似。轮胎压路机结构先进、性能好，它的优点有：两个参数（气压和质量）可以改变，用以满足不同的使用要求；采用三点支承式悬挂系统，轮压均匀，压实质量好；轮胎弹性可产生揉压作用，使铺层材料在各方向上位移，表面结构密实均匀；宽基轮胎给物料的垂直力大、切向力很小，可得到无裂纹的密实表面；轮胎与铺层的接触表面呈矩形，被压材料上的任一点处于压实力的作用时间长，影响深度大。

选用轮胎压路机进行压实施工作业，必须根据被压铺层材料的松软程度、含水量多少、沥青混合料铺层温度高低，合理调整轮胎接地比压（改变轮胎负荷和调节轮胎气压），才能提高压层的密实度和平整度，避免产生轮辙，获得最佳的压实效果。

2.轮胎压路机的使用要求

轮胎压路机虽有优于光轮压路机的碾压特点，但其结构复杂、价格高、使用费用高、调整困难。因此，对轮胎压路机的使用和保养要求如下：

（1）不能碾压有尖利棱角的碎石块。

（2）当碾压热铺沥青混合料时，应在工艺规定的混合料温度下进行碾压作业。为了防止碾压轮黏带沥青混合料，要向轮面涂刷少量柴油或其他防黏剂，但由于这些油剂有腐蚀橡胶轮胎的作用，应尽可能少用或不用。

（3）调整平均接地比压，使轮胎压路机有较宽的适用范围。可通过试验和经验进行粗略调整，使平均接地压力适应最佳碾压效果的施工作业要求。

（4）当轮胎压路机具有整体转向的转向压轮时，为避免转向搓移压实层材料，在碾压过程中，不应转向角度过大和转向速度过快。

（5）碾压时，各碾压轮的气压保持一致，其压差不应大于 10～20Pa。

（6）终压时，可以将转向轮定位销插入销孔中，锁死摆动，使压实层具有平整的表面。

（7）轮胎压路机处于运输工况转场行驶时，轮胎气压应处于高压状态，保持在 0.6～0.65MPa 之间。胎压过低会降低轮胎使用寿命。

（8）轮胎压路机在使用过程中，由于各个轮胎的气压不完全一致，会导致轴承松动及支承框架变形，引起轮胎偏磨。当轮胎非对称磨损后，轮胎压路机将会出现附加晃动或振动等现象，影响压实质量。故轮胎压路机在工作 500～600h 或半年后，应对称调换各个轮胎的安装位置，使轮胎磨损趋于均匀。

（9）压实工程施工结束，如果轮胎压路机需要长时间停置，应将机身顶起，减少轮胎长期静态受压变形。

（10）为了保持轮胎压路机的压实性能，使之经常处于良好的技术状况，应按轮胎压路机的使用保养说明书的要求和规定，经常进行检查，及时进行技术保养和维修。

3.国产轮胎压路机使用的经验数据

国内一些工程施工单位，根据多年的施工经验，为轮胎压路机的合理使用积累了一些经验数据，可供有关工程技术人员借鉴和参考。

（1）每班应检查各连接部分的紧固零件是否有松脱现象，检查轮胎气压，检查轴承是否发热，如有问题，应立即处理。

（2）经常检查液压系统油箱是否需要加液压油，各油管接头有无漏油现象。

（3）按润滑表要求，对各润滑部位加注润滑油。

（4）经常检查和调整滚压轮轴向间隙。当压路机工作半年后，应调换各滚压轮的安装位置，使轮胎磨损趋于均匀。

（5）压路机在自行运输时，轮胎气压应保持在 0.6～0.65MPa 之间，行程不宜过远。

（6）应经常检查和维护刹车机构。

（7）如压路机长期停放，应将机身架起，减小轮胎受压变形。若久经停放，再度使用时应检查各部位润滑油是否变质，如果不能用，应将废油放掉，另换新油。

三、振动压路机

（一）振动压路机概述

1.用途

振动压路机是公路工程施工与养护的重要设备之一，它主要用于公路、铁路、机场、港口、建筑等工程施工中，用于压实各种土壤（多为非黏性土）、碎石料、各种沥青混凝土等。在公路施工与养护中，多用在路基、路面的压实，是筑路施工中不可缺少的压实设备。

振动压路机可以按照结构质量、行驶方式、振动轮数、驱动轮数、传动方式、结构形式、振动激励方式等进行分类。

2.特点及适用范围

相对静力压路机和轮胎压路机而言，振动压路机无论是结构、压实机理、使用性能，还是碾压特性，都与之有较大的差异。

（1）振动压路机的结构特点

各类振动压路机在碾压钢轮内都装有激振装置，振动压路机压实作业时，启动激振器，激振装置将产生振动干扰力。在干扰力的作用下，振动轮将产生一定振幅和频率的振动，形成组合压实力作用在被压材料上。静力压路机和轮胎压路机则无诱发压实力的工作机构，完全依靠结构质量产生的静压力进行压实作业。

振动压路机的激振器是由振动轴和安装在其上的一组偏心块组成，激振装置工作时，振动轴可单独驱动偏心块高速旋转，此时偏心块产生的离心力即形成对"压路机—土体"振动系统的干扰力，振动轮在此干扰力的作用下产生强迫振动。在振动轮强迫振动过程中，所产生的振动压力波迅速向土层深处传递，迫使被压材料与振动轮一起产生强迫振动，这就构成了"压路机—土体"的振动系统。

振动轮的激振器安装形式不同，则振动压路机的振动方式也不同。不同的振动方式有着不同的振动特性。同时，由于振动器的结构不同，其实用价值也不相同。

（2）振动压路机的性能特点

振动压路机是一种利用静作用力和激振器诱发的振动干扰力所形成的组合压实力来压实土壤的，其振动干扰力具有冲击压力波的传播特性，影响深度大，具有良好的深层碾压特性。相对于利用机械静作用力压实的压实机械，振动压路机的压实性能和碾压特性具有以下一些特点：

①在相同结构质量的前提下，振动压路机压实效果好，压实密实度高，稳定性好。

②振动压跨机的压实生产率高。当所要求的压实度相同时，压实遍数可相对减少。

③应用振动压路机压实沥青混凝土路面时，由于振动作用，可使混合料中的黏结剂与砂石、矿粉等集料充分渗透、糅合，提高路面的耐磨性。

④碾压高温沥青路面材料时，其压实温度允许比静力压实低，而且能获得同样的压实效果。

⑤由于激振装置的振动作用，振动压路机还可用来压实干硬性水泥混凝土（RCC材料）。

⑥应用具有机载压实度计的振动压路机压实作业时，驾驶员可及时发现压实薄弱点，随时采取补救措施，消除质量隐患。

⑦可压实静力压路机难以压实的大粒径块石填方，并使之相互楔紧。

⑧在达到相同压实效果的前提下，振动压路机的结构质量只需为静力压路机的一半，其发动机功率也可降低30%左右。

⑨合理调节振动压路机的振频和振幅，既可获得良好的深层碾压特性，又可改善表层碾压特性，扩大了振动压路机的碾压范围。但振动压实作业时，不仅会产生噪声污染，而且危及周边地面建筑和地下构筑物的安全，容易诱发机械故障，危害人体健康。因此，在人口密集地方、危房区、装有精密仪器的建筑物和桥梁附近，则应限制振动压路机的使用。

（二）振动压路机结构

1.基本构造

自行式振动压路机主要由动力装置、传动系统、振动装置、行走装置和驾驶操纵等部分组成。

振动压路机采用全液压控制、双轮驱动、单钢轮、自行式结构，属于超重型压路机。振动轮和驱动轮部分通过中心铰接架铰接在一起，车架是压路机的主骨架，其上装有发动机、行驶和振动及转向系统等各种装置。

2.传动系统

振动压路机传动系统分为机械传动和液压传动两大类。振动压路机的传动系统中，动力由发动机两端输出，前端输出动力经传动轴和副齿轮箱带动双联齿轮泵，分别驱动振动液压马达和液压转向系统；后端输出动力经主离合器传至变速器，经减速后将动力传到左、右末级减速主动小齿轮，再经侧传动齿轮驱动轮胎行走。

采用液压传动的压路机省去了变速器传动系统，使系统布置更加灵活、紧凑。行走系统由轴向行走驱动柱塞泵、行走驱动定量马达、变速器、传动轴、驱动桥和振动轮轮边减速器组成。振动系统由振动驱动拂向柱塞泵、振动驱动定量马达和偏心调幅机构组成。转向系统由双联齿轮泵、全液压转向器和转向油缸组成。发动机动力通过分动箱带动轴向柱塞泵、转向双联齿轮泵和轴向柱塞泵，并经相应液压马达将动力传给振动轮、转向和行走系统。

3.振动轮

振动轮是振动压路机的重要部件，通过振动轮的变频变幅来完成压实工作。振动压路机振动轮，由滚筒、偏心轴、调幅机构、减振块、振动轮行走马达、振动马达、左右连接支架等组成。滚筒采用钢板卷制对接而成。压路机的振动是通过振动马达带动振动轴高速旋转而产生的，改变振动马达的旋转方向就可以改变振幅。

调幅机构是一个密封的圆柱形焊接结构件，主要由活动偏心块、固定偏心块和挡销组成。通过改变振动马达旋转方向就可以改变振动轴的旋转方向。借助挡销的作用，使固定偏心块与活动偏心块相叠加或相抵消，以此改变振动轴的偏心距，从而实现高振幅和低振幅，达到调节振幅的目的。

4.液压系统

随着液压技术的不断发展和液压元件可靠性的不断提高，振动压路机已逐渐采用全液压传动技术。其液压系统由三部分组成：液压行走、液压振动和液压转向。

（1）轮胎驱动振动压路机的液压行走系统

典型的轮胎驱动振动压路机后轮驱动的液压传动系统中，钢轮（振动轮）是从动轮，发动机的动力经分动箱传给液压泵和马达组成的闭式液压传动系统，再经变速器、驱动桥驱动行走轮胎。这种闭式液压传动系统具有传动效率高，可靠性好，技术、结构成熟的优点，在压路机和其他牵引工程机械上得到了广泛的应用。

（2）双轮串联振动压路机的液压驱动系统

双轮串联振动压路机一般都采用全轮驱动和全轮振动。全轮振动的目的是充分发挥机器本身的结构功能，提高压实生产率。采用全轮驱动的原因则是串联振动压路机主要用于压实沥青路面，不允许从动轮的推拥作用影响路面的平整度；另外钢轮的附着能力不如轮胎，单轮驱动限制了作业性能和范围。

双轮串联振动压路机的液压驱动系统由双向变量泵带动两个液压马达，通过行星减速器直接驱动前后轮转动。

（3）液压振动、转向系统

振动压路机液压振动系统主要是完成振动轮的起振功能，主要有定量泵和定量马达组成的开式液玉系统及变量泵和定量马达组成的闭式液压系统两种组合形式。典型的开式液压系统由定量泵、安全阀、换向阀、定量马达和冷却器等组成。一般安全阀和换向阀组装在一起，称为振动阀。这种定量开式系统具有元件易选、成本低、可靠性好等优点，因而获得了广泛的应用。

泵控制闭式液压系统通常由变量泵（带补油泵等）、组合阀、定量马达、冷却器、蓄能器等组成，具有结构简单、容积效率高等特点，应用广泛。

（三）手扶式振动压路机

手扶式振动压路机振动轮的结构与自行式压路机振动轮的结构大致相似，振动轮的激振器多采用偏心块式。

（四）振荡压路机

YD 型振荡压路机总体结构、机械传动部件、液压系统等均与 YZ 型振动压路机或 YZC 型振动压路机相类似，其特点在于压实滚轮采用振荡轮。

振荡轮总体结构与振动轮相同，区别在于滚筒内安装了三根轴，其中一根是中心轴，另外两根为偏心轴。振荡马达通过花键套将动力传给中心轴，借助同步齿形带传动，动力驱动偏心轴旋转。两根偏心轴同步旋转产生相互平行的偏心力，形成交变转矩使滚筒产生振荡运动。

（五）振动压路机应用技术

1.土方振动压实应用技术

（1）压实层厚的确定

压实土层的密实度随深度递减，表面 5cm 的密实度最高。填土分层的压实厚度和压实遍数与压实机械类型、土的种类和压实度要求有关，应通过试验来确定。同样质量的振动压路机要比光轮压路机的压实有效深度大 1.5～2.5 倍。如果压实遍数超过 10 遍仍达不到压实度要求，则继续增加遍数的效果提高很小，不如减小压实层厚。

（2）碾压方法的确定

碾压前，应检查土的含水量是否合适。如果不合适，不要急于碾压，而是要采取处理措施，过湿时要摊铺晾晒，过干则洒水润湿。开始时宜用慢速，最大速度不宜超过

4km/h。碾压时直线段由两边向中间；小半径曲线段由内侧向外侧，纵向进退式进行。横向接头对振动压路机一般重叠 0.4～0.5m，对三轮压路机一般重叠后轮宽的 1/2；前后相邻两区段（碾压区段之前的平整预压区段与其后的检验区段）宜纵向重叠 1～5m，应达到无漏压、无死角，确保碾压均匀。

采用振动压路机碾压时，第一遍应不振动静压，然后先慢后快、由弱振至强振。

（3）碾压速度的确定

压路机行驶速度过慢则影响生产率，行驶过快则对土的接触时间过短，压实效果较差。一般光轮压路机的最佳速度为 2～5km/h，振动压路机为 3～6km/h。对压实度要求高及铺土层较厚时，行驶速度更要慢些。碾压开始宜用慢速，随着土层的逐步密实，速度逐步提高。

（4）碾压技巧

压实时单位压力不应超过土的强度极限，否则土体将会遭到破坏。开始时土体较疏松、强度低，故宜先轻压，随着土体密实度增加，再逐步提高压强。所以，推运摊铺土料时，应力求机械车辆均匀分布行驶在整个路堤宽度内，以便填土得到均匀预压。否则要采用轻型光轮压路机（6～8t）进行预压。正式碾压时，应用振动压路机，第一遍应静压，然后由弱振至强振。

碾压时，在直线路段和大半径曲线路段，应先压边缘，后压中间；小半径曲线地段因有较大的超高，碾压顺序宜先低（内侧）后高（外侧）。

路堤边缘往往压实不到，仍处于松散状态，雨后容易滑塌，故两侧可采取多填宽度 40～50cm，压实工作完成后再按设计宽度和坡度予以刷齐整平，也可以采用卷扬机牵引的小型振动压路机从坡脚向上碾压，或采用人工拍实。坡度不陡于 1：1.75 时，可用履带式推土机从下向上压实。

（5）碾压机械的选择

压实质量要求高的路基，宜选用压实效果较好的碾压机械，如重型轮胎压路机和振动压路机。

砾石基层和底基层长期以来采用振动压实，且已成为一种标准压实法。

采用振动碾压各种不同类型的碎石路基层（贯入式碎石路面，含有细屑的碎石填方等），已经成为近似强制性的规定。有时，采用静作用格栅式压路机把由细碎石组成的基层材料放在道路表面上轧碎，凸块式振动压路机也具有同样用途。

底基层的压实介于路堤和基层压实范围之间。底基层主要由粒状类型的土壤所组成，用重型振动压路机压实这种半黏结性底基层材料可取得良好的效果。用中等重型振动压路机能有效地压实铺层厚度约为 0.5m、含有少量细屑的砾石或砂的底基层料。碎石的底基层一般是用中等重型振动压路机来压实，其铺层厚度大约可达 0.8m，能得到一个很稳定的道路基层。变幅对基层压实很有价值。大振幅能有效地压实基层的底部，而较小的振幅适合于压实表层。

2.沥青路面振动压实应用技术

沥青路面压实的目的是提高沥青混合料的强度、稳定性及疲劳特性。压实工作的主要内容包括碾压机械的选型与组合、压实温度、压实速度、碾压遍数、压实方式的确定及特殊路段的压实（弯道与陡坡等）。

（1）普通沥青路面振动压实的应用技术

振动压路机可用于初期碾压、补充碾压及整平碾压，因其振动滚轮所具有的加速度作用使混合料中的颗粒可以尽可能地聚集在一起，从而获得超过常规静力式光轮压路机和轮胎压路机所能达到的密实度，在较短的时间和有限的碾压次数内达到最佳压实效果。

①碾压温度

碾压温度的高低，直接影响沥青混合料的压实质量。混合料温度较高时，可用较少的碾压遍数，获得较高的密实度和较好的压实效果；而温度较低时，碾压工作变得较为困难，且易产生很难消除的轨迹，造成路面不平整。因此，在实际施工中，要求在摊铺完毕后及时进行碾压。

所谓碾压最佳温度是指在材料允许的温度范围内，沥青混合料能够支承压路机而不产生水平推移，且压实阻力较小的温度。

摊铺机后面的碾压作业段长度，由混合料的种类和压实温度来确定。一般来说，压路机尽可能靠近摊铺机进行碾压。达到密实度后再以最少的碾压遍数进行表面修整时，压路机应离摊铺机远一点。

若碾压时混合料温度过高，会引起压路机两旁混合料隆起、碾轮后的摊铺层裂纹、碾轮上粘起沥青混合料（尽管用水喷洒）及前轮推料等问题。而碾压温度过低时，由于混合料的黏性增大，导致压实无效，或起副作用。研究表明：当沥青混合料的摊铺初始温度每提高 10℃，则碾压时间就可缩短近 16%；而最低碾压温度每降低 10℃，碾压时间需延长近 30%。可见沥青混合料温度较高时，有利于缩短碾压时间，加快施工速度。

压实质量与压实温度有直接关系，而摊铺后混合料温度是在不断变化的，特别是摊铺后 4～15min 内，温度损失最大，因此必须掌握好有效的压实效果，适时碾压。有效压实时间的长短与混合料的冷却速度、压实厚度等因素有密切关系。

②碾压层的厚度

路基、路面底基层和基层（除外用沥青作结合料的基层）的压实规律是：碾压层厚不容易达到高的压实度，碾压层薄容易达到高的压实度。沥青面层的压实恰恰与其相反，碾压层厚比薄更容易达到高密实度。其原因是薄层沥青混合料的温度降低得快，温度较低会明显降低沥青混合料的压实效果。

③选择合理的压实速度与遍数

合理的压实速度，对减少碾压时间、提高作业效率有十分重要的意义。在施工中，保持适当的恒定碾压速度是非常必要的。速度一般控制在 2～4km/h，轮胎压路机可适当提高，但不超过 5km/h。速度过低，会使摊铺与压实工序间断，影响压实质量，从而可能需要增加压实遍数来提高压实度；碾压速度过快，会产生推移、横向裂纹等。

选择碾压速度的基本原则是：在保证沥青混合料碾压质量的前提下，最大限度地提高碾压速度，从而减少碾压遍数，提高工作效率。

④选择合理的振频和振幅

目前，越来越多的振动压路机被用来碾压沥青混合料，为了获得最佳的碾压效果，合理地选择振频和振幅是非常重要的。

（2）改性沥青路面振动压实应用技术

改性沥青混合料的压实工艺，除了提高碾压温度外，与普通沥青混合料没有太大的区别，对压实机具也没有特别要求。在高温下碾压显得特别重要，温度降到一定程度时，碾压将会显得无能为力。尤其是 SMA（沥青玛蹄脂结合料）一般都在表面层使用，厚度比较薄，混合料稳定温降较快，尤其要注意不能在温度下降后才碾压。

①SMA 必须采用光轮压路机碾压，不容许采用轮胎压路机碾压。

②碾压 SMA 必须密切注意压实度的变化。目前任何压实度的监测方法都是事后监测，还无法指导压实过程，所以只能通过严格控制碾压遍数的方法控制压实度。一般初压用 10t 光轮压路机紧跟在摊铺机后面压 1～2 遍，复压用光轮压路机静压 3～4 遍，或振动压路机振动碾压 2～3 遍，最后用较宽的光轮压路机终压一遍即可。

③经验总结出 SMA 的碾压八字方针："紧跟、慢压、高频、低幅"。即压路机必须紧跟在摊铺机后面碾压，摊铺的混合料温度有多高，哪怕在 180r 以上都不怕，只有在

高温条件下碾压才能取得良好的效果。切忌在较低温度下翻来覆去地压，压实度不容易达到，石料的棱角都压掉了，石料还可能压碎，这种事倍功半的做法一定要避免。一般要求的碾压速度不能超过4~5km/h，高频和低幅的碾压对提高SMA的压实度、防止石料损伤、保持石料有良好的棱角性和嵌挤作用很重要。大振幅碾压很容易造成碾压过度，使石料压碎，或者玛蹄脂上浮。这几点也是保证SMA路面的平整度的重要关键性因素。

（3）水泥混凝土路面及RCC路面振动压实应用技术

使用振动压路机压实干硬性混凝土已经有了很成功的经验。RCC混合料的压实主要由振动压路机来完成。在振动压路机压实之后，采用轮胎压路机可以改善RCC路面的表面结构，它使某些细料到达表面，以闭塞任何孔隙、裂缝或表面的撕裂等。

振动压路机适宜的静线压力为200~300N/cm。戴纳帕克的CA15、CC42、CA25和三一重工集团公司的YZ18C型等振动压路机，无论在试验或在实际工作中，都获得了良好的效果。这些型号的压路机适宜于压实的铺层厚度在200~350mm之间。为避免出现表面开裂，采用振动轮是主动轮的振动压路机是有利的。静线压力为500N/cm的重型振动压路机，能压实更厚的铺层。

振动平板压实机或较小型的振动压路机，如双轮压路机，可以压实浇灌于钢板桩附近的混凝土和混凝土建筑物。

RCC的强度和许多其他性质取决于达到的密实度，在所有情况下密实度的减少将使强度大幅度降低。此外，密实度还影响到路面的抗冻融性、抗渗透性及抗磨蚀性等增加路面稳定性的因素。

（4）严寒季节振动压实应用技术

冰冻土壤很难压实，因为冻土孔隙中的冰使土颗粒坚固地结合在一起。增加土壤中细屑含量和水含量以达到高的密实度是困难的。当温度降到零度以下时，填方材料则渐渐变硬因而压实也越来越困难，在冬天压实可供选择的主要方案有以下几种。

①干土和岩石填方的压实

完全干燥的原始岩类填方、碎石或粗砾石，是最适合于冬天压实的材料。但是，就是这些材料，雨雪后也有冰冻的危险。因此，在第二层铺设之前应尽可能地清除表面积雪。另一种可行办法是在表面上撒盐，使积雪融化。因而，冬季建造的填石路堤其沉陷量难免要稍大于冰点以上建设的道路。

②不冻土的快速压实

在冬天对不冻土方快速压实时，假定土方能从取土坑冰冻表面之下挖掘出来进行压实，移来的不冻土填方要立刻运输到现场，如果温度在冰点以下，经平整后应尽可能快速地压实。

用具有高速和良好机动性的自行式振动压路机进行快速压实，比拖式压路机或重型静碾压路机较为有利。这种方法适用于低含水量粒状材料的基层和底基层的压实。

③填土方法

在温度低于零度时，填充薄的铺层常常会使填方几乎全部冰冻。冬天在多数情况下最好采用厚铺层。通常冰冻填方材料中大部分很少受结冰的影响，因而可以减少压实厚铺层下部的不利条件。在一定场合下，用振动羊足压路机和凸块式压路机能够轧碎冰冻块料，特别是压实粒状土壤，可以取得良好效果。

④待夏季压实

在气温低且冰冻很深的严冬情况下，使填方材料不冻结是不可能的。当路堤填方中含有冰冻土时，难免沉陷较大，所以路堤应该铺设较高的路拱。适宜的加高量为路堤高度的20%～30%。低路堤比高路堤需要有更大的加高百分数。到夏季时将路堤表面整平，然后用重型振动压路机压实。建议用振动部分静质量为10t的振动压路机碾压8～10遍。路堤平面的平整和压实应待路堤填方完全解冻后进行。

像路堤一样，在冬季也应选择这种方法防止铺设基层和底基层。道路的面层通常要等到路堤建后的第二个夏天铺设。这样，虽然施工时间加长，但从实际经验来看，对于道路的质量和减少长期沉陷有好处。

（六）振动压路机作业时的注意事项及主要部件的维修、保养

1.作业时注意事项

（1）变换行驶速度时，必须先分离主离合器或换向离合器，才可扳动变速手柄进行换挡。

（2）变换行驶方向时，须先将换向手柄由前进（后退）位置扳至中位，待机器停稳后再将手柄扳至后退（前进）位置。不可一次扳到位，以免因突然变换行驶方向而损坏机件。

（3）作业行驶中，若发现换向离合器或起振离合器有打滑现象，应立即停机，并分离主离合器；须对换向离合器或起振离合器进行检查、调整及排除故障。不可加大油门、试图以高转速大功率来勉强行驶，否则将烧毁离合器片。

（4）压实松散物料时，应先经过1～2次静压后再进行振动碾压。

（5）压路机的起振或停振，应在运行中进行，以免损坏路面。严禁在硬质路面上起

振，以免损坏减振装置或其他机件。

（6）在平整路面上作近距离转场时可用高速挡，但若距离较远，则须用其他运输工具载运。

（7）上、下坡时应提前换好低速挡，禁止以高速上、下坡。

（8）进行高速碾压作业时，禁止开动起振装置。

2.振动轮及减振系统保养、维修要点

（1）振动压路机每工作 50h，必须检查振动轮振动轴轴承润滑油油位，正确的油位面在每种压路机的使用说明书中有具体的规定，油面位置一般应达到观察孔中间的位置。如检查出润滑油太少，应按使用说明书规定加足油，但也不宜加得太多，因为润滑油太少或太多都有可能使振动轴承发热。

（2）振动压路机每工作 1 000h，应更换振动轴轴承润滑油。可将压路机开到小坡度路段，使放油塞转到最低位置，卸下放油塞，将油放到一个容器中，然后将压路机开到水平路段，使振动轮处于使用说明书中所规定的位置，然后加注润滑油。

（3）振动压路机每工作 50h，必须检查橡胶减振器和紧固螺栓使用情况。如紧固螺栓松动，应立即拧紧。当橡胶减振块裂纹深度超过 15～25mm 时，必须更换此减振块；在振动轮同一端如果 25%以上橡胶减振块有裂纹，应立即更换所有橡胶减振块。

（4）检查振动马达轴端是否漏油，如发现漏油，应找出原因。如是振动马达轴端密封失效或振动轴密封失效，应更换密封元件。

四、冲击式压路机

20 世纪 90 年代才实际投入使用的冲击式压路机是一种不同于传统的静碾压实、振动压实和打夯机压实原理的新型压实设备，特别适用于湿陷性黄土压实和大面积深填土石方的压实。冲击式压路机由牵引车和压实装置两部分组成，中间通过十字缓冲连接组件相连。

冲击式压路机的压实装置主要由三线压实轮组件、机架、连杆架、行走轮、连接头、防转器和液压油缸等组成。由摆杆、限位橡胶块和缓冲液压油缸等部分组成的缓冲机构是为了防止和减少冲击轮对机架的冲击。冲击轮（压实轮）是工作部件，它是两个由几段曲线组成的非圆柱形滚筒，分布于机架两侧，中间通过轮轴相连，滚筒用厚钢板焊接而成。由液压油缸、防转器、连杆架、行走轮胎等组成的提升机构和行走机构，主要是用来短途转移和更换施工场地。当液压缸伸长时，两个冲击轮离开地面，这时全部重量由 4 个行走轮承担，在牵引车的拖动下实现场地转移。防转器是为了防止在工地短途转移时冲击轮自由转动。

通过十字缓冲连接组件将压实装置与牵引车相连接，十字缓冲连接组件由牵引板、十字接头、销轴、牵引轴、法兰盘和缓冲橡胶套组成，可缓冲冲击轮对牵引车的冲击，并在牵引过程中改善其受力状况，可保证牵引车与压实装置之间具有 3 个转动自由度。

当牵引车拖动压实轮向前滚动时，压实轮重心离地面的高度上下交替变化，产生的势能和动能集中向前、向下碾压，形成巨大的冲击波，通过多边弧形轮子连续均匀地冲击地面，使土体均匀致密。

第六章 公路工程桥梁机械化施工管理

第一节 公路工程桥梁工程概述

公路桥梁工程指桥梁勘测、设计、施工、养护和检定等的工作过程，以及研究这一过程的科学和工程技术，它是土木工程的一个分支。桥梁工程学的发展主要取决于交通运输对它的需要。古代桥梁以通行人、畜为主，载重不大，桥面纵坡可以较陡，甚至可以铺设台阶。自从有了铁路以后，桥梁所承受的载重逐倍增加，线路的坡度和曲线标准要求又高，且需要建成铁路网以增大经济效益，因此，为要跨越更大更深的江河、峡谷，迫使桥梁向大跨度发展，石材、木材、铸铁、锻铁等桥梁材料显然不合要求，而钢材的大量生产正好满足这几个要求。

（一）技术方面

在技术方面，只是凭经验修桥，曾使二十世纪八九十年代的许多铁路桥发生重大事故。从这时起，正在发展中的结构力学理论得到了重视，而在它的静力分析理论完全确立并广泛普及之后，桥梁因强度不足而造成的事故明显减少。

20世纪以来，公路交通有很大发展。在内陆，需要在更多的河流、峡谷之上建桥。在城市中以及在各种交通线路相交处，需要建造立交桥。在沿海，既需在大船通航的河口、海湾、海峡修建特大跨度桥梁，又需在某些海岛与大陆之间修建长桥。

桥梁需要大量修建，而人力、物力、财力有限。于是，不断提高技术水平，引用新材料、新工艺、新桥式，对结构行为进行更精确的数值分析，采用更精确的结构试验进行验证，以使桥梁建设的经济效益不断提高，已成为时代要求。

桥梁工程学主要研究桥渡设计，包括选择桥址，决定桥梁孔径，考虑通航和线路要求以确定桥面高程，考虑基底不受冲刷或冻胀以确定基础埋置深度，设计导流建筑物等；桥式方案设计；桥梁结构设计；桥梁施工；桥梁检定；桥梁试验；桥梁养护等方面。

在建桥材料方面，以高强、轻质、低成本为选择的主要依据，近期仍以发展传统的钢材和混凝土为主，提高其强度和耐久性。对于建筑钢材的脆断机理、初始几何缺陷等，以及混凝土材料的非弹性问题（收缩徐变以及疲劳等），将继续做充分的研究，使能正确控制结构的受力和变形。至于碳纤维塑料等在桥梁上的广泛应用，还必须在降低成本以后才有可能。

在桥梁勘察设计方面，随着交通事业的迅速发展，大跨度或复杂的桥型将不断涌现。高速公路的发展，对桥梁设计亦将提出新的要求。在桥式方案设计中，将有可能利用结构优化设计理论，借助电子计算机选出最佳方案。

在结构设计计算中，采用空间理论来分析桥梁整体受力已成为可能；以概率统计理论为基础的极限状态设计理论，将进一步反映在桥、涵设计规范中，使桥梁设计的安全度得到科学、合理的保证。桥梁美学作为时代、民族的文化在某些方面的反映，将愈来愈受到人们的重视，桥梁的面貌将蔚为大观。

（二）施工方面

在桥梁施工方面，对施工组织将充分利用电子计算机进行经济有效的管理。在施工技术中，将不断引用新技术和高效率、高功能的机具设备，借以提高质量、缩短工期、降低造价。如采用激光测量控制结构的精确定位；引用自升式水上平台克服深水基础的困难；利用遥控设备在沉井、沉箱中挖基，以减小劳动强度并避免人身危险；利用高质量的焊接技术，推广工地焊接等，此外，装配式桥梁也将有所发展，以使结构和构件标准化，生产工业化。

（三）维修方面

在桥梁养护维修方面，要求对既有桥梁建立完善的技术档案管理制度。在桥梁维修检查中，引用新型精密的测量仪表，如用声测法对结构材料的缺陷以及弹性模量进行测定；用手携式金相摄影仪检查钢材的晶体结构能及早进行加固防患于未然，以便延长桥梁的使用寿命。

桥梁工程始终是在生产发展与各类科学技术进步的综合影响下，遵循适用、安全、经济与美观的原则，不断向前发展。

一、桥梁的基础施工方法

一般来说，桥梁基础工程发展到今天，已经不受水文、地质条件的控制，所重视的是工程结构本身和经济效益。目前国内已经形成一套施工工艺相应的设备。而特大桥基础已经向"组合基础"发展。扩大基础、桩基和沉井三大类在各自的发展中有彼此"联合"。这种联合就是根据不同的水文、地质来发挥各类形式的特点组成一个整体，故出现了很多基础形式。桥梁基础工程由于在地面以下或在水中，涉及水和岩土的问题，从而增加了它的复杂程度，使桥梁的基础无法采用统一的模式。但是根据桥梁基础工程的形式大致可以归纳为扩大基础、桩和管柱基础、沉井和组合基础几大类。

二、桥梁上部结构的施工方法

桥梁上部结构的施工方法从 20 世纪 70 年代以后，随着预应力混凝土的广泛应用，到今天已经得到了迅速的发展，发生了重大的变革。

在钢筋混凝土桥梁的时代，可以说主要的现场浇筑的施工方法，由于箱梁类型与跨径幅度的增加，构件生产的预制化、结构设计方法的进步、机械设备的发展，由此而引起施工方法的进步和发展，形成了多种多样的施工方法。下面将介绍桥梁上部结构的施工方法，并概括各种方法的施工特点。

（一）就地浇筑法

就地浇筑法是在桥位处搭设支架，在支架上浇筑桥体混凝土，达到强度后拆除模板、支架。

就地浇筑施工无须预制场地，而且不需要大型起吊、运输设备，梁体的主筋可不中断，桥梁整体性好。它的缺点主要是工期长，施工质量不容易控制；对预应力混凝土由于混凝土收缩、徐变引起的应力损失比较大；施工中的支架、模板耗用量大，施工费用高；搭设支架影响排洪、通航，施工期间可能受到洪水和漂流物的威胁。

（二）预制安装法

在预制工厂或在运输方便的桥址附近预制厂进行梁的预制工作，然后采用一定的架设方法进行安装。预制安装法施工一般是指钢筋混凝土或预应力混凝土简支梁的预制安装。

预制构件的安装方法有很多，各需不同的安装设备，可根据施工的实际情况合理选择。

预制安装法施工的主要特点：

（1）由于是工厂生产制作，构件质量好就利于确保构件的质量和尺寸精度，预制中尽可能达到要求。

（2）上下部可以平行作业，因而可缩短现场工期。

（3）能有效利用劳动力，并由此而降低工程造价。

（4）由于施工速度快，可适用于紧急施工工程。

（5）将构件预制后由于要存放一段时间，因此在安装时已有一定龄期，可减少混凝土收缩、徐变引起的变形。

三、悬臂施工方法

悬臂施工法是从桥墩开始，两侧对称进行现浇梁段或将预制节段对称进行拼装。前者称为悬臂浇筑施工，后者为悬臂拼装施工。

（1）桥梁在施工过程中产生负弯矩，桥墩也要承受由于施工而产生的弯矩，因此悬臂施工宜在运营状态的结构受力与施工阶段的受力状态比较接近的桥梁中选用，如预应力混凝土 T 形钢构桥、变截面连续桥梁和斜拉桥等。

（2）非墩、梁固接的预应力混凝土桥梁，采用悬臂施工时应采取措施，使墩、梁临时固结，因而在施工过程中有结构体系的转换。

（3）采用悬臂施工的机具设备种类很多，就挂篮而言，也有桁架式、斜拉式等多种形式，可以根据实际情况选用。

（4）悬臂浇筑施工简便，结构整体性好，施工中可不断调整位置，常在跨径大于100m 的桥梁上选用。悬臂拼装法施工速度快，桥梁上、下结构可平行作业，但施工精度要求比较高，可在跨径 100m 以下的大桥中选用。

（5）悬臂施工法可不用或少用支架，施工不影响通航和桥下交通。

四、转体施工方法

转体施工是将桥梁构建先在桥位边处岸边（或路边及适当的位置）进行预制，待混凝土达到设计强度后旋转构件就位的施工方法。转体施工其静力组合不变，它的支座位置就是施工时的旋转支承和旋转轴，桥梁完工后按计划要求改变支承情况。

转体施工的主要特点：

（1）可以利用地形，方便预制构件。

（2）施工期间不断航，不影响桥下交通，并可在跨越通车线路上进行桥梁施工。

（3）施工设备少，装置简单，容易制作并便于掌握。

（4）节省木材，节省施工用料。采用转体施工与缆索无支架施工比较，可省木材80%，施工用钢 60%。

（5）减少高空作业，施工工序简单，施工迅速。当主要结构先期合拢后给施工带来方便。

（6）转体施工适合于单跨和三跨桥梁，可深水、峡谷中建桥采用，同时也适应在平原区以及用于城市跨线桥。

（7）大跨径桥梁采用转体施工将会取得较好的技术经济效益，转体重量轻型化，多种工艺综合利用，是大跨及特大跨桥的施工关键所在。

五、顶推法施工

顶推法施工是在沿桥纵轴方向的台后设置预制场地，分节段预制，并用纵向预应力筋将预制节段与施工完成的梁体连成整体，然后通过水平千斤顶施力，将梁体向前顶推出预制场地，之后继续在预制场进行下一节段梁的预制，循环操作直至施工完成。

顶推法施工的特点：

（1）顶推法可以使用简单的设备建造长大桥梁，施工费用低，施工平稳无噪声，可在水深、山谷和高桥墩上采用，也可在曲率相同的弯桥和坡桥上使用。

（2）主梁分段预制，连续作业，结构整体性好；由于不需要大型起重设备，所以施工阶段的长度一般可取用 10～20m。

（3）桥梁节段固定在一场地预制，便于施工管理改善施工条件，避免高空作业。同时，模板、设备可多次周转使用，在正常情况下，节段的预制周期为 7～10d。

（4）顶推施工时，梁的受力状态变化很大，施工阶段梁的受力状态与运营时期的受力状态差别较大，因此在梁截面设计布索时要同时满足施工与运营要求，由此而造成用钢量较高。在施工时也可采取加设临时墩、设置当前导梁和其他措施，用以减小施工内力。

（5）顶推法宜在等截面梁上使用，当桥梁跨径过大时，选用等截面梁会造成材料用量的不经济，也增加施工难度，因此以中等跨径的桥梁为宜，桥梁的总长也在 500～600m 为宜。

六、移动模架逐孔施工方法

逐孔施工是中等跨径预应力混凝土连续梁中的施工方法，它使用一套设备从桥梁的一端逐孔施工，直到对岸。

采用移动模架逐孔施工的主要特点：

（1）移动模架法不需设置地面支架，不影响通航和桥下交通，施工安全、可靠。

（2）有良好的施工环境，保证施工质量，一套模架可多次周转使用，具有在预制场生产的优点。

（3）机械化、自动化程度高，节省劳力。降低劳动强度，上下部结构可以平行作业，缩短工期。

（4）通常每一施工梁段的长度取用一孔梁长，接头位置一般可选在桥梁受力较小的部位。

（5）移动模架设备投资大，施工准备和操作都较复杂。

（6）移动模架逐孔施工宜在桥梁跨径小于 50m 的多孔长桥上使用。

七、横移法施工

横移法施工是在拟待安置结构的位置旁预制结构物，并横向移动该结构物，将它安置在规定的位置上。

横向位移施工的主要特点是在整个操作空间，与该结构有关的支座位置保持不变，即没有改变梁的结构体系。反之，在横向移动期间，临时制作需要支承该结构的施工重量。

横移施工多采用卷扬机、液压装置并配以千斤顶操作。由于混凝土具有较大的自重，横移法施工常在钢桥上使用。

八、提升与浮运施工方法

这是一种采用竖向运动施工就位的方法。提升施工是在未来安置结构物以下的地面上预制该结构并把它提升就位。浮运施工是桥梁在岸上预制，通过大型浮船位移运至桥位，利用船上下起落安装就位的方法。

采用提升和浮运的方法选取整体结构，重达数千吨。使用方法的要求是：

（1）在该结构下面需要有一个适宜的地面；

（2）在被提升的下面要有一定的承载力；

（3）拥有一台支承在一定基础上的提升设备；

（4）该结构应该是平衡的，至少在提升操作期间；

（5）采用浮运要有一系列大型浮运设备。

九、施工方法的选择

在选择施工方法时，桥梁的类型、跨径、施工的技术水平、机具设备条件也是相当重要的因素。虽然桥梁的施工方法很多，但对于不同的桥梁类型，有的适合，有的就不适合，有的则在特定的条件下就可以使用。

桥梁施工方法的选定，可依据下列条件综合考虑：

（1）使用条件

桥梁的类型、使用跨径、墩高、梁下空间的限制、平面场地的限制、桥墩的形状等。

（2）施工条件

工期要求一起重能力和机具设备要求、架设时是否封闭交通、架设时所需的临时设施、材料可供情况、架设施工的经济核算等。

（3）自然环境条件

山区或平原、地质条件及软弱层状况、对河道的影响、运输线路的限制等。

（4）社会环境影响

对施工现场环境的影响，如公害、景观、污染、架设孔下的障碍、道路交通的阻碍、公共道路的使用及建筑界限等。

第二节　公路工程桥梁桩工机械化管理

一、桩工机械用途与分类

桩工机械是用于各种桩基础、地基改良加固、地下挡土连续墙、地下防渗连续墙施工及其他特殊地基基础等工程施工的机械设备，其作用是将各式桩埋入土中，以提高基础的承载能力。

现代建桥用的基础桩有两种基本类型：预制桩和灌注桩。前者用各种打桩机将其沉入土中，后者用钻孔机钻出深孔以灌注混凝土。

根据预制桩和灌注桩的施工，可把桩工机械分为预制桩施工机械和灌注桩施工机械两大类。

（一）预制桩施工机械

（1）打桩机。打桩机由桩锤和桩架组成，靠桩锤冲击桩头，使桩在冲击力的作用下贯入土中，故又称"冲击式打桩机"。

根据桩锤驱动方式不同，可分为蒸汽、柴油和液压三种打桩机。

（2）振动沉拔桩机。振动沉拔桩机由振动桩锤和桩架组成。振动桩锤利用机械振动法使桩沉入或拔出。

（3）静力压拔桩机。静力压拔桩机采用机械或液压方式产生静压力，使桩在持续静压力作用下被压入或拔出。

（4）桩架。桩架是打桩机的配套设备，桩架应能承受自重、桩锤重、桩及辅助设备等重量。由于工作环境的差异，桩架可分为陆上桩架和船上桩架两种。由于作业性能的差异，桩架有简易桩架和多能桩架（或称"万能桩架"）。简易桩架具有桩锤或钻具提升设备，一般只能打直桩；多能桩架具有多种功能，即可提升桩、桩锤或钻具，使立柱倾斜一定角度，平台回转360°，自动行走等。多能桩架适用于打各种类型桩。由于行走机构不同，桩架可分为滚管式、轨道式、轮胎式、汽车式、履带式和步履式等。

（二）灌注桩施工机械

灌注桩的施工关键在于成孔，其施工方法和配套的施工机械有以下几种：

（1）全套管施工法即贝诺特法，使用设备有全套管钻机。

（2）旋转钻施工法采用的设备是旋转钻机。

（3）回转斗钻孔法使用回转斗钻机。

（4）冲击钻孔法使用冲击钻机。

（5）螺旋钻孔法常传用长螺旋钻机和短螺旋钻机。

二、桩工机械组成及工作原理

（一）柴油打桩机

柴油打桩机由柴油桩锤和桩架两部分组成。桩架有专用的，也有利用挖掘机或起重机上的长臂吊杆加装龙门架改装而成。柴油桩锤按其动作特点分导杆式和筒式两种。导杆式桩锤冲击体为气缸，它构造简单，但打桩能量小；筒式桩锤冲击体为活塞，打击能量大，施工效率高，是目前使用较广泛的一种打桩设备。下面以筒式桩锤为例介绍柴油桩锤的构造及工作原理。

筒式柴油桩锤依靠活塞上下跳动来捶击桩，由锤体、燃料供给系统、润滑系统、冷却系统和启动系统等组成。

锤体主要由上气缸、导向缸、下气缸、上活塞、下活塞和缓冲垫等组成。导向缸在打斜桩时为上活塞引导方向，还可防止上活塞跳出锤体。上气缸是上活塞的导向装置。下气缸是工作气缸，它与上、下活塞一起组成燃烧室，是柴油桩锤爆炸冲击工作的场所。上、下气缸用高强度螺栓连接。在上气缸外部附有燃油箱及润滑油箱，通过附在缸壁上的油管将燃油与润滑油送至下气缸上的燃油泵与润滑油泵。上活塞和下活塞都是工作活塞。

上活塞又称"自由活塞"，不工作时位于上气缸的下部，工作时可在上、下气缸内跳动，上、下活塞都靠活塞环密封，并承受很大的冲击力和高温高压作用。

在下气缸底部外端环与活塞冲头之间装有一个缓冲垫（橡胶圈）。它的主要作用是缓冲打桩时下活塞对下气缸的冲击。这个橡胶圈强度高、耐油性强。

在下气缸四周，分布着斜向布置的进、排气管，供进气和排气用。

柴油桩锤启动时，由桩架卷扬机将起落架吊升，起落架钩住上活塞提升到一定高度，吊钩碰到碰块，上活塞脱离起落架，靠自重落下，柴油桩锤即可启动。

筒式柴油桩锤的工作原理如下：

（1）喷油过程。上活塞被起落架吊起，新鲜空气进入气缸，燃油泵进行吸油。上活塞提升到一定高度后自动脱钩掉落，上活塞下降。当下降的活塞碰到燃油泵的压油曲臂时，即把一定量的燃油喷入下活塞的凹面。

（2）压缩过程。上活塞继续下降，吸、排气口被上活塞挡住而关闭，气缸内的空气被压缩，空气的压力和温度均升高，为燃烧爆炸创造条件。

（3）冲击、雾化过程。当上活塞快与下活塞相撞时，燃烧室内的气压迅速增大。当上、下活塞碰撞时，下活塞冲击面的燃油受到冲击而雾化。上、下活塞撞击产生强大的冲击力，有50%左右的冲击机械能传递给下活塞，通过桩帽，使桩下沉。被称为"第一次打击"。

（4）燃烧爆炸过程。雾化后的混合气体，由于受高温和高压的作用，立刻燃烧爆炸，产生巨大的能量。通过下活塞对桩再次冲击（即第二次打击），同时使上活塞跳起。

（5）排气过程。上跳的活塞通过排气口后，燃烧过的废气便从排气口排出。上活塞上升越过燃油泵的压油曲臂后，曲臂在弹簧作用下，回复到原位，同时吸入一定量的燃油，为下次喷油做准备。

（6）吸气过程。上活塞在惯性力作用下，继续上升，这时气缸内产生负压，新鲜空气被吸入气缸内。活塞跳得越高，所吸入的新鲜空气越多。

（7）活塞下行并排气过程。上活塞的动能全部转化为势能后，又再次下降，一部分的新鲜空气与残余废气的混合气由排气口排出直至重复喷油过程，柴油桩锤便周而复始地工作。

（二）液压打桩机

液压打桩机由液压桩锤和桩架两部分组成。液压桩锤利用液压能将锤体提升到一定高度，锤体依靠自重或自重加液压能下降，进行锤击。从打桩原理上可分为单作用式和双作用式两种。单作用式即自由下落式，冲击能量较小，但结构比较简单。双作用式液压桩锤在锤体被举起的同时，向蓄能器内注入高压油，锤体下落时，液压泵和蓄能器内的高压油同时给液压桩锤提供动力，促使锤体加速下落，使锤体下落的加速度超过自由落体加速度。双作用式液压桩锤冲击能量大，结构紧凑，但液压油路比单作用式液压桩锤要复杂些。

液压桩锤由锤体部分、液压系统和电气控制系统等组成。

（1）起吊装置。起吊装置主要由滑轮架、滑轮组与钢丝绳组成，通过桩架顶部的滑轮组与卷扬机相连。利用卷扬机的动力，液压桩锤可在桩架的导向轨上上下滑动。

（2）导向装置。导向装置与柴油桩锤的导向卡基本相似，它用螺栓将导向装置与壳体和桩帽相连，使其与桩架导轨的滑道相配合，锤体可沿导轨上下滑动。

（3）上壳体保护液压桩锤上部的液压元件、液压油管和电气装置，同时连接起吊装置和壳体。上壳体还用作配重使用，可以缓解和减少工作时锤体不规则的抖动或反弹，提高工作性能。

（4）锤体液压桩锤通过锤体下降打击桩帽，将能量传给桩，实现桩的下沉。锤体的上部与液压油缸活塞杆头部通过法兰连接。

（5）壳体壳。体把上壳体和下壳体连在一起，在它外侧安装着导向装置、无触点开关、液压油管和控制电缆的夹板等。液压油缸的缸筒与壳体连接，锤体上下运动锤击沉桩的全过程均在壳体内完成。

（6）下壳体。下壳体将桩帽罩在其中，上部与壳体的下部相连，下部支在桩帽上。

（7）下锤体。下锤体上部有两层缓冲垫，与柴油桩锤下活塞的缓冲垫作用一样，防止过大的冲击力打击桩头。

（8）桩帽及缓冲垫。打桩时，桩帽套在钢板桩或混凝土预制桩的顶部，除起导向作用外，与缓冲垫一起既保护桩头不受损坏，也使锤体及液压缸的冲击荷载大为减小。在打桩作业时，应注意经常更换缓冲垫。

（三）振动沉拔桩机

振动沉拔桩机由振动桩锤和通用桩架组成。振动桩锤是利用机械振动法使桩沉入或拔出。按振动频率可分为低、中、高和超高频四种形式；按作用原理可分为振动式和振动冲击式两种；按动力装置与振动器的连接方式可分为刚性式和柔性式两种；按动力源可分为电动式和液压式两种。

1.振动桩锤工作原理

振动桩锤主要装置为振动器，利用振动器所产生的激振力，使桩身产生高频振动。这时桩在其自重或很小的附加压力作用下沉入土中，或是在较小的提升力作用下被拔出。

振动器都是采用机械式振动器，由两根装有偏心块的轴组成。这两根轴上装有相同的偏心块，但两根轴相向转动。这时两根轴上的偏心块所产生的离心力，在水平方向上的分力互相抵消，而其垂直方向上的分力则叠加起来。

2.电动式振动沉拔桩机

电动式振动沉拔桩机是将振动器产生的振动，通过与振动器联成一体的夹桩器传给桩体，使桩体产生振动。桩体周围的土壤由于受到振动作用，摩擦阻力显著下降，桩就在振动沉拔桩机和自重的作用下沉入土中。在拔桩时，振动可使拔桩阻力显著减小，只需较小的提升力就能把桩拔出。

电动式振动沉拔桩机由振动器、夹桩器、电动机等组成。电动机与振动器刚性连接的，称为"刚性振动锤"；电动机与振动器之间装有螺旋弹簧的，则称为"柔性振动锤"。

振动器的偏心块可以用电动机以三角皮带驱动，振动频率可调节，以适应不同土壤打不同桩对激振力的不同要求。

夹桩器用来连接桩锤和桩。分液压式、气压式、手动（杠杆或液压）式和直接（销接或圆锥）式等。

振动冲击式振动锤沉桩时既靠振动又靠冲击。振动器和桩帽经由弹簧相连。两个偏心块在电动机带动下，同步反向旋转时，在振动器作垂直方向振动的同时，给予冲击凸块以快速的冲击，使桩迅速下沉。

3.液压式振动沉拔桩机

液压式振动沉拔桩机采用液压马达驱动。液压马达驱动能无级调节振动频率，还有启动力矩小、外形尺寸小、质量轻、不需要电源等优点。但其传动效率低，结构复杂，维修困难，价格高。

（四）静力压拔桩机

依靠持续作用静压力，将桩压入或拔出的桩工机械，称为"静力压拔桩机"。静力压拔桩机分为机械式和液压式两种。机械式压拔桩机由机械方式传递静压力，液压式用液压油缸产生的静压力来压桩或拔桩。

液压静力压桩机主要由驾驶室、起重机、液压系统、电器系统、支腿、导向压桩架、横移机构、夹持机构、纵移机构等组成。

由支腿实现纵移机构、横移机构的离地、接地和机身的调平，为压桩做准备。导向压桩架与夹持机构通过四个夹桩油缸、一对主压桩油缸及一对副压桩油缸实现夹桩与压桩功能。起重机用于吊桩和其他辅助吊运工作。

液压静力压桩机工作时噪声低、振动小、无污染，与冲击式施工方式比较，桩身不受冲击应力，不易损坏，施工质量好，效率高。

（五）桩架

大多数桩锤或钻具都要用桩架支持，并为之导向。桩架的形式很多，这里主要介绍通用桩架，即那些能适用于多种桩锤或钻具的桩架。目前通用桩架有两种基本形式：一种是沿轨道行驶的万能桩架，另一种是装在履带式底盘上的桩架。沿轨道行驶的万能桩架因其要在预先铺好的水平轨道上工作，机构庞大，占用场地大，组装和搬运麻烦，因而近年来已很少使用。而履带式桩架发展较为迅速。这里仅介绍这种桩架。

1.悬挂式履带桩架

悬挂式履带桩架是以履带式起重机为底盘，用吊臂悬吊桩架立柱，立柱下面与机体通过支撑杆相连接。由于桩架、桩锤的重量较大，重心高且前移，容易使起重机失稳，所以通常要在机体上增加一些配重。立柱在吊臂端部的安装比较简单。为了能方便地调整立柱的垂直度，立柱下端与机体的连接一般都采用丝杠或液压式等伸缩可调的机构。

悬挂式桩架的缺点是横向稳定性较差，立柱的悬挂不能很好地保持垂直。这一点限制了悬挂式桩架不能用于打斜桩。

2.三支点式履带桩架

三支点式履带桩架同样是以履带式起重机为底盘，但在使用时必须作较多的改动。首先拆除吊臂，增加两个斜撑，斜撑下端用球铰支持在液压支腿的横梁上，使两个斜撑的下端在横向保持较大的间距，构成稳定的三点式支撑结构。

三支点式桩架在性能上是比较理想的，工作幅度小，具有良好的稳定性，另外还可通过斜撑的伸缩使立柱倾斜，以适应打斜桩的需要。

（六）冲击钻机

冲击式钻机是灌注桩基础施工的一种重要钻孔机械，它能适应各种不同地质情况，特别是在卵石层中钻孔。同时，用冲击式钻机钻孔，成孔后，孔壁四周会形成一层密实的土层，对稳定孔壁，提高桩基承载能力，均有一定作用。

目前常用的冲击钻机有 CZ 系列，其所有部件均装在拖车上，包括电动机、传动机构、卷扬机和桅杆等。冲击钻孔是利用钻机的曲柄连杆机构，将动力的回转运动变为往复运动，通过钢丝绳带动冲锤上下运动。通过冲锤自由下落的冲击作用，将卵石或岩石破碎，钻渣随泥浆（或用掏渣筒）排出。

冲锤有各种形状，但它们的冲刃大多是十字形的。

由于冲击式钻机的钻进是将岩石破碎成粉粒状钻渣，功率消耗大，钻进效率低。因此，除在卵石层中钻孔时采用外，其他地层的钻孔已被其他形式的钻机所取代。

（七）全套管钻机

全套管施工法是由法国贝诺特公司（Benoto）发明的一种施工方法，也称为"贝诺特施工法"。配合这种施工工艺的设备称为"全套管设备"或"全套管钻机"，它主要用于桥梁等大型建筑基础灌注桩的施工。施工时在成孔过程中一面下沉钢质套管，一面在钢管中抓挖黏土或砂石，直至钢管下沉至设计深度，成孔后灌注混凝土，同时逐步将钢管拔出，以便重复使用。

1.全套管钻机的分类及总体结构

全套管钻机按结构形式可分为两大类，即整机式和分体式。

整机式采用履带式或步履式底盘，其上装有动力系统、钻机作业系统等，由主机、钻机、套管、锤式抓斗、钻架等组成。主机主要由驱动全套管钻机短距离移动的底盘和动力系统、卷扬系统等组成。钻机主要由压拔管、晃管、夹管机构组成，包括压拔管、晃管、夹管油缸和液压系统及相应的管路控制系统等组成。套管是一种标准的钢质套管，套管采用螺栓连接，要求有严格的互换性。锤式抓斗由单绳控制，靠自由落体冲击落入孔内取土，再提上地面卸土。钻架主要为锤式抓斗取土服务，设置有卸土外摆机构和配合锤式抓斗卸土的开启锤式抓斗机构。

分体式全套管钻机是以压拔管机构作为一个独立系统，施工时必须配备其他形式的机架（如履带式起重机），才能进行钻孔作业。分体式全套管钻机主要由起重机、锤式抓斗、锤式抓斗导向口、套管、钻机等组成。起重机为通用起重机，锤式抓斗、导向口、套管均与整机式全套管钻机的相应机构相同，钻机是整套机构中的工作机，它由导向及纠偏机构、晃管装置、压拔管液压缸、摆动臂和底架等组成。

2.全套管钻机的工作原理

全套管钻机一般均装有液压驱动的抱管、晃管、压拔管机构。成孔过程是将套管边晃边压，进入土壤之中，并使用锤式抓斗在套管中取土。抓斗利用自重插入土中，用钢绳收拢抓瓣。这一特殊的单索抓斗可在提升过程中完成向外摆动、开瓣卸土、复位、开瓣下落等过程。成孔后，在灌注混凝土的同时逐节拔出并拆除套管，最后将套管全部取出。

（八）旋转钻机

旋转钻机由带转盘的基础车（履带式或轮胎式）、钻杆回转机构、钻架、工作装置等组成。

旋转钻机是利用旋转的工作装置切下土壤，使之混入泥浆中排出孔外。根据排出渣浆的方式不同，旋转钻机分为正循环和反循环两类。常用反循环钻机。

正循环钻机由电动机驱动转盘带动钻杆、钻头旋转钻孔，同时开动泥浆泵对泥浆池中的泥浆施加压力使其通过胶管、提水龙头、空心钻杆，最后从钻头下部喷出，冲刷孔底，并把与泥浆混合在一起的钻渣沿孔壁上升经孔口排出，流入沉淀池。

钻渣沉积下来后，较干净的泥浆又流回泥浆池，如此形成一个工作循环。反循环钻机工作泥浆循环与正循环方向相反，夹带杂渣的泥浆经钻头、空心钻杆、提水龙头、胶管进入泥浆泵，再从泵的闸阀排出流入泥浆池中，而后泥浆经沉淀后再流入孔内。

（九）螺旋钻孔机

螺旋钻孔机是灌注桩施工机械的主要机种。其原理与麻花钻相似，钻头的下部有切削刃，切下来的土沿钻杆上的螺旋叶片上升，排至地面上。螺旋钻孔机钻孔直径范围为150～2 000mm，一次钻孔深度可达 15～20m。

目前，各国使用的螺旋钻孔机主要有长螺旋钻孔机、短螺旋钻孔机、振动螺旋钻孔机、加压螺旋钻孔机、多轴螺旋钻孔机、凿岩螺旋钻孔机、套管螺旋钻孔机、锚杆螺旋钻孔机等。这里主要介绍长螺旋钻孔机与短螺旋钻孔机。

1.长螺旋钻机

长螺旋钻机通常由钻具和底盘桩架两部分组成。钻具的驱动可用电动机、内燃机或液压马达。钻杆的全长上都有螺旋叶片，底盘桩架有汽车式、履带式和步履式。采用履带式打桩机时，和柴油桩锤等配合使用，在立柱上同时挂有柴油桩锤和螺旋钻具，通过立柱旋转，先钻孔，后用柴油桩锤将预制桩打入土中，这样可以降低噪声，加快施工进度，同时又能保证桩基质量。

用长螺旋钻机钻孔时，钻具的中空轴允许加注水、膨润土或其他液体进入孔中，并可防止提升螺旋时由于真空作用而塌孔和防止泥浆附在螺旋上。

2.短螺旋钻机

短螺旋钻机钻具与长螺旋的钻具相似，但钻杆上只有一段叶片（约为 2～6 个导程）。工作时，短螺旋不能像长螺旋那样直接把土输送到地面上来，而是采用断续工作方式，即钻进一段，提出钻具卸土，然后再钻进。此种钻孔机也可分为汽车式底盘和履带式底盘两种。

短螺旋钻机由于一次取土量少，因此在工作时整机稳定性好。但进钻时由于钻具重量轻，进钻较困难。短螺旋钻机的钻杆有整体式和伸缩式两种。前者钻深可达 20m，后者钻深可达 30～40m。

短螺旋钻机有 3 种卸土方式。第一种方式是高速甩土，即低速钻进，高速提钻卸土，土块在离心力作用下被甩掉这种方式虽然出土迅速，但因甩土范围大，对环境有影响。第二种方式为刮土器卸土，即当钻具提升至地面后，将刮土器的刮土板插入顶部螺旋叶片中间，螺旋一边旋转，一边定速提升，使刮土板沿螺旋刮土，清完土后，将刮土器抬离螺旋，再进行钻孔。第三种方式为开裂式螺旋卸土，即在钻杆底端设有铰销，当螺旋被提升至底盘定位板处时，开裂式螺旋上端的顶推杆与定位板相碰，开裂式螺旋即被压开，使土从中部卸出，如一次未能卸净，可反复进行几次。

三、桩工机械使用技术

（一）柴油打桩机应用

柴油桩锤构造简单，使用方便，它不像振动桩锤需要外接电源，它所需要的燃料就装在它的气缸外面的一个油箱里。因此，柴油桩锤成为目前广泛采用的打桩设备。

柴油桩锤的另一特点是，地层愈硬，桩锤跳得愈高，这样就自动调节了冲击力。地层软时，由于贯入度（每打击一次桩的下沉量，一般用 mm 表示）过大，燃油不能爆发或爆发无力，桩锤反跳不起来，而使工作循环中断。这时只好重新启动，甚至要将桩打入一定深度后，才能正常工作。所以，在软土地层使用柴油桩锤时，开始一段效率较低。若在打桩作业过程中发现桩的每次下沉量很小，而柴油桩锤又确无故障时，说明此种型号桩锤规格太小，应换大型号桩锤。过小规格的桩锤作业效率低，而用过大的油门试图增大落距和增大锤击力的做法，其生产率提高不大，而往往将桩头打坏。一般要求是重捶轻击，即锤应偏重，落距宜小，而不是轻捶重击。另外，柴油桩锤打斜桩效果较差，若打斜桩时，桩的斜度不宜大于 30°。

（二）振动沉拔桩机的应用

振动沉拔桩机具有结构简单、辅助设备少、工作效率高、重量轻、体积小、对桩头的作用力均匀使桩头不易损坏等优点，还可以用来拔桩，因此得到广泛的使用。

桥梁工程中广泛采用振动沉桩法施工来解决板桩、钢管桩、钢筋混凝土桩和管桩的施工问题。振动沉桩法的工作效率取决于振幅、离心力和静压力，振幅是决定沉桩速度的主要因素，理想的振幅是 10～20mm。过大的振幅不但消耗动力多，而且机械工作不平稳。沉桩作业时，作用在桩身单位断面积上的静压力对桩的下沉也有很大的影响，只有当静压力（包括桩的自重）超过某值时才发生沉桩现象，振动沉拔桩机必须有足够的重量，必要时还应附加配重。

（三）钻孔灌注桩施工方法

钻孔灌注桩的施工，因其所选护壁形成的不同，有泥浆护壁施工法和全套管施工法两种。

1.泥浆护壁施工法

冲击钻孔、冲抓钻孔和回转钻削成孔等均可采用泥浆护壁施工法。该施工法的过程是：平整场地—泥浆制备—埋设护筒—铺设工作平台—安装钻机并定位—钻进成孔—清孔并检查成孔质量—下放钢筋笼—灌注混凝土—拔出护筒—检查质量。

（1）施工准备

施工准备包括：选择钻机、钻具、场地布置等。

钻机是钻孔灌注桩施工的主要设备，可根据地质情况和各种钻孔机的应用条件来选择。

（2）钻孔机安装与定位

安装钻孔机的基础如果不稳固，施工中易产生钻孔机倾斜、桩倾斜和桩偏心等不良影响，因此要求安装地基稳固。对地层较软或有坡度的地基，可用推土机推平，再垫上钢板或枕木加固。

为防止桩位不准，施工中很重要的是定中心位置和正确地安装钻孔机，对有钻塔的钻孔机，先利用钻机本身的动力及附近的地锚，将钻杆移动大致定位，再用千斤顶将机架顶起，准确定位，使起重滑轮、钻头或固定钻杆的卡孔与护筒中心在一垂线上，以保证钻机的垂直度。钻机位置的偏差不得大于 2cm。对准桩位后，用枕木垫平钻机横梁，并在塔顶对称于钻机轴线上拉上缆风绳。

（3）埋设护筒

钻孔成败的关键是防止孔壁坍塌。当钻孔较深时，在地下水位以下的孔壁土在静水压力下会向孔内坍塌，甚至发生流砂现象。钻孔内若能保持比地下水位高的水位，增加孔内静水压力，能稳定孔壁、防止坍孔。护筒除起到这个作用外，同时还有隔离地表水、保护孔口地面、固定桩孔位置和钻头导向作用等。

制作护筒的材料有木、钢、钢筋混凝土三种。护筒要求坚固耐用，不漏水，其内径应比钻孔直径大（旋转钻约大 20cm，潜水钻、冲击或冲抓钻约 40cm），每节长度 2～3m。一般常用钢护筒。

（4）泥浆制备

钻孔泥浆由水、黏土（膨润土）和添加剂组成。具有浮悬钻渣、冷却钻头、润滑钻具，增大静水压力，并在孔壁形成泥皮，隔断孔内外渗流，防止坍孔的作用。调制的钻孔泥浆及经过循环净化的泥浆，应根据钻孔方法和地层情况来确定泥浆稠度，泥浆稠度应视地层变化或操作要求机动掌握，泥浆太稀，排渣能力小，护壁效果差；泥浆太稠会削弱钻头冲击功能，降低钻进速度。

（5）钻孔

钻孔是一道关键工序，在施工中必须严格按照操作要求进行，才能保证成孔质量。首先要注意开孔质量，为此必须对好中线及垂直度，并压好护筒。在施工中要注意不断添加泥浆和抽渣（冲击式用），还要随时检查成孔是否有偏斜现象。采用冲击式或冲抓式钻机施工时，附近土层因受到振动而影响邻孔的稳固。所以钻好的孔应及时清孔、下放钢筋笼和灌注混凝土。

（6）清孔

钻孔的深度、直径、位置和孔形直接关系到成桩质量与桩身曲直。为此，除了钻孔过程中密切观测监督外，在钻孔达到设计要求深度后，应对孔深、孔位、孔形、孔径等进行检查。在终孔检查完全符合设计要求时，应立即进行孔底清理，避免隔时过长以致泥浆沉淀，引起钻孔坍塌。对于摩擦桩，当孔壁容易坍塌时，要求在灌注水下混凝土前沉渣厚度不大于 30cm；当孔壁不易坍塌时，不大于 20cm。对于柱桩，要求在射水或射风前，沉渣厚度不大于 5cm。清孔方法视使用的钻机不同而灵活应用。通常可采用正循环旋转钻机、反循环旋转钻机、真空吸泥机以及抽渣筒等清孔。其中用吸泥机清孔，所需设备不多，操作方便，清孔也较彻底，但在不稳定土层中应慎重使用。其原理就是用压缩机产生的高压空气吹入吸泥机管道内将泥渣吹出。

（7）灌注水下混凝土

清完孔之后，就可将预制的钢筋笼垂直吊放到孔内，定位后要加以固定，然后用导管灌注混凝土，灌注时混凝土不要中断，否则易出现断桩现象。

2.全套管施工法

全套管施工法一般的施工过程是：平整场地—铺设工作平台—安装钻机—压套管—钻进成孔—安放钢筋笼—放导管—浇筑混凝土—拉拔套管—检查成桩质量。

全套管施工法的主要施工步骤除不需泥浆及清孔外，其他的与泥浆护壁法都类同。压入套管的垂直度，取决于挖掘开始阶段的 5~6m 深时的垂直度。因此，应该随时用水准仪及铅垂校核其垂直度。

（四）预制桩施工机械适用范围及选用

1.预制桩施工机械的适用范围

（1）柴油打桩机

①轻型宜于打木桩、钢板桩。

②重型宜于打钢筋混凝土桩、钢管桩。

③不适于在过硬或过软土层中，打桩附有桩架、动力设备，机架轻，移动方便，燃料消耗少，沉桩效率高。

（2）振动沉拔桩机

①用于沉拔钢板桩、钢管桩、钢筋混凝土桩。

②宜用于砂土、塑性黏土及松软砂黏土。

③在卵石夹砂及紧密黏土中效果较差，沉桩速度快，施工操作简易安全，能辅助拔桩。

（3）静力压拔桩机

①适用于不能有噪声和振动影响邻近建筑物的软土地区。

②适用压拔板桩、钢板桩、型钢桩和各种钢筋混凝土方桩。

③宜用于软土基础及地下铁道明挖施工中，对周围环境无噪声，无振动，短桩可接，便于运输。只适用松软地基，且运输安装不方便。

2.柴油桩锤的选用

桩锤是打桩机的核心部件，因此柴油桩锤的正确选择，对提高工作效率至关重要。选择桩锤，必须考虑桩的规格、基础规格和土质条件等因素。一般选用柴油打桩机，采用桩质量与锤质量之比为 0.7～2.5 时，则可提高工作效率。选择一般桩的适当打击次数，按标准决定。采用适当质量的桩锤进行打桩，在接近打桩结束时，每次打击的贯入量应小于 2mm，这样可充分发挥桩的承载力。在确保承载力的条件下，也可采用比上述限值更大一些的贯入量。

（五）灌注桩施工机械适用范围及选用

灌注桩基础施工工艺过程繁多，在整个施工过程中，关键环节是钻孔。因此钻孔机械的选择尤为重要，其他工艺过程的机械随钻孔机械而进行配套。钻孔机械就是灌注桩基础施工的主导机械。

钻机的种类有旋转式钻机、冲击式钻机、冲抓式钻机、全套管钻机等，各种钻机有其各自的工作特点和适用范围。因此，钻机的选择往往是顺利完成施工的重要环节。钻机的选择根据如下原则进行：

（1）选择钻机类型时，必须根据所钻孔位的地质（土壤及土层结构）情况结合钻机的适用能力而选型。

（2）钻机的型号应根据设计钻孔的直径和深度结合钻机钻孔能力而定。

（3）一台钻机配备有不同类型的钻头，而钻头的选择应根据地质结构情况而选择。

（4）钻机的选择还应考虑钻架设立的难易程度，钻机的运输条件及钻机安装场地的水文、地质，钻机钻进反力等情况，力求所选钻机结构简单，工作可靠，使用及运输方便。

（5）钻机的选择要考虑其生产率应符合工程进度要求，在保证工程质量和工作进度的前提下，生产率不宜过大。因为生产率高钻机费用高，工程造价高。

总之，在钻机选型时，要综合考虑各种因素，力求经济实用。

第三节　公路工程桥梁起重机械施工管理

一、公路工程桥梁起重机械分类

（一）起重机械的分类

起重机械是一种做循环、间歇运动的机械。一个工作循环包括：取物装置从取物地把物品提起，然后水平移动到指定地点降下物品，接着进行反向运动，使取物装置返回原位，以便进行下一次循环。

通常，起重机械由起升机构（使物品上下运动）、运行机构（使起重机械移动）、变幅机构和回转机构（使物品作水平移动），再加上金属机构、动力装置、操纵控制及必要的辅助装置组合而成。

在建桥工程中所用的起重机械，根据其构造和性能的不同，一般可分为轻小型起重设备、桥架类型起重机械和臂架类型起重机械三大类。轻小型起重设备如千斤顶、起重葫芦、卷扬机等。桥架类型起重机械如梁式起重机、龙门起重机等。臂架类型起重机械如固定式回转起重机、塔式起重机、汽车起重机、轮胎、履带式起重机等。

（二）架桥设备分类

架桥设备是一种将预制钢筋混凝土（或预应力混凝土）梁片（或梁段），吊装在桥梁支座上的专用施工机械。我国目前的公路架桥设备虽说形式各异，但概括起来可以分为导梁式架桥设备、缆索式架桥设备和专用架桥机三大类。

1.导梁式架桥设备

这类架桥设备是利用贝雷架（或万能杆件、战备军用桁梁）拼装成的导梁作为承载移动支架，再配置部分起重装置与移动机具来实现架梁。

2.缆索式架桥设备

这类架桥设备是利用万能杆件，或者圆木拼成索塔架式人字形扒杆，用架设的钢丝绳组成吊装设备和行走装置，将梁架设在墩台上，直接就位或者横移就位。

3.专用架桥机

专用架桥机是在导梁式架桥设备的基础上，通过对其结构和起吊、行走设备进行改善而发展起来的专用施工机械，按导梁形式可分为双导梁型和单导梁型两种。

双导梁型架桥机目前在公路架桥机中应用最广泛，其导梁的承载能力强，整机横向稳定性能较好。单导梁型架桥机具有结构紧凑，对曲线及斜交桥梁适应能力强，容易实现架设外边梁等特点，其横移一般靠导梁整机横移来实现移梁、落梁工序。

二、简单起重设备

简单起重设备一般只备有起升机构，用以起升重物。其构造简单、重量轻，便于携带，移动方便。常用的简单起重设备有液压千斤顶和卷扬机等。

（一）液压千斤顶

千斤顶是一种起重高度小（小于1m）的最简单的起重设备。它有机械式和液压式两种。机械式千斤顶又有齿条式与螺旋式两种，由于起重量小，操作费力，一般只用于机械维修工作，在修桥过程中不适用。液压式千斤顶结构紧凑，工作平稳，有自锁作用，故使用广泛。其缺点是起重高度有限，起升速度慢。液压千斤顶分为通用和专用两类。

通用液压千斤顶适用于起重高度不大的各种起重作业。它由油缸、油泵、储油腔、活塞、摇把、回油阀等组成。工作时，只要往复扳动摇把，使手动油泵不断向油缸内压油，由于油缸内油压的不断增高，就迫使活塞及活塞上面的重物一起向上运动。打开回油阀，油缸内的高压油便流回储油腔，于是重物与活塞也就一起下落。

专用液压千斤顶是专用的张拉机具，在制作预应力混凝土构件时，对预应力钢筋施加张力。专用液压千斤顶多为双作用式。常用的有穿心式以及锥锚式两种。

穿心式千斤顶适用于张拉钢筋束或钢丝束，它主要由张拉缸、顶压缸、顶压活塞及弹簧等部分组成。它的特点是：沿拉伸机轴心有一穿心孔道，钢筋（或钢丝）穿入后由尾部的工具锚锚固。张拉时，打开前后油嘴，从后油嘴向张拉工作油室内供油，张拉缸缸体向后移动。

由于钢索锚固在千斤顶尾部的工具锚上，因此千斤顶通过工具锚将钢索张拉。当钢索张拉到需要的长度时，关闭后油嘴，从前油嘴进油至顶压缸内，使顶压活塞向前伸移而顶住锚塞，并将锚塞压入锚圈中，从而使钢索锚固。

打开后油嘴并继续从前油嘴进油，这时张拉缸向前移动，缸内油液回流。最后打开前油嘴，使顶压缸内的油液回流，顶压活塞由于复位弹簧的作用而复还原位。

（二）卷扬机

卷扬机又称"绞车"，它主要用于提升和拖曳重物。它可以单独使用，也可配合滑车作其他起重机构使用。

卷扬机实际上是由一个卷筒再配上齿轮或蜗轮减速器而组成的简单起重设备，有手动、机动和电动三种。

电动式卷扬机由机架、卷筒、减速箱、制动器、电动机等部分组成。电动机的动力输出轴通过弹性联轴器和制动器与减速箱相连。

三、自行式动臂起重机

（一）自行式动臂起重机的类型及特点

自行式动臂起重机是起重机中应用较广泛的一种类型，按行走装置的不同，可分为汽车式起重机、轮胎式起重机和履带式起重机三种。其产品型号的编制方法分别是：机械式汽车起重机代号为 Q，液压式代号为 QY；机械式轮胎起重机代号为 QL，液压式为 QLY；机械式履带起重机代号为 QU，液压式为 QUY。自行式动臂起重机由于都装有行走装置，灵活性好，因此，被广泛应用于流动性较大的路桥施工现场等作吊运、安装工作。具体特点分述如下。

汽车起重机是在通用或专用载货汽车底盘上装上起重工作装置及设备的起重机。它具有汽车的通过性好、机动灵活、行驶速度高，可快速转移，到达目的地能马上投入工作等优点。因此，它特别适用于流动性大、不固定的工作场合。由于它是在现成的汽车底盘上改装而成，故制造容易且较经济。汽车起重机因为具有上述这些特点，所以，近年来随着汽车工业的迅速发展，各国汽车起重机的品种和产量都有很大发展。但汽车起重机车身较长，转弯半径大（因受汽车底盘的限制）。

轮胎起重机是将起重工作装置和设备装设在专门设计的自行式轮胎底盘上的起重机。由于其底盘是专门设计的，因此，其轴距、轮距及外形尺寸可根据总体设计的要求合理布置。

近年来，随着起重机技术的迅速发展，汽车起重机吨位越来越大，轮胎起重机行驶速度越来越高，使两者之间的差别逐渐缩小，出现了快速越野型轮胎起重机。这种起重机采用了动力换挡、全轮转向、油气弹簧悬架，从而提高了起重机的机动性、越野性及作业稳定性，很有发展前途。

履带式起重机是把起重工作装置和设备装在履带式底盘上的起重机。与轮胎起重机相比，履带对地面的平均比压小，可在松软、泥泞等恶劣的地面上作业。此外，它爬坡能力强，牵引性能好，能带载行驶，并可借助附加装置实现一机多用，所以起重量大于100t 的大型履带式起重机在桥梁施工中占有重要地位，目前世界上起重量最大的履带式起重机的起重量可达 3 000t，但履带式起重机自身质量大，行驶速度低（1～5km/h），且对公路路面有破坏作用。因此目前轻型履带式起重机（100t 以下）已逐渐被快速方便的液压式汽车起重机所取代。

（二）QY12 型全液压汽车起重机的工作原理

汽车起重机是成批生产的系列产品，种类较多，现以 QY12 型全液压汽车起重机为例介绍其主要组成部分的结构及工作原理。

QY12 型汽车起重机为一种具有三节伸缩臂、全回转液压起重机。其取力装置位于起重机底盘变速器右侧，起重机从行驶状态转入起重作业时，在驾驶室内操纵取力操纵杆使取力装置接合之后，汽车发动机动力经过取力装置传至齿轮泵，则齿轮泵工作。齿轮泵输出的压力油通过液压系统驱动起重机的支腿和上车回转以及变幅、伸缩机构以及卷扬机构工作。

支腿为"H"形结构，前后固定腿分别焊接在车架下方，四个活动支腿分别装在前后固定腿箱形内，支腿机构为液压驱动。

活动支腿通过支腿操纵阀控制，它可以同时动作，也可以单独动作，操纵支腿一般情况是先水平支腿伸出后，再伸垂直支腿，缩回时应先垂直支腿缩回后，再是水平支腿缩回。

起重臂的主臂为三节四边箱形吊臂，伸缩机构为单级油缸加钢丝绳。为提高伸缩油缸的稳定性，将伸缩油缸倒置安装在伸缩臂中，活塞杆头与基本臂尾部铰接，缸筒端部与二节臂根部铰接。当伸缩油缸伸出时，活塞杆固定不动，则缸筒运动将二节臂推出，当伸缩油缸缩回时，则缸筒运动将二节臂拉回。

起升机构由液压马达、双级圆柱齿轮减速器、制动器、卷筒、钢丝绳、起重钩等组成。其制动器为常闭摩擦片干式制动器，它的控制由制动油缸实现，并可在起重过程中任何位置实现重物停稳而不下滑。在起升机构液压回路中装有平衡阀，用以控制重物下降的速度。

回转机构由液压马达、涡轮涡杆减速器、回转支承等组成。回转机构工作时，由齿轮泵供给压力油，采用定量马达驱动，通过回转分配阀的控制可以实现正、反方向全回转。

变幅机构由吊臂、转台与一个前倾安装的双作用油缸构成，其变幅动作是通过双作用油缸的伸缩实现的，变幅机构的作用是改变吊臂的仰角，从而使吊钩与上车回转中心的距离（即幅度）得到改变。

第四节　公路工程桥梁排水机械施工管理

排水设备俗称"水泵"或"抽水机"，是把原动机的机械能转换成抽送液流能量（速度能和压力能）的机械。

水泵广泛应用于各项给水和排水工程，在建桥时它可用于桥基础施工时的抽水和排除施工地段的积水。

一、水泵分类

（一）按作用原理分类

水泵的种类很多，按作用原理可分为叶片泵和容积泵两大类。

1.叶片泵

叶片泵是利用叶轮的叶片和水相互作用来输送液体，如离心泵、混流泵、轴流泵、漩涡泵等，以离心泵和轴流泵两种应用较多。离心泵是利用叶轮叶片的旋转所产生的离心力连续不断地吸水与压水。轴流泵是利用叶轮旋转时所产生的轴向推力连续不断地吸水与压水。

2.容积泵

容积泵是利用工作室容积周期性的变化来输送液体，如活塞泵、隔膜泵等。

离心泵与容积泵相比，具有体积小、质量轻、噪声小、效率高及使用方便等优点，因此被广泛使用在路桥工程中。

离心泵种类很多。根据叶轮的数目分有单级、双级和多级三种。单级离心泵只有一个叶轮进行工作，它大多为低压泵。双级与多级离心泵是在同一根轴上同时并列安装两个或两个以上的叶轮。工作时第一个叶轮压出的水流入下一个毗邻的进水口，依此顺序，直至最后一个叶轮才将水从水管压送出去。因此多级离心泵都为高压泵，其扬程在 60m 以上。

（二）按吸水口数目分类

水泵根据吸水口数目分，有单吸式、双吸式和多吸式三种。单吸式水泵只有一面吸水。双吸式水泵有两个面吸水。多吸式都是多级式水泵，水从几个叶轮口同时吸进，因此出水量大，适用于大量给水的自来水厂等处。

（三）按水泵叶轮有无盖板分类

根据水泵叶轮有无盖板来分，有开式、半开式和闭式三种。

开式叶轮泵是叶轮两侧都无盖板，它适用于抽吸含杂质的污水，所以常称为"污水泵"。半开式叶轮泵是叶轮一侧有盖板，它适用于抽吸有杂质沉淀的水。闭式叶轮泵是叶轮两侧都有盖板，适用于抽清水，效率高。

（四）按安装位置分类

根据安装位置来分，有动力和泵在一起，且安装在水面以上的普通泵；动力和泵分开的深井泵；动力与泵在一起且安装于水下的潜水泵。普通泵应用最多，对一般的排水工程都适用。深井泵的泵体是用很长的轴吊在水下，动力是通过长轴传递的。

（五）按有无导轮分类

水泵根据有无导轮分为有导轮泵和无导轮泵两种。导轮的作用是引导水的流向，减小涡流损失，提高水的压力。

二、水泵型号表示方法

（1）泵的吸入口径代号。泵的吸入口径代号用吸入口径直接被 25 除后的整数值表示，单位是 mm。

（2）泵的基本结构、特征、用途及材料代号。泵的基本结构、特征、用途及材料代号，大多是以泵的结构名称中的汉语拼音字母的字首来表示。例如：B 表示单级悬臂式离心水泵；SH 表示双吸单级卧式离心泵；D 表示分段式多级泵；DK 表示中开式多级离心泵；PS 表示离心式砂泵；PH 表示离心式灰渣泵；PW 表示离心式污水泵等。

（3）泵的扬程代号。泵的扬程代号表示泵的扬程。对单级泵直接以数字表示单级扬程，单位是米水柱；多级泵在乘号（"×"）后面表示级数，总的扬程是单级扬程与级数的乘积。泵的性能变型产品（如将叶轮直径变小）标志在型号尾部，用大写汉语拼音字母 A、B……表示。但有很多老产品，该代号是表示泵的比转数被 10 除的整数值，如 12 即表示该泵的比转数为 120。

三、单级离心水泵的构造和工作原理

单级离心水泵由叶轮、泵轴和泵壳三大部分组成。带有弯曲叶片的叶轮用键固装在泵轴的一端。泵轴装在泵座的轴承内，可以自由旋转的叶轮被包围在泵壳的里面。泵壳为一个具有弯曲槽道的蜗形体。泵壳的上面有出水管，中部连接进水管，进水管伸入吸水层下面。为了防止小石块及其他杂质吸入水泵，影响正常的吸水作业或损坏水泵，在进水管的下端装有滤水器。为了防止水从水泵内漏出或空气侵入，在泵壳与泵轴之间还装有水封。泵轴是由原动机（一般用电动机）通过联轴器或胶带轮驱动其旋转。

在进水管与泵壳内全部充满水之后，当叶轮 2 按顺时针方向旋转时，由于离心力的作用，泵壳中央的水被叶轮的叶片甩向四周，这些被甩向四周的水就顺着泵壳内的涡形槽流出去，从出水管 3 流出，这就是水泵的压水过程。泵壳中央的水被叶轮甩出去之后，在叶轮中部便产生了真空，它与水面上的大气压形成压力差，于是水池中的水就被大气压力压进进水管而流入泵壳中心，填补该处的真空，这就是水泵的吸水过程。叶轮不停地旋转着，这个过程就一再重复，这就是离心泵的工作原理。离心泵的工作特点是，当叶轮高速旋转时，水以很高的速度从叶轮中心向外甩出，即将叶轮旋转的机械能转换成水流的速度能。由于泵壳成蜗形体，其截面向出水管方向逐渐变大，故出水口的水的流速也逐渐变慢，使水的压力增高，即又使水的一部分速度能转换成压力能。所以在它完成吸水和压水的一个工作循环中，要经过两次能量的转换。

离心泵在开动之前，应先灌满水，否则叶轮只是带动泵内的空气旋转，因空气的重度很小，由此产生的离心力甚小，无力把泵内和管路内的空气全部排出，即不能在泵内产生真空，因而吸不上来水。

四、离心泵使用

（一）水泵的选用

选用水泵，一般只要根据需要水的流量和扬程即可查阅水泵技术性能表来选定。

水泵的流量可根据每天所需的供水量（或排水量）和水泵每天的工作时间（小时）计算出来。

水泵的扬程可通过测量进水水面到需要安装水泵的出水口的垂直高度，即实际扬程，然后再加上损失扬程，便可得出水泵所需的总扬程。损失扬程可按实际扬程的 10%～

25%估算。对于管路细长，弯头附件多的，要估算大些；而对管路粗短，弯头附件少的可估算小些。

（二）水泵的安装

水泵的安装位置根据吸水扬程确定，不得超过进水水面8m。

（三）水泵的扬程

在一台水泵的扬程不能满足要求时，常将两台水泵（型号相同或流量相近）串联运转，两台水泵串联时的总扬程等于两泵在相同流量时的扬程之和。

（四）水泵的流量

当一台水泵运行其流量不能满足需用量时，可将两台或两台以上的水泵并联运行供水。这种方式的优点是节省管路、减少投资，缺点是降低泵的工作效率（总流量小于单泵流量之总和）。

第七章　公路工程养护机械管理

第一节　公路工程常见病害及原因

路基是路面的基础，其强度和稳定性是保证路面结构稳定、路用性能良好的基本条件。路基的各种病害及破损都是由路基的强度和稳定性不足引起的。影响路基强度和稳定性的因素有两个方面，一方面是自然因素与地质条件，其中最主要的影响因素是温度和湿度；另一方面是人为因素，包括设计、施工和养护。路基工程一经完成，路基的质量主要取决于路基的养护水平。

下面从边坡病害、高填土路基、路基水毁、翻浆等几个方面来阐述路基常见的各种病害及其形成原因。

一、公路工程边坡病害及其成因

高等级公路特别是山区高等级公路的边坡病害是路基最常见病害之一，通常有崩坍、落石、滑坡、坡面冲刷、坍塌、剥落和泥石流等几种。

（一）边坡常见病害

1.崩塌

公路边坡崩塌是较常见病害，它危害严重，经常阻断交通。崩塌是岩体突然而猛烈地从陡峻的斜坡上崩离翻滚跳跃而下的现象。崩塌可发生在高峻的自然山坡上，也可发生在高陡的人工路堑边坡上。发生崩塌的物体一般为岩石，但某些土坡也会发生崩塌。

崩塌的规模有大有小，由于岩体风化、破碎比较严重，边坡上经常发生小块岩石的坠落，这种现象称为"碎落"；一些较大岩块的零星崩落称为落石，规模巨大的崩塌也称"山崩"。

崩塌与滑坡的明显区别是：崩塌发生急促，破坏体散开，并有倾倒、翻滚现象；而滑坡体一般总是沿着固定滑动面（或带）整体地、缓慢地向下滑动。

公路路堑开挖过深，边坡过陡，或由于切坡使软弱结构面暴露，都会使边坡上的岩体失去支撑，在水流冲刷或地震作用下引起崩塌。

崩塌按形成机理可划分为三类。

（1）滑移式崩塌

这类崩塌的形成机理是崩塌首先沿已有的层面或其他结构面产生滑移，一旦崩塌体重心滑出坡外，这类崩塌就会发生。

（2）倾倒式崩塌

这类崩塌体多是柱状和板状岩体，其形成机理是岩体在失稳时绕根部一点发生转动性倾倒，一旦岩体重心偏离到坡外，岩体就会突然崩塌。此处不稳定岩体在强烈震动下或者遇有长时间大暴雨，容易失稳产生倾倒式崩塌。

（3）错断式崩塌

错断式崩塌多为直立柱状或板状岩体，在失稳时不是发生倾倒，而是在自重力作用下，下部与稳定岩体没完全断开的部分，可能发生错断。不稳定岩体是否会发生崩塌，关键在于没有断开的部分在自重力作用下最大剪应力是否大于岩石的容许抗剪强度，一旦最大剪应力大于岩石的容许抗剪强度，错断式崩塌就会突然发生。长期风化作用、强裂的振动以及特大暴风雨的动静水压力都会促使和诱发这类崩塌的发生。

防治崩塌的措施主要如下：

①路基上方的危岩及危石应及时检查清除，特别在雨季前要细致检查。如有威胁行车安全的路段，可根据地形和岩层情况，采用嵌补、支顶的方法予以加固。

②在小型崩塌或落石地段，应尽量采取全部清除的办法。如由于基岩破坏严重，崩塌、落石的物质来源丰富，则宜修建落石平台、落石槽等拦截结构物。

③由于存在软弱结构面而易引起崩塌的高边坡，可根据情况采用支挡墙或支护墙等措施，以支撑边坡，并防止软弱结构面张开或扩大。

④对边坡坡脚因受河水冲刷而易形成崩塌者，河岸要做防护工程。

⑤在可能发生崩塌的地段，必须做好地面排水设施。

2.落石

落石是岩石碎块的一种剥落现象，其范围较剥落严重。产生的原因：路堑边坡度较陡（>45°），岩石破碎和风化严重，在振动及水的浸蚀和冲刷下，块状碎屑沿坡面向下滚动。

3.滑坡

路基山坡土体或岩体，由于长期受地面水、地下水活动的影响，使其结构破坏，逐渐失去支撑力，在自重力作用下，整体地沿着一定软弱面（或带）向下滑动，这种地质现象称之为滑坡。这种滑动一般是缓慢的，可延续相当长的时间。但坡度较陡时，也会突然下滑。

发育完整的滑坡，一般都包括后缘环形滑坡壁、与滑坡壁毗邻的封闭滑坡洼地、微向后倾的滑坡台阶、滑动面与滑床，以及各种类型的滑坡裂缝和滑坡面等。掌握这些形态要素，有助于识别滑坡和判断滑坡的稳定性。

（1）滑坡的分类

按滑坡的组成物质分，滑坡主要有三类：

①岩石顺层滑坡。这类滑坡的滑动面，为岩体中比较软弱的岩层面或软弱夹层面，上部岩体沿滑动面顺坡向下滑动。岩层为二叠系灰岩夹炭质页岩，虚线所示的滑体在施工过程中已滑走，上部还残留有未滑动的岩体，下部滑面平整光滑。

②花岗岩残积层滑坡。花岗岩边坡风化严重，加上降雨量充沛，边坡坡面遭受降雨的强烈冲刷，坡面冲沟发育，花岗岩残积层沿原花岗岩的构造节理向坡下滑动产生滑坡。

③砂页岩残坡积层滑坡。这类滑坡大多是砂岩、炭质页岩、凝灰岩、泥质千枚岩、板岩的残坡积层，多为粉质黏土夹碎石层，厚度 20m 以上。

（2）滑坡形成的主要原因

产生滑坡病害的原因很多，主要是地质因素和水的作用。

①地质因素包括具有蓄水构造、聚水条件、软弱面（或带）以及向路基倾斜的岩层山坡等地质条件。遇以下情况就有可能发生滑坡：

a.山坡表层为渗水的土或岩层，下层为不透水土或岩层（形成隔水层），且岩层向路基倾斜。在这种情况下，当有地下水经常活动时，就会使表层土（或岩层）沿隔水层滑动造成滑坡。

b.山坡岩层软硬交错，且其软弱面向路基倾斜，由于风化程度不同或地下水侵蚀等原因使岩层可能沿某一软弱面向下滑动。

c.当边坡上部为松散堆积层，而下面的主要岩层较陡，且又伸入路基时，则上部的松散堆积层容易发生滑坡。

d.路线穿过软硬不均的岩石断开地带，而断开地带又为地下水集中活动地区时，开挖路堑容易引起滑坡。

②水文影响水是促进滑坡的重要条件，表现情况有：

a.大量雨水渗入滑坡体内，使土体潮湿软化，增加土体重量，降低土的强度，从而加速滑坡的活动。

b.地下水是引起滑坡的主要条件之一，地下水量增加，浸湿滑坡面，降低滑坡面的抗滑能力，从而加速滑坡的形成。

c.排水设施布置不合理。例如在渗水性强的边坡上设置天沟，沟内没有铺设防水层，当地面水集中流入天沟内，水分大量渗入土体内部，以致产生滑坡。

d.溪河水位涨落，水分渗入坡体内，润湿滑坡面，或河水冲刷滑坡坡脚，减弱支撑力，引起坡体下滑。

e.边坡上有灌溉渠道或水田，没有进行适当处理，渗漏严重，使土体潮湿软化，增加土体自重，降低土的强度，从而导致滑坡。

4.坡面冲刷

对于花岗岩残积层、石炭系炭质、泥质页岩砂岩残坡积层都有不同程度的坡面冲刷问题。特别是花岗岩残积层的坡面冲刷问题更为严重。花岗岩残积层，在高温多雨的条件下，岩石风化迅速，形成一定厚度的残积层。残积层颗粒组成以细砂、中砂、粗砂为主要组成部分，含少量黏土颗粒。从结构上看为颗粒松散的砂泥质结构，抗水性差。这种残积物高边坡抗冲刷性能很差，易形成密集的鸡爪状冲沟，中下部冲刷成直径 1～5m，深 5～7m 的落水洞，上下落水洞相连，坡面支离破碎。雨季大量坡面冲刷物流向公路，堵塞排水沟，严重地淤埋路面，增加养护维修投资。坡面冲刷再进一步发展可能导致边坡坍塌。

5.剥落

剥落是指边坡表土层或风化岩表面，在温热的作用下，表面发生胀缩的现象，从而引起零碎薄层从边坡上脱落下来。其处理方法如下：

（1）搞好排水，不使地面或地下水浸蚀路基边坡；

（2）加固边坡，如种草、铺草皮或植树；

（3）对于风化的软质岩层，可修建干砌或浆砌片石护墙。

（4）整修边坡，及时清除可能滑坍的土石方；

（5）对裂缝较多的岩层，可用喷浆法，以防止岩石剥落及风化。

6.泥石流

（1）泥石流形成类型

①水流冲刷山坡滑落物质而形成山坡或沟岸泥沙由于重力作用而不断地坍塌、碎落或滑坡而落入沟道，在暴雨的冲击下而形成泥石流。这种形式中最严重的是大型滑坡堵断沟道，水流直接由滑坡体上流过或形成溃决，也有的在暴雨时滑坡中的饱和水与滑坡

体一涌而下，形成强大的泥石流。

②由水流冲刷河床质而形成水流直接冲动沟底泥沙而形成泥石流，当河床表面有粗化层，沟谷中发生洪水时，将粗化层冲走，下部细粒泥沙将发生溃决性冲刷，形成大规模的泥石流。

③由滑坡直接演变为泥石流滑坡在高速滑运过程中，土体被液化而形成泥石流。

④高山地区山坡由于融冻作用而产生向下滑动的液化土体，即融冻泥石流。

⑤矿山废渣由于水流冲刷或滑塌而形成泥石流。

（2）泥石流的防治方法

泥石流对路基的危害主要是通过堵塞、淤埋、冲刷、撞击等方式造成的。公路防治泥石流应预防为主，采取综合治理的方法来减轻泥石流的危害。防治泥石流的工程措施为：

①对流泥、流石的山坡来说，在春秋两季，应大量进行植树造林以及铺植草皮。

②在泥石流形成区的上侧修筑截水沟、排水沟，把水引出去，以减小或消除洪水冲击。

③在泥石流形成区，采用平整山坡、填实沟缝、修筑梯阶、土埋和支撑挡墙、加固沟头和沟底等方法，控制水土流失，防止滑坡发展。

④对于小量的泥石流而言，可在路肩外缘修建拦渣挡墙，并在每次雨后及时清理淤积的泥石，勿使挡墙失去作用。

⑤泥石流形成区的地质、地形条件较好时，可分级修建砌石或者混凝土拦渣坝。

⑥对泥石流可采用排洪道、急流槽、导流堤等措施使泥石流顺利排走，以防止掩埋道路、堵塞桥、涵。

⑦实施滞流及拦截措施。滞流措施是在泥石流沟中修筑一系列低矮的拦挡坝，其作用是：拦蓄部分泥沙、石块等固体物质，减弱泥石流的规模；固定泥石流河床，防止沟床下切和谷坡坍塌；减缓河床纵坡，降低流速，防止或减轻泥石流对路基及其附属构造物的破坏。常用的滞流建筑物主要是谷坊坝。拦截措施主要是修建拦渣坝或停淤场，将泥石流中的固体物质全部拦淤，只许余水过坝。

⑧对泥石流严重地点，养护部门应做到：加强巡视检查，观察其变化动态，尽力采取防治措施，发生泥石流后，要集中人力、机械尽快清除堆积物，维持交通安全，根据掌握的资料，提出整治办法，及时报请上级处理。

（二）边坡病害形成与工程施工的关系

前述为公路边坡病害的类型、特征以及形成机理及地质、气候条件。边坡病害还与公路工程的选线设计、施工方法、施工质量、治理措施等密切相关。

1.地质条件不良地段的深挖方是崩塌落石重要的原因

路段岩石边坡的设计坡度较大，设计高度较高，这样当地质条件较差、岩石不稳定时易产生崩塌落石。

2.切坡过多破坏了原有平衡使边坡病害形成并不断发展

公路如果切坡过多，破坏了原有的植被及其力学平衡，又设计成高陡边坡，使水动力强度增大，是造成坡面冲刷侵蚀、水土流失、坍塌、滑坡的重要原因。

3.施工方法不当，质量不高，留下后患

采用大爆破，会使原本已有裂隙发育的岩体发生松动、裂隙张开、宽度扩大。加上施工质量不高，岩质边坡施工不规范，坡面不平，岩体参差不齐，施工后期对危岩、浮石未进行清理，使大多数高陡边坡上残留大量危岩，给行车安全带来后患。

4.治理措施不力，边坡病害继续发展

病害的治理工作都应查清病害形成条件、产生原因，本着"综合治理、彻底根治、不留后患"的原则，如治理不彻底，边坡病害可能继续发展。

二、公路高填土路基常见病害及其成因

高填土路基常见的病害有沉陷、排水不畅、路堤冲刷等。

（一）沉陷

高填土路基在《公路路基设计规范》中是以边坡的总高度大于20m（土石质边坡）和12m（矿、砾）为界限划分的。高填土路基施工完工后，随着时间的延长与载荷的作用，路基在垂直方向上常会产生较大的变形和沉陷。沉陷从反映在路面上的结果分，有不均匀下沉、局部沉陷、整体下沉三种类型。从路基的沉陷的产生部位分，有路堤沉陷和地基沉陷两类。高填土路基沉陷有时并不单单是沉陷一种，常常在沉陷的同时，要伴随着路基横纵向开裂或边坡滑动。高填土路基不仅与边坡高度有关，而且也与路基填料的性质、边坡坡度、地基性质、水文状况、路基施工方法等有关。

高填土路基沉陷的形成原因有：

1.设计因素

因条件限制公路路线必须通过复杂山区时，设计上应按照《公路路基设计规范》要求认真地对高填方路基作特殊设计。对未进行高路堤的稳定性验算，而按一般路基进行设计，且施工工艺、填料等未做特殊要求说明的路段，在工程施工过程中或工程完工后，高填方路基将会有较大整体下沉或局部沉陷，以致影响公路的正常使用。

2.施工因素

（1）路基填筑工艺

高填方路基的填料在分层填筑时，应按照《公路路基施工规范》要求的厚度进行铺筑。随意将铺筑厚度加厚，压实机具按规定的碾压遍数压实时，压实度达不到《公路路基设计规范》规定的要求，当填筑到路基设计标高时，必然产生累计的沉降变形，在重复荷载与填料自重作用下产生下沉。

（2）工程机械与碾压工艺

高填方路在施工中，应按要求配备相应的整平碾压机具，并按规范进行操作。未按要求的压实工艺进行碾压，路基的压实强度不均匀，压实度达不到规定要求，将会导致高填方段路基产生较大的沉降变形。

（3）工程施工过程中质量管理与技术管理

工程施工中，工地现场人员的责任心不强、技术管理力度不够、施工现场混乱，使工程质量降低，造成施工过程中的隐患。

3.工程地质

在工程地质不良、泥沼软基丰富的地段筑路堤，由于地表土壤密度小、压缩变形大、承载能力低，当路堤填料不断增加时，原地面土壤容易发生压缩沉降和挤压移位，地基的压缩变形致使路堤随之沉降或开裂。

4.路基填料

如果路堤填料土质差，填料中混进了种植土、腐殖土或泥沼土等劣质土，由于这类土壤中有机物含量多、抗水性差、强度低等特性的作用，路堤将出现塑性变形或沉陷破坏。尤其是膨胀土，这种土遇水膨胀软化，风干收缩开裂，固体稳定性差，用作填料时随着土壤中水分的挥发，收缩开裂尤为严重，对路堤的整体结构危害极大。

5.路基排水

路基排水的任务是把路基工作区的土基含水量降低到一定的范围内。土基含水量过大、排水不良会引起土质松软，强度降低，边坡坍塌，堤身沉陷或滑动以及产生冻害等。

（二）排水不畅

由于路基、路面、中央分隔带排水不畅，导致路基进水，路基局部沉陷，路面结构早期损坏。对于在少雨、缺水季节修成的高填土路基，难以保证其最佳含水量，难以达到压实度要求，土的孔隙大，等到雨季来临时，如排水不完善，雨水必然浸入路堤，造成路基浸水和软化，使路基下沉塌陷。

（三）路堤冲刷损坏

高填土路堤，如果不是全防护，裸露部位易被暴雨冲刷，造成病害。当路堤被冲刷得较严重时，如果不能彻底处理，会给后期施工留下隐患，易造成边部、边坡局部开裂、局部滑塌等现象发生。

三、公路水毁及其成因

公路特别是山区公路的水毁，形形色色，各式各样，有水毁滑坡，有坡面冲沟、坍塌、泥石流，也有淤塞涵洞、淘挖路基、冲垮桥梁等。公路水毁虽然形式多样，但其形成原因往往只有以下几方面。

1.自然因素

自然因素作用是公路水害产生的一个重要原因。地球自身的内、外应力的作用和各种气候条件的综合作用，为公路水害的发生创造了条件。引发或诱导公路水害的自然因素，主要有以下三个方面：

（1）地质原因

公路水害的成因和活跃程度受地质构造的影响。对于断裂构造，存在着一定的构造带且风化强烈，为泥石流、塌方、滑坡等灾害提供了充分的固体物质。泥岩、页岩经强烈风化后，又为那些灾害提供了细颗粒的物质，从而造成桥、涵淤塞、河床抬高，引发路基垮塌等多种病害发生。

（2）地形、地貌原因

公路地形高低悬殊，山坡陡峭，在重力和水力作用下，松散、稳定性差、物料易形成垮塌和水土流失，为各种公路水害的产生和发展提供了条件。如山体植被稀少，自然横坡较大，局部性暴雨强度较大、频率高，河床比较大，那么公路水害程度也较大。因此，地形、地貌因素是公路水害发生的又一重要原因。

（3）气象原因

雨季降雨集中，一次降雨量大，易为公路水害的形成提供了丰富充足的水分条件。松散的固体堆积物在强降雨的作用下，含水量达到饱和时，黏结性、凝聚力迅速降低，在强降雨形成的地面迳流冲击下，固体堆积物力的平衡很快被破坏，各种塌方、滑坡、泥石流等各种水害便发生。从而直接导致或诱导公路水害发生。因此，气候因素也是公路水害发生的原因之一。

2.环境的破坏

环境的破坏是公路水害产生的直接原因。公路沿线的经济建设，沿线土地开发和不合理的人类活动破坏了自然生态平衡，破坏了山体的稳定性。公路建设本身就是对自然状态的山体稳定边坡的破坏，无论是挖方还是弃土堆置都会不同程度地诱发滑坡、崩塌、泥石流等灾害发生。

森林的过量采伐，使植被覆盖率降低，也会导致公路水害的发生。陡坡开荒，过度放牧，不仅加剧了坡面的侵蚀，也加速了各种灾害的活动。根据调查和观测，泥沙和石屑在干燥状态下的稳定静止角度为35°，潮湿状态下的稳定静止角度只能达25°，因此在自然坡度超过25°的坡面上开荒种地，雨水的作用使小块体土壤移动，对坡面土壤的侵蚀由弱变强，坡面被侵蚀冲刷的沟芽逐年扩大，陡坡边坡上的土壤、小石块、石屑等在侵蚀冲刷中被大量带走，淤积边沟或汇入沟中，在桥梁、涵洞以及沟谷的入口处淤塞河道，并抬高沟床、河床使洪水流向发生改变，冲毁路基，毁坏桥、涵，冲刷河岸或坡脚，从而造成公路垮塌等灾害。

恢复并保护公路沿线生态环境所采取的措施如下：

（1）在公路沿线山坡上植树造林，建立以防护林为主的生物治理，并辅以与水土保持工程相结合的综合治理措施；

（2）对于公路修建开挖后的高大边坡应采取单元水土保持措施，采取种植根系发达、传播速度快的树木，以及增加植被等措施实施生态保土，增大水土涵养，减小地面迳流对坡面的冲刷，从而增加坡面稳定；

（3）禁止在公路边坡开荒和毁林开荒，保护好坡面植被，增强山坡地的水土保持能力；

（4）加强公路沿线以及沿线河流两岸坡耕地的治理，采取坡改梯和退耕还林相结合的手段；

（5）预防并制止过度放牧。

3.养护原因

养护措施不力是公路水害程度加重的又一重要原因。公路养护部门要搞好日常养护，事前将各种事故隐患消灭于萌芽状态，事后及时采取恢复措施，清除公路路基垮方，清理边沟，掏挖堵塞涵洞，将水害程度降至最低，有效保障公路畅通。

4.施工方面

提高公路本身防灾抗灾能力，就是提高公路建设质量，从而从根本上有效减少公路水害的发生。

四、公路翻浆及其成因

潮湿地段的路基在冰冻过程中，地中的水分不断地向上移动聚集，引起路基冰胀。

春融时，路基湿软，强度急剧降低，加上行车的作用，路面发生弹簧、鼓包、冒浆、车辙等现象发生，称为翻浆。

（一）翻浆的分类分级

翻浆的发生，不仅会破坏路面，妨碍行车，严重的还会中断交通，对国民经济建设、国防战备都具有一定的危害，并增加道路养护工作量。

路基中水分来源不同，并以不同形式存在于路基土中。为了针对各种来源的水分所引起的翻浆，采取相应的措施进行根治。

不同翻浆类型导致翻浆的水分来源如下：

（1）地下水类.受地下水的影响，土基经常潮湿，导致翻浆。地下水包括上层滞水、潜水、层间水、裂隙水、泉水、管道漏水等。潜水多见于平原区，层间水、裂隙水、泉水多见于山区。

（2）地面水类。受地面水的影响，使土基潮湿，导致翻浆。地面水主要指季节性积水，也包括路基、路面排水不良而造成路旁积水和路面渗水。

（3）土体水类。因施工遇雨或用过湿的土填筑路堤，造成土基原始含水量过大，在负温度作用下使上部含水量显著增加，导致翻浆。

（4）气态水类。在冬季强烈的温差作用下，土中水主要以气态形式向上运动聚积于土基顶部和路面结构层内，导致翻浆。

（5）混合水类。受地下水、地面水、土体水或气态水等两种以上水类综合作用产生的翻浆。此类翻浆需要根据水源主次定名，如地下水、地面水类等。

（二）翻浆发生过程

秋季，由于降水或灌溉的影响，地面水下渗、地下水位升高，使路基水分增多，为冬季水分积聚提供了必要条件。

冬季，气温下降，路基上部的土开始冻结，此时，土孔隙内的自由水首先冻结，形成冰晶体。当温度继续下降时，与冰晶体接触的土颗粒表面的薄膜水（弱结合水在 - 0.1～- 10℃时冻结）受冰的结晶力的作用，移动到冰晶体上面冻结。因此，该部分土粒表面的水膜变薄，破坏了原来的吸附平衡状态，产生剩余分子引力，将吸取邻近土粒的薄膜水。同时，当水膜变薄时，薄膜水内的离子浓度增加，产生渗透压力差。在土粒分子引力和渗透压力差的共同作用下，薄膜水就从水膜较厚处向水膜较薄处移动，并逐层向下传递。在温度为 0～ - 5℃无的条件下，未冻区有充足的水源供给时，水分发生连续移动，就使路基上部大量聚冰。

如果冻结线在某一深度停留时间较长，水分有充分的聚积时间，当水源供给充足时，便在冻结线附近形成聚冰层。它通常只出现在路基上部的某一深度范围内，一般有5～30cm厚。聚冰层可能有一层或多层。凡聚冰层所在之处就是路基土含水量最大之处。

冻胀是翻浆过程中的一个阶段。土基下部的水向上积聚并冻结成冰，就会形成冻胀，过大的冻胀会使柔性路面产生鼓包、开裂，使刚性路面出现拱起、错台或板的折断。

对沥青路面的道路，由于路面材料的导热系数远大于路肩土，所以路面下的土首先冻结，于是不单是路基下部水分，而且路肩、边坡下尚未冻结的土中的水分都向路面下已冻结区土中聚集。因此路面下聚集水分特别多，加重了聚冰层的形成。

待到来年春季化冻时，由于路面结构层的吸热和导温性较强，路面下的路基土先于路肩下的融化，于是路基下残余未化的冻土形成凹槽，化冻后化后的水分难以排出，路基上部处于过湿状态。当融化至聚冰层时，路基温度更大，有时甚至超过液限。这样，路基在化冰过程中强度显著降低，以致丧失承载能力，在行车荷载作用下发生弹簧、开裂、鼓包、车辙，严重时泥浆外冒，路面大面积破坏，就形成了翻浆。

（三）影响翻浆的因素

影响公路翻浆的主要因素有土质、温度、水、路面、行车荷载、人为因素等，其中土质、温度、水三者的共同作用是形成翻浆的三个自然因素。

（1）土质。粉性土是最容易翻浆的土，这种土的毛细水上升较高，在负温度作用下水分聚流严重，而且土中的水分增多时强度降低幅度大而快，容易丧失稳定。粉性土的毛细水上或虽高，但上升速度慢，因此，只有在水源供给充足，并且在土基冻结速度缓慢的情况下，才能形成比较严重的翻浆。粉性土和黏性土含有大量腐殖质和易溶盐时，则更易形成翻浆。砂土在一般情况下不会发生翻浆，这种土毛细水上升高度小，在冻结过程中水分聚流现象很轻，同时，这种土即使含有大量水分，也能保持一定的强度。

（2）温度。一定的冻结深度和一定的冷量（冬季各月负气温的总和）是形成翻浆的重要条件。在同样的冻结深度和冷量的条件下，冬季负气温作用的特点和冻结速度的大小对形成翻浆的影响也是很大的。例如，当初冻的时候气温较高或冷暖交替出现，温度在0～-5℃之间停留时间较长，冻结线长期停留在路面下较浅处，就会使大量水分聚流到距路面很近的地方，产生严重翻浆。反之，如冬季一开始就很冷，冻结线很快下降到距路面较深的地方，则土基上部聚冰少，不易出现翻浆。除此之外，春天气温的特点和化冻速度对翻浆也是有影响的，如春季化冻时，天气骤暖，土基急速融化，则会加重翻浆的程度。

（3）水翻浆的过程，就是水在路基土中的转移、变化的过程。路基附近的地表积水及浅的地下水，能提供充足的水源，是形成翻浆的重要条件。秋雨及灌溉会使路基土的含水量增加，使地下水位升高，将会加剧翻浆的程度。

（4）路面。路面结构与类型对翻浆也有一定的影响，例如，在比较潮湿的土基上铺筑沥青路面后，由于沥青面透气性较差，路基土中的水分不能通畅地从表面蒸发，使水分滞积于土基顶部与基层，导致路面失稳变形。

（5）行车荷载。公路翻浆是通过行车荷载的作用，最后形成和暴露出来的，当其他条件相同时，在翻浆季节，交通量越大，车辆轴载越重，则翻浆会更加严重。

（6）人为因素。在下列情况下，都将加剧翻浆的形成：

①设计时对翻浆的因素考虑不周。路基设计高度不够，特别是低洼地带，路线没有避开不利的水文地质地带，缺乏防治翻浆的措施，以及路面结构不当，厚度偏薄等。

②施工质量有问题，填筑方案不合理，不同土质填料混杂填筑，或采用大量的粉质土、腐殖土、盐渍土、大块冻土等劣质填料，或者分层填筑时压实度不足。

③养护不当，排水设施堵塞，路拱有反向坡，路面、路肩积水，对翻浆估计不足，且无适当的抢防措施。

第二节 公路工程养护机械分类

一、清扫机

（一）清扫机的作用、分类

1.清扫机的作用

清扫机的作用是清扫和收集道路垃圾。在高等级公路上清扫机作业应有足够的行驶速度和作业速度，以满足高等级公路对车辆行驶速度的要求，并能减少对其他行驶车辆的干扰。

2.清扫机的分类

清扫机一般按工作原理和行走方式进行分类。

各种清扫机具有不同的特点，分述如下。

（1）吸扫式清扫机的主要特点：清扫范围宽，适应性好，对细微垃圾尘粒具有良好的吸拾、输送效果。原因是吸扫式清扫机具有可伸出基础车体之外的盘刷、柱刷及吸口，盘刷可将路缘、边角的垃圾集中输送至吸口前方，利用空气动力通过吸口将垃圾吸拾、输送至垃圾箱中。

（2）纯扫式清扫机的主要特点：纯扫式清扫机通常也具有可伸出基础车体之外的盘刷、柱刷、输送部分及垃圾箱。盘刷、柱刷可将路缘、边角等处的垃圾输送到输送带或链板上，最终被输送至垃圾箱内，因而它具有清扫范围宽、适应性好的特点。这种机型的主要缺点是：除尘效果差，对以小颗粒为主的垃圾清扫效果不好，因而它主要用于人口密集的街道、市区道路。

（3）自行式清扫机的主要特点：自行式清扫机靠自身动力驱动行走，具有良好的整体性、独立性，具有作业范围大、工作效率高等特点。自行式清扫机的底盘部分目前通常由现有汽车底盘改进而来。

（4）牵引式清扫机的主要特点：牵引式清扫机是牵挂于其他机械之后，或靠人力推动行走，因此，其整体性、独立性和机动性都较差，但具有结构简单、制造成本较低的特点。

（二）各类清扫机工作原理

1.开放吸扫式清扫机

绝大多数开放吸扫式清扫机是自行式清扫机，由自行式底盘、副发动机、风机、垃圾箱、水箱、侧盘刷、水平柱刷、吸口、排风口等组成。

副发动机、风机位于驾驶室的后方，一般通过液力耦合器或干式摩擦离合器与清扫装置连接。体积较大的垃圾箱位于底盘中后部，并在后部与车架铰接，前部或下部有一个液压倾翻油缸，铰接在垃圾箱和车架之间。水箱可与垃圾箱做成一体，位于垃圾箱下部，或作为一个独立部件固定在垃圾箱下方或其他位置。两个侧盘刷分别悬挂在车架中部两侧。水平柱刷位于车架下方，可以向左或右偏转一定的角度，以配合左侧盘刷或右侧盘刷的工作。左右两个吸口位于侧盘刷与水平柱刷的稍后位置。

开放吸扫式清扫机的工作过程是：首先选择左侧或者右侧作业方式，将相应的侧盘刷和水平柱刷按作业方式要求置于工作状态，侧盘刷和水平柱刷在底盘行进过程中配合作业，将垃圾侧横向抛射至吸口前方，形成一条垃圾带。当吸口经过其前方的垃圾带时，将垃圾尘粒吸入吸管，输送到到垃圾箱内。垃圾尘粒在进入吸口经过垃圾箱的过程中，要经历几次除尘处理，将垃圾尘粒阻留在垃圾箱，除尘后的载体空气从排风口排出。

2.循环吸扫式清扫机

循环吸扫式清扫机与开放吸扫式清扫机的差别是没有水平柱刷和向上通入大气的排

风口。

循环吸扫式清扫机的正下方不是水平柱刷，而是一个与底盘宽度尺寸基本相当的宽吸口，它取代了开放吸扫式清扫机下部的一个水平柱刷和两个较窄的吸口。宽吸口中不仅有向上吸取垃圾尘粒的吸管，还有向下吹气的吹管。空气由吸管吸入，经过除尘分离后重新送回吹管吹出，形成空气的循环流动，空气作为载体将路面上的垃圾尘粒送进垃圾箱，如此往复地循环工作。由于循环吸扫式清扫机不直接向周围大气排放空气，因而不会造成二次污染。

鼓风机产生的压力空气通过压力空气管吸入吸盘，在吸盘中通过压力缝，产生涡流，将路面上的杂物通过吸口吸入垃圾箱，在垃圾箱中将杂物过滤，鼓风机又将空气吸走再利用，如此不断循环。

3.纯扫式清扫机

纯扫式清扫机由自行式底盘、副发动机、侧盘刷、水平柱刷、输送皮带、垃圾箱及举升机构等组成。它与吸扫式清扫机相比，在结构上的主要差别在于没有风机和吸口，主要部件的布置也完全不同。侧盘刷仍然位于车辆中部车架两侧（有的位于底盘前部两侧），而直径很大的水平柱刷则位于整机的后部，输送皮带置于水平柱刷前方倾斜向上，前伸至位于中部的垃圾箱内。垃圾箱不能向后倾卸，而是借助于举升机构向某一侧或前方倾卸。清扫系统的副发动机和液压装置都布置在整机的后部，全部动作由液压或气压操作。副发动机直接驱动液压泵，使动力传递非常简便。纯扫式清扫机具有消耗功率小、工作噪声小等特点。

4.牵引式清扫机

牵引式清扫机由水平柱刷、罩壳、侧盘刷、垃圾斗、悬挂支承架等组成。其结构简单，在公路清扫中很少使用。

（三）清扫机工作装置

常见清扫机扫刷有盘刷和柱刷两种，盘刷也称为"扫盘"。清扫机扫刷的基本布置形式如下。

1.清扫机盘刷

（1）盘刷升降—伸缩机构

在绝大多数现代清扫机上，盘刷的升降和伸缩动作是依靠液压或气动元件及辅助机构实现的。最常见的有以下几种形式。

①在液压缸或气缸驱动下,盘刷连同动臂绕与底盘纵向中心线平行的水平轴 Z 旋转,

实现升降和伸缩动作。

②在液压缸或气缸驱动下，盘刷连同动臂座绕垂直于地面的铰轴在水平面内里外摆动实现外伸、回收动作的同时，借助于钢丝绳张拉辅助机构的驱动，绕动臂座上的水平轴线上下摆动，实现盘刷的升降和伸缩动作。

（2）弹簧避障机构

清扫机工作时，盘刷处于突出位置，为避免其与前方的障碍物碰撞而损坏盘刷，应设置避障机构。根据盘刷在机架上的固定方式及推进或拉行方式，通常采用弹簧避障机构。当盘刷前方遇到障碍发生碰撞时，盘刷在碰撞力作用下，克服弹簧力，拉伸弹簧绕 yy' 轴向后方摆转，吸收碰撞能量，避免了刚性撞击可能带来的构件损坏；当清扫机继续前进时，盘刷及其动臂在前方阻力的作用下，进一步拉伸弹簧，绕轴 yy' 向内摆动收缩，减小清扫机的横向尺寸，避让障碍物。当盘刷通过障碍后，盘刷即可恢复到正常位置。也可采用压缩弹簧作为缓冲复位元件的避障机构。该机构工作时，液压缸处于闭锁状态，当盘刷前方遇到障碍发生碰撞时，盘刷绕 yy' 轴向后方摆转，通过曲柄带动闭锁液压缸连同压簧芯轴一起前移，从而使本来预紧的压簧进一步压缩，直至越过障碍到原来位置。

（3）盘刷前外倾调节机构

清扫机盘刷调整机构应能保证盘刷外伸下落时具有正确的接地方位。如果盘刷全方位接地，垃圾尘粒将向四周抛射。为了实现定向抛射垃圾尘粒，防止二次污染，应使盘刷的前方外侧的局部区域接地，其中心角中约为120°。盘刷的前倾角即盘刷底平面与地平面间在前后方向的夹角，盘刷的侧倾角即盘刷底平面与地平面间在左右方向的夹角。盘刷工作时，只有接地部分的刷毛将垃圾向前内侧抛射而进入吸口或柱刷区域，而其部位的刷毛不扰动路面，所以在清扫机的连续行进作业中，对于每一根具体的盘刷刷毛来说，只是周期间歇性地参与工作，大大减小了刷毛的磨损。但是，随着清扫作业时间的延长，盘刷刷毛由长变短，以及其他原因引起的盘刷支点与路面间的距离变化都会引起盘刷接地方位的变化。因此，清扫机盘刷调整机构还应该具备可调性。当接地方位发生变化、抛尘方向和清扫效果变差时，可通过调整恢复其正确接地方位，接地方位由盘刷旋转轴线的前倾和外倾来保证。盘刷轴线的前倾由四连杆机构保证，其中上连架杆的长度可调或铰接位置可调。改变铰接的位置，即可改变盘刷轴线的前倾角度。盘刷轴线外倾则由盘刷弯座板相对于四连杆机构连杆的横向摆转机构保证，使弯座板相对于连杆摆转不同角度即可得到不同的外倾角。通过上述方法分别调整前倾角和外倾角，即可获得正确的盘刷接地方位。

（4）盘刷接地压力的调整

接地压力太小，不容易扫尽路面垃圾；接地压力太大，则会使扫刷磨损太快。因此，要在保证清扫效果的同时，减小刷毛的磨损量。盘刷接地压力的调整方法通常有两种，即弹簧调压法和气缸调压法。

对采用四连杆机构的盘刷，当其处于外伸位置时，盘刷依据重力在路面上浮动，故接地压力等于盘刷重力。当盘刷质量较大，而清扫作业又不需要太大的接地压力时，可采用弹簧调压盘刷。根据清扫作业要求，人为地改变弹簧悬挂点位置，即可改变盘刷的接地压力。对采用气压缸来调节接地压力的盘刷，气缸的两端分别与机架和盘刷动臂相铰接。当操纵气缸时，所产生的推力或拉力作用在盘刷动臂上，进而传递到刷毛与路面之间。根据盘刷自身质量的大小，可选用单作用或双作用气缸。当盘刷质量较轻，只考虑加压以满足刷除黏结垃圾的要求时，可选用加压单作用气缸；当盘刷质量较大，既存在加压问题，又要考虑减压问题时，可选用双作用气缸。

2.清扫机水平柱刷

水平柱刷主要由悬挂架、罩壳、刷体、气缸、摆动座、油马达、油缸等组成。水平柱刷的转动通过油马达来驱动。通常情况下，水平柱刷是通过悬挂架铰接在车架上，后部则通过两只气缸悬挂在车架上。清扫机工作时，气缸下腔通入低压空气或完全处于浮动状态，水平柱刷的一部分重力或全部重力作用在路面上，即当路面有纵向坡度或局部纵向凹凸不平时，水平柱刷可根据路面状况作上下摆动，始终保持与路面接触。当清扫机处于运输状态，气缸下腔通入高压空气时，气缸提升力大于水平柱刷重力分配到气缸悬挂处的分力而将水平柱刷提起离开地面。固连在悬挂架上的铰轴与摆动座铰接，使得罩壳和刷体可一起相对于悬挂架和车架摆动。当路面有横向坡度时，水平柱刷可根据路面状况绕顺时针方向或逆时针方向摆动，始终保持沿全长与路面接触。此外，罩壳与摆动座之间可相对摆转，同时，罩壳与摆动座之间还铰接着摆动油缸，构成三连杆机构。其中摆动油缸伸缩动作时，迫使罩壳和刷体一起相对于摆动座向右或向左摆动一定角度，从而实现配合相应侧盘刷工作，将垃圾尘粒抛射到同一侧吸口上方。

3.清扫机吸口和游动吸管

（1）清扫机的吸口

开放吸扫式清扫机由吸口体、拖架、拖轮、开度气缸组成。吸口的主要功能是借助于高速气流有效地拾取垃圾尘粒。

为使吸口的结构比较简单，同时改善除尘效果、提高除尘效率，要求吸口内对含尘气流中的垃圾尘粒进行预处理，即在吸口内进行雾化喷淋。所以吸口内还装有喷嘴，喷嘴数量为2～8个，以水雾散布范围尽量覆盖吸管断面为原则。另外，由于吸口相对于路面的距离对拾取垃圾的效果影响很大，因此，吸口在正常作业状态下，应能自动保持最佳离地间隙。最佳离地间隙由可调整的拖轮保证。吸口提升气缸处于浮动状态，使吸口可随路面的高低而起浮，同时，借助于橡胶或塑料吸管的弹性阻力作用将吸口压在路面上以防止吸口拖轮受到路面冲击时向上跳起，破坏吸口相对于路面的最佳状态。吸口还具有临时增大前沿开度的能力，以允许大粒径物块被吸入。

（2）游动吸管

游动吸管是另一种附加的吸口，可在垃圾箱两侧和后方大范围内旋转，用于拾取隔离绿化带或路肩边沟及竖井内的垃圾，扩展了清扫机的作业范围。游动吸管由旋转接头、吸管、喷嘴和重力平衡机构组成。

4.垃圾箱

扫刷扫起的垃圾通过输送装置进入垃圾箱或被扫刷直接抛到垃圾箱。垃圾箱在清扫机上一般为固定、可拆和悬挂三种形式，通过端盖或倾倒卸载垃圾。

5.液压系统

现代清扫机的许多动作是通过液压传动实现的，这可使动力的分流、传递、控制及一些动力元件如液压马达、油缸等的布置安装大为简化。清扫机液压系统的作用是实现垃圾箱的举升下落，垃圾箱尾门的启闭、锁紧，驱动侧盘刷和水平柱刷的旋转和摆动。

6.气动系统

除了由液压系统驱动一些需要比较大作用力的工作装置外，清扫机还有一个气动系统，以驱动需要作用力比较小的工作装置，如吸口的开度调节、侧盘刷的压力调节等。自行式清扫机底盘的气压制动系统可以为清扫机提供现成的气压源。

7.喷水系统

吸扫式清扫机喷水系统由水箱、滤清器、截止阀、水泵、溢流阀、电磁通断阀和喷嘴等组成。水泵由副发动机驱动，共有若干个喷嘴，由电磁通断阀控制实现左右吸口喷水、左右侧盘刷喷水、车前喷水及游动吸管内喷水。而且，还设有清洁用喷枪，由一个手动阀控制。

（四）清扫机使用技术

1.使用前的准备工作

（1）给底盘发动机和副发动机加注燃料油及润滑油；加注冷却水；检查空气滤清器

的堵塞情况；检查齿轮箱润滑油液面；检查冷却风扇驱动皮带的张紧状况；检查油门控制是否正常；检查有漏水、漏油现象。

（2）检查液压油箱的充满状况；检查液压系统有无漏油现象。

（3）检查喷水系统的吸水过滤器是否清洁；检查水阀通断是否正常；检查水泵驱动皮带紧张状况；检查有无漏水现象。

（4）检查吸扫系统所有摩擦件（扫刷、吸口、耐磨衬板等）的工作状态；检查风机是否干净，是否转动自如。

2.保证工作装置的最佳状态

使工作装置处于最佳工作状态是保证清扫效果、提高作业效率的关键措施。要仔细阅读清扫机的使用说明书，掌握各种装置的结构和工作原理、要求的理想状态及达到理想状态的具体调整方法。

（1）保证侧盘刷接地方位正确和水平柱刷两端接地压力相等。清扫机侧盘刷的结构设计能够保证其具有三个自由度的可调性，能够调出侧盘刷的最佳接地方位。水平柱刷端由两个气缸悬挂，若两个气缸调压阀的调定压力不等，水平柱刷两端的接地压力就不等，这将造成两端扫除效果不相同、刷毛磨损不平衡等问题。

（2）保证吸口的最佳离地间隙。实验及工程实践证明，对密度比较大的垃圾尘粒，吸口的离地间隙应小一些，对于轻质垃圾、树叶、纸屑等，特别当数量比较大时，吸口的离地间隙应大一些。通常，开放吸扫式清扫机的吸口后沿距路面的高度间隙尤为重要，应始终保持在 6～10mm 之间，吸口前沿距路面的高度间隙以 35～40mm 为宜。

（3）保证喷水雾化效果和适当的喷水量。要按照清扫使用说明书，根据路面垃圾状况选择适当的喷水量，并保证雾化效果。

3.使用后注意事项

要使清扫机的使用寿命达到设计要求，在使用过程中，特别是使用后要注意对清扫机按时按期进行保养。因此，清扫机使用后请注意以下几点。

（1）使各工作装置回到待命状态，避免工作装置长期处于工作状态，产生疲劳损坏。

（2）按时进行各级保养，例行保养每班进行；一级保养在使用 2 00h 或行走 1 500km 后进行；二级保养则每 600h 或 3 600～4 000km 进行；三级保养每 1 800h 或 6 000～8 000km 进行。

4.操作注意事项

（1）垃圾箱举升时，必须撑起安全支架。

（2）底盘气压不足时，不准启动副发动机。

（3）水箱无水、液压油箱无油时，不准启动副发动机。

（4）车辆左右倾斜时不准升起垃圾箱。

（5）垃圾箱升起时，车辆不准行驶。

（6）清扫机作业时，要打开警示灯，提醒后方驶来车辆驾驶员的注意。

（7）吸扫装置处于工作位置时，禁止倒车。

（8）对紧附在路面上的垃圾，需打开功能开关，增大侧盘刷对地面的压力来进行清扫。

（9）遇有较大块状垃圾时，需打开功能开关，这时吸口前部抬起，可将其吸入。

（10）作业中，遇有吸口不能吸入的物体（如纸箱、木板、钢筋等）时应停车将这些物体捡起。

（11）清扫车在作业过程中，如过载警告灯亮（或警告喇叭响），表明垃圾箱已满载。这时，应将扫刷和吸口收回在锁紧位置，关闭副发动机，驶离清扫路段，倾倒垃圾。

（12）卸垃圾时，清扫车必须停在平坦、坚实的地方，严格按照先打开垃圾箱门，再倾翻垃圾箱的程序来进行。

（13）车辆熄火前，必须使油泵取力器处于断开状态。

二、除草机

除草机最早使用于园林及牧场，主要用于收割牧草、修整草坪。随着公路事业的发展，公路环保的要求日益提高，因此除草机扩展了路用。根据除草机的作业对象不同，它的剪切器形式及结构有一定差异，但目前常见的结构为两种，主要是从刀具的运动形式上分：一种是回转运动，一种是直线运动。现在常见的除草机多数使用的刀具运动形式为回转运动。它运动速度较快，作业对象的适应面较广。

路用除草机不同于牧场和园林除草机，除了具备最基本的剪切功能外，还要能在公路上行驶，工作装置能够外伸到任意作业面，遇到障碍能自动保护。此外，刀具的护刃器得采取一定措施，使其在碎石、杂物较多的地方能正常工作，并保证较低的割茬。

（一）除草机分类

1.按除草机剪切工作状态分

（1）无支撑剪切。无支撑剪切是利用刀具的高速运动，使静止的草秆在瞬间获得一个运动力，该力与相反的惯性力作用，完成剪切。

（2）单支撑剪切。单支撑剪切是对直径较大、刚性较好草秆而使用的，主要是在与刀具相反方向给草秆一个支撑，增加其抗弯反力，使其达到剪切效果。

（3）双支撑剪切。双支撑剪切主要是对直径较小、刚性差的草秆实施剪切所采用的方法，目的是提高草秆的抗弯阻力，使其达到剪切效果。

2.按除草机刀具的运动形式分

（1）往复式剪切。即刀具仅作直线往复运动。它结构简单，适用面较广。往复式剪切一般多为有支撑剪切。该形式目前在农作物收割机上采用较多。

（2）回转式剪切。即刀具在水平面内作回转运动。它运动平稳性较好，振动也较小。它有无支撑剪切和有支撑剪切两种。无支撑剪切圆周速度较大，一般为 25～50m/s，剪切能力强，应用范围广。有支撑剪切回转速度较低，一般为 6～10m/s，其采用刀片支撑，剪切效果很好。目前常见的小型除草机一般多采用单圆盘剪切刀具，其整体重量轻、使用方便。

（3）甩刀式剪切，即将刀片铰链在水平横轴的刀盘上，在垂直平面内转动，其圆周速度为 50～75m/s。甩刀式剪切器为无支撑剪切，剪切能力较强，适应高速作业。

（二）除草机的主要结构及工作原理

除草机主要由四个部分组成，即动力装置、行走装置、传动装置和工作装置。动力装置和行走装置通常使用专用底盘并借助汽车或拖拉机改装。小型的行走装置则采用手推式，其动力直接通过链条传给工作装置。传动装置一般大型机械采用液压传动，小型机械则采用链条或轮轴传动。这里介绍有不同结构特点的工作装置。

1.往复式剪切器

（1）往复式剪切器的工作原理

往复式剪切器是最早发展起来的剪切器，它是利用剪刀的原理进行工作的。往复式除草机由往复式剪切器和传动机构组成。它的刀片由定刀片和动刀片组成，由于动刀片的直线往复运动，使得处于动刀片与定刀片间的草秆被剪切。动刀片是成组装在刀杆上的。成组的动刀片在刀杆的往复作用下进行工作。往复式剪切器装有护刃器，它的作用是防止障碍对刀片的破坏，同时起着剪切支撑的作用。

往复式剪切器剪切性能好，在护刃器的配合下进行有支撑剪切，刀片损伤较少；割茬比较整齐；剪切器维护方便。但由于往复运动惯性力产生的机器振动大，从而限制了机器的剪切速度；另外护刃器多采用锻造或铸钢的，其生产成本较高；由于振动大，往往容易发生撞刀、崩刀的情况。

（2）往复式剪切器的主要结构

①动刀片

动刀片的轮廓呈六边形，其前端是平的，称为前桥，它的作用是使刀片修磨后仍可保持原有的高度。刀片的刃口有齿刃和光刃两种。光刃刀片的剪切阻力小，但容易磨钝，主要用于除草机。齿刃刀片虽剪切阻力较大，但是比较耐磨，可不必在紧张的收获季节中进行磨刀。齿纹如果设计得好，在工作中还能产生自磨锐作用，以延长寿命，所以在谷物收割机械上多采用齿刃刀片。

②定刀片

定刀片也称"固定底刀"，铆接在护刃器上，与动刀片配合形成剪切幅。

③护刃器

护刃器的作用是防止障碍物对刀片的破坏。剪切作业时，护刃器将茎秆分束引向割刀，以护舌和定刀片作为上、下支承点，配合动刀片进行双支承剪切。

20 世纪 60 年代以来，国外某些联合收获机上已采用不带定刀片的锻钢护刃器。其机械强度较高，工作中若发生变形也可进行校直。因为刃口已在护刃器自身上饬成，不需另外制造定刀片。同时，由于护刃器的制造质量、剪切器的装配质量都有提高，使剪切器的工作可靠性较好。

④摩擦片

摩擦片由螺栓装在护刃器梁上，用来承受割刀在剪切杂草时产生的压力，避免刀杆对护刃器梁的磨损。

（3）剪切器的装配和调整要求

为了保证剪切器的工作质量，装配后的剪切器应达到以下要求：动刀片在死点位置时，动、定刀片的中心线应重合（不重合度小于 5mm）；定刀片应处于同一水平面内（不共面度小于 0.5mm）；动、定刀片的前端允许有 0.5mm 的间隙，后端应有 0.30～1mm间隙，II 型和 DI 型剪切器允许后端间隙为 1.5mm，但这种刀片的数量不应超过全部的1/3。压刃器与动刀片的间隙不得超过 0.5mm。割刀经调整后应能用手拉动自如。

2.回转式剪切器

回转式剪切器剪切速度高、剪切能力强，在路面除草机上应用较多。因回转底性力容易平衡，所以其振动较小。常见的回转剪切器的结构形式有直线形、曲线形、光刃圆盘形、锯齿圆盘形、行星回转形和星齿形等。

回转式剪切器的工作原理主要是通过高速旋转刀片，以克服茎秆的惯性力，使得茎秆在瞬间获得冲击力而实现剪切。当然回转式剪切器也有利用有支撑方式达到剪切的。一般直线形、曲线形、锯齿圆盘形多采用有支撑方式。

回转式剪切器受回转直径的限制，多适用于小割幅或自行式除草机；同时易于在一些汽车或拖拉机、挖掘机等上改装，使得达到一机多用的目的。

（三）除草机性能分析及选型

除草机常将工作装置配置在工程机械底盘上使用，还有自成独立系统的小型自行式和手推式除草机，彼此在总体结构上略有差别。选用除草机时，应首先考虑除草机的工作环境，如园圃作业的除草机和公路用除草机，由于工作环境不同，在选型上也不同。

1.剪切器的工作性能

除草机的工作对象是各种草，一般而言，草比其他农作物茎秆直径细小，刚度也小。剪切这种植物，采取有支撑剪切比无支撑剪切效果好。例如往复式剪切器，装有定刀片及护刃器，在剪切时，形成两点支撑，草在弯曲很小的情况下被剪断。这样不仅割茬低，而且很少形成漏割。所以就剪切效果而言，有支撑剪切效果较好。但从草料收集情况看，采用往复式除草机，草料不易收集。

2.功率消耗

往复式剪切器割刀速度比回转式剪切器速度慢得多，因而驱动往复式剪切器的功率要比驱动回转式剪切器的功率小得多，通常前者是后者的$1/3 \sim 1/2$。据农用大型割草机试验统计，一般除草机每米割幅剪切器消耗的功率：往复式为3kW，而回转为8kW。由此可知，往复式剪切器在节省功率、节省能源方面占有很大的优势。

3.整机结构

回转式除草机，其割刀运动为回转运动，与发动机输出运动方式相同，又由于回转式除草机要求的速度较高，所以，减速比较小，减速结构简单，有些甚至可以省去减速机构，将回转刀盘直接与发动机输出轴相连，如美国的 MID 约 0.5m 除草机就为这种机构。

往复式除草机由于割刀运动速度慢，所以从发动机输出轴到工作装置的传动比较大，其减速机构复杂。此外，割刀的运动为直线式往复运动，而发动机输出轴为回转运动，故此还要设置一套将回转运动转化为直线运动的机构。这样造成除草机机构复杂，整机重量增大。

4.使用维护

往复式除草机剪切器割刀速度慢，剪切工作时在护刃器的保护下工作，刀片发生碰刀、崩刀的概率较小，刀片磨损较慢，因此工作装置简单、方便。但往复式除草机传动部分机构复杂，增加了传动系统的维护检修工作的难度。与之刚好相反的是，回转式除草机传动系统简单、维护保养方便，但剪切器工作速度很高，又没有护刃器，所以工作时碰刀、崩刀的概率大大增加，刀具的磨损速度快、寿命短，维修费用高。

5.整机稳定性

大型基础底盘配置除草机构的除草机，在进行公路边坡除草作业时，整机在公路上行驶，剪草工作装置外伸到边坡上进行作业时，一般工作装置多用液压驱动，质量较轻，所以剪切器的型式对整机的稳定性影响不大。

小型除草机由于整机体积很小，工作装置无法外伸，当进行边坡除草时，整机都处于坡道上，此时，整机的稳定性必须予以考虑。回转式除草机多采用立式发动机，使得整机重心偏高，坡道作业时稳定性较差。

6.经济性

从制造费用看，往复式除草机结构复杂，制造成本高；回转式除草机结构简单，制造费用低。从使用费用看，回转式除草机需要的驱动功率大，燃油的消耗亦高，加之刀具磨损快，维修费用高。

选用除草机时，必须全面综合考虑以上各因素，针对某除草机的工作环境和作业要求，分清主次，首先考虑主要因素，放弃或兼顾次要因素，确定除草机剪切器型式。此外，底盘行走行为，只有个别小型的除草机采用手推式，绝大多数都采用自行式底盘。小型的多用皮带或链条传动，大型除草机则配装在拖拉机或其他车辆底盘上，工作装置由液压控制，进行除草作业时，外伸到工作面，不工作时，收回悬挂在基础车上。

7.除草机整体结构分析

基础底盘车或拖拉机上配装工作装置的除草机，布局方式有三种：工作装置前悬挂、工作装置后悬挂及工作装置侧悬挂。作为公路用除草机多采用侧悬挂，它可以使机器在进行边坡除草时，仍在公路上行驶，而工作装置可伸到边坡的任何地方，即工作不受坡度的限制，还可进行高速公路中间的隔离带除草。

作为小型除草机，尤其是往复式除草机，工作装置（即割台）前置式占大多数，其优点是工作视野非常好，操作直观方便。

回转式除草机有前置式的，也有割刀直接与发动机输出轴相连、位于底盘正下方的，其结构简单紧凑，作业灵活性好。

8.传动机构分析

小型手推式除草机可省去分动箱。自行式除草机的行走装置也可采用液压驱动,可省去行走系统减速器,而增加液压电机、液压泵及各类控制元件等。这种方案在其他基础底盘车上配置除草工作装置的除草机上应用较多,而在小型除草机上应用较少。

小型自行式除草机的行走机构多采用简单的链传动。

作为工作装置——剪切器的减速器及传动机构,往复式除草机和回转式除草机不同。回转式除草机由于割刀速度高,一般采用剪切器转盘与分动箱动力输出轴直接连接,省去了中间的减速机构和传动机构,剪切器转盘亦作回转运动。往复式除草机除了需要减速机构外,还需在此将回转运动转变为直线运动。

（四）除草机使用技术

1.作业前的准备

（1）了解各种机型的特点、剪切方式及技术要求、操作说明。

（2）详细了解工作任务及作业现场情况。

（3）作业区一定范围内,应无闲杂人员,作业区内应无障碍物。

（4）当操作人员过于疲劳或身体不适时,不可操作割草机。

（5）作业前应穿好安全工作服,戴上防护手套、眼镜及耳朵保护套。

（6）在作业区内应设置警示标志。

（7）必须仔细检查每个螺栓,特别应注意检查割草刀片和传动齿轮的安装螺栓是否有松动,若松动,必须按规定力矩予以拧紧。

（8）启动割草机前应检查刀盘,确保刀盘内无异物。

（9）燃烧油必须严格按规定比例配合好,绝对禁止使用不加机油的纯汽油。

（10）不要在通风不良的场所使用割草机。

2.作业中的要求

（1）作业时,割草机刀片应与地面保持一定的间隙,避免碰到硬物、电线。

（2）当有两台或多台割草机同时工作时,相互间应保持不少于15m的安全工作距离。

（3）操作机器时,应保持双脚同时着地,将负重均匀地分配在双脚上,两手握紧工作杆。

（4）当刀片被杂草缠绕或碰到硬物时,应立即停机排除异物,并检查刀片是否损坏,若损坏应予以更换。

（5）不要在雨天使用割草机。

（6）不要在有许多石块、垃圾的地方使用割草机。

（7）不能夜间作业，除非操作者技术熟练及装置备有法律许可的照明器械。

（8）不能在水里进行作业。

（9）驱动时速度不能超过 5km/h。

（10）机器工作时，刀刃一旦碰撞到坚硬物体时会产生火花或爆炸。因此，避免周围有可燃气体和电线等。

3.维护与保养

（1）使用后应清洁整机外部尘土和草屑、油污等，保持机容整洁。

（2）经常检查传动链条的完好情况，如有变形或损坏，应予以校正和修复。

（3）使用后应检查各刀刃的利钝情况，如刀刃已钝或磨损严重，应及时修磨或更换。

（4）按说明书要求按时进行一、二级保养。

三、除雪机

除雪机是清除道路积雪和结冰的专用设备，是寒冷积雪地区公路、城市道路、机场等养护部门必备的冬季养护机械。

国外发达国家除雪机的品种规格较为齐全。特别是近年来，由于社会对冬季道路养护提出了更高要求，各类除雪机数量在发达国家迅速增长，性能也朝着自动化和一机多能方面发展。其主要发展趋势，一是利用高性能专用底盘，采用机、电、液一体化控制系统，使作业速度自动适应除雪作业的负荷变化；二是开发多功能的除雪机，使其能在除雪机上搭载滑雪装置、高雪堤处理装置、药剂撒布装置等，以提高作业效率和减少更换除雪装置的时间。

我国真正开发除雪机是从 20 世纪 80 年代开始，主要开发的产品是挂顶推式和螺旋转子式。近几年参照国外技术研制出犁式和转子式等除雪机。

（一）除雪机分类

1.犁式除雪机

犁式除雪机就是把犁刀安装在拖拉机、卡车、装载机、推土机、平地机或专用底盘上的除雪机的总称。犁刀一般安装在车辆前部、中部或侧面，有单向犁、V 形犁、变向犁、刮雪刀及复合犁，工作装置的提升、降落靠液压控制。这种除雪机结构简单、换装容易、机动灵活、效率高，适宜于清除新雪。

犁式除雪机基本工作装置为除雪犁，除雪犁主要由犁刃与导板两部分组成。

2.旋转除雪机

旋转除雪机就是把各种旋转除雪装置安装在汽车、拖拉机、装载机等工程车辆或专用底盘上的除雪机总称。

旋转除雪机主要由工作装置及底盘车辆组成。工作装置由集雪螺旋、抛雪风扇、抛雪筒及其连接装置组成。集雪螺旋主要完成积雪的切削、输送，其叶片一般布置为左右旋向，便于雪从两边向中间运动至抛雪风扇处。抛雪风扇叶片为辐射状，进入抛雪风扇的雪在高速旋转叶片离心力作用下，沿着叶片表面运动至风扇壳体顶部开口处抛出，由抛雪筒导向合适区域。

旋转除雪机多采用底盘车辆液压系统驱动工作装置的各部分，容易调整除雪速度，传动操作容易实现。

（二）除雪机使用技术

1.注意事项

（1）详细阅读除雪机使用说明书，了解各种机型的特点和技术要求。

（2）在使用除雪机作业前，先要了解除雪路段的雪质、厚度、硬度及路面障碍情况，安排好作业计划。

（3）使用前还要检查各系统的工作状态是否正常，有无松动及漏油情况。

（4）调整工作装置、雪橇及支撑轮，使工作装置底部与路面之间的间隙满足路面不平需要，这个间隙一般为1～2cm较为适宜。

（5）顶推拖挂式除雪机，要考虑牵引车的抗滑性能及雪雾对驾驶视野的影响，必要时安装防滑链。

（6）操作时要动作平稳、工作速度适当，以免损坏工作装置。

2.维护、保养

（1）除雪机工作结束后，应及时对除雪装置上的雪块、冰碛进行清理，尤其是轴承、转子叶片与壳体接触面更应及时清理，以免结冰损坏风扇叶片。

（2）除雪机应按时进行保养，除每班对各润滑点保养外，还要按保修规程每200h进行一次一级保养，每600h进行一次二级保养，每1 800h进行一次三级保养。各级保养的内容与其他工程机械相似，本节不再赘述。

（3）除雪机闲置时，应对各部件进行防锈蚀处理，并将机器晾干后停放到库房内。

（4）除雪机停放在库房内时，应使液压油油温保持在一定范围内，从而保证液压系统随时可以进行工作。

（5）除雪机使用的液压油，不仅要考虑其黏度等级，还必须考虑油液黏度指数，相对来说黏度指数高的工作油所适应的温度范围大。

四、划线机

划线机就是在公路、城市街道、机场、公园广场等路面上划出各种交通标志线的机械。道路标线现已成为交通设施的一个重要组成部分，它的鲜明、完整给司机和行人以良好的信号提示，可以有效地减少事故和提高车辆的通行率。道路标线还是调解和处理交通纠纷及交通事故的法律依据。

（一）划线机分类

1.常温漆划线机

它的特点是在常温下，依靠压缩空气或高压泵将漆雾化，然后通过喷枪嘴喷涂于地面。现在经常使用的多为高压或无气喷涂划线机。该机喷涂效果好，划出的标线整齐饱满，而且喷涂有力，附着力好，能喷涂高黏度的涂料，标线的寿命长。

2.热溶性涂料划线机

热溶性涂料不同于常温漆，它是由树脂、颜料、填充料和玻璃珠混合成的固体粉状材料，加热至200V时才能溶化成液态，在其液化的状态下再利用专门的划线机滚涂、喷涂或刮涂。涂料至常温冷却后形成固化的标线。其涂层厚度可达2mm。同时玻璃珠也被固化在漆线里。其耐磨性、夜间反光性、快干性均优于液态常温漆和加热漆。

（二）高压无气喷涂划线机结构

高压无气喷涂划线机主要由高压无气涂料泵、涂料箱、电气自控系统和动力装置等组成。

高压无气涂料泵有高压隔膜泵和高压柱塞泵两种形式，其动力装置根据作业方式不同有所差异。

1.高压隔膜泵

高压隔膜泵由偏心轴、柱塞、调压阀、涂料泵吸入阀、涂料压出阀等组成。隔膜泵上方为涂料泵，当偏心轴在汽油发动机或液压马达的直接驱动下转动，推动柱塞上行压油，使油压升高，高压油推动隔膜向上凸起；当偏心轴向下时，柱塞由柱塞弹簧推向下行，油压降低，隔膜在隔膜弹簧作用下向下凹回。隔膜泵的上下移动，使涂料箱内交替产生高压和负压，当涂料箱内为负压时，涂料吸入阀打开，涂料压出阀关闭，吸入涂料；当涂料箱内处于高压时，涂料吸入阀关闭，涂料压出阀打开，涂料经过滤器、高压软管、回转接头，最后从喷枪口喷出。当打开放泄阀时，高压隔膜泵失去压力，涂料回流涂料箱内。隔膜泵的工作压力一般为 10～20MPa。

2.高压柱塞泵

高压柱塞泵由于柱塞数目不同分为单柱塞泵和双柱塞泵两种形式。

（1）单柱塞泵

单柱塞泵由汽油机、减速器、蓄能器、安全阀、调压阀、喷枪、漆桶等组成，其工作原理为：汽油机带动减速器，驱动单柱塞泵往复运动，把漆吸入泵内，增压至 10～15MPa，压入储能器内，然后通过高压软管使漆到达喷嘴，漆在空气中雾化后被均匀地涂在路面上。安全阀进一步保护系统不过压，当调压阀失灵、系统内的压力超过安全阀的标定值 15MPa 时，安全阀打开，系统卸压，起到安全保护作用。单柱塞泵工作压力为 10～20MPa。

（2）双柱塞泵

双柱塞泵由汽油发动机、减速箱、偏心轴、柱塞泵、蓄能器、溢流阀、调压阀、涂料筒、喷枪等组成。

双柱塞泵的工作原理为：汽油发动机的动力经过减速器传递给偏心轴，两个工作相位差约 155°的偏心轴分别驱动两个柱塞泵作往复运动，借助两组单向阀的启闭，将涂料吸入泵体压入蓄能器，然后通过喷枪使涂料喷出。

调压阀用来维持喷枪的工作压力，为了保证喷枪工作的压力稳定，作业前压力应预先调整好。正常条件下，泵系统内的最高压力由系统中溢流阀控制。当压力超过预调压力时，溢流阀打开，涂料流入涂料箱中，系统卸压。

另外，在系统管路中装有一个安全阀，它与汽油机熄火开关相连。柱塞泵工作时，若溢流阀失灵或者系统管路堵塞，系统压力将继续升高，当压力升高至 20MPa 时，安全阀动作，并带动发动机熄火开关关闭发动机。

3.喷涂量的确定

不同类型的高压无气喷涂划线机，其单位时间内的喷涂量是不相同的。即使是同一台施工设备，也会因喷枪喷嘴的直径和几何形状，以及涂料黏度的变化、施工速度的快慢而影响喷涂量。

一般常温漆的比重约为 1.5 左右，每吨涂料约 600 多升，常采用的标准施工规范如下：涂料用量 0.27L/m²，面积 15cm×100cm，涂布量 0.04L；面积 20cm×100cm，涂布量 0.054L。

4.液压喷涂机组成

液压喷涂机由液压驱动装置（亦称"液压直线马达"）和涂料柱塞泵两部分组成。液压驱动装置由齿轮泵、压力控制阀、压力表及管路组成。涂料柱塞泵在液压驱动装置的带动下，通过往复运动完成吸排涂料的工作。排出的涂料经过单向阀、高压过滤器输送到喷枪，由喷枪、喷嘴完成喷涂作业。蓄能器起到缓冲喷涂压力波动的作用。喷枪开关由气路控制，气动系统由空气压缩机、储气罐、电磁开关等组成。设备的动力由汽油机提供。

5.高压无气喷涂划线机使用技术

（1）使用

①启动前准备

检查设备各油路、气路、涂料管路及各管路接头是否处于良好的工作状态，有无松动渗漏。如有松动渗漏，应及时检修好。

②启动时注意

汽油机启动前打开齿轮泵的吸油截止阀、柱塞泵吸漆截止阀、空气压缩机进气阀、液压管路的溢流阀、涂料管路的调压阀等，使系统全部泄压，处于零压状态后再启动汽油机。严禁带负载启动；旋转汽油机启动开关启动汽油机。启动后运转 5 分钟，观察有无异响。如有异响停机检查，排除故障后再启动。

（2）调试

①调整汽油机油门，使汽油机工作转速在 1 500 转 r/min 左右。

②喷涂机液压管路溢流阀工作压力调到 5～7MPa（观察液压表读数）。

③调整柱塞泵调压阀，工作压力调至 8～12MPa（观察电接点压力表读数）。

④关闭空压机进气阀，待空压机工作压力达到 0.4～0.5MPa 时，喷涂机便可正常工作。

注意：在满足喷涂工作压力的情况下，喷涂压力无须调至过高，这样有利于设备过载保护和延长设备的使用寿命。

⑤按标线宽度要求调整喷枪高度，试喷，达到标线宽度要求后，将喷枪及枪架紧固。

（三）热熔涂料施工机械

热溶型涂料施工机械品种繁多，样式各异，但其主要功能是加热与涂敷，总体可分为涂料预热釜、手推式热熔涂料划线车、机动涂敷机（车）以及配套机械。

1.涂料预热釜

涂料预热釜的形式和种类很多。其工作原理为：先将涂料倒入釜中，点燃釜体下部的液化气炉，对釜中的涂料进行加热，当涂料开始熔化时，启动釜体底部的搅拌器，使搅拌器进行搅拌，并不断加入新的涂料。当釜中涂料温度升到180℃时，便可出料进行施工。

2.手推式热熔涂料划线车

（1）工作原理及结构

手推式热熔涂料划线车主要由熔料釜、后备箱、尾轮定位装置、涂料斗、玻璃珠撒布装置和车架几个部分组成。其工作原理为：熔化状态的热熔涂料经过滤网倒入熔釜中，并由液化气火焰加热保温，经放料门流入涂料斗，经由涂料斗落到地上。通过涂料斗动作手柄，使滑动封料刀张开，同时扳动撒珠离合进给手柄，此时推动划线车前进，涂料在落地刀的限位下，就可划出标准线型的标线和撒播玻璃微珠反光体，实现划线全过程。其中：

①涂膜宽度（线宽）取决于料斗规格（两落地刀之间距离）；

②涂料流出量取决于滑动封料刀开口大小和推进速度的快慢；

③玻璃珠撒播靠离合手柄使转轴转动实现，撒播量通过调整玻璃珠箱的调整螺钉达到；

④标线的方位靠标尺和后轮定位器保证；

⑤用石油液化气火焰对釜底、釜门、料斗加热及对地面预热。

（2）使用技术

第一，施工前准备。

①检查车体各部位是否处于正常状态，如有异常应及时调好；

②检查液化气管路及整个燃烧系统有否渗漏与堵塞，应保证安全工作；

③按涂膜厚度要求调整好封料刀和落地刀与地面的高度差（产品出厂时高度已调好，没有特殊要求不要随意调整）；

④检查玻璃珠轴离合器控制手柄、出料门手柄、涂料斗开合手柄是否正常，应处于合适正确位置，动作协调可靠，符合划线要求；

⑤料斗吊架、标尺、后轮定位器等应调整准确；

⑥调整好玻璃珠箱调整螺钉，使之满足撒珠需要；

⑦以上调好后，使其均处于正确位置，即出料门关闭、封料刀闭合、撒珠离合器啮合、燃气阀门关闭。

第二，注意事项。

①操作者戴好防护手套，以防烫伤；

②施工时要注意观察燃气系统的工作情况，要保持正常、可靠；

③熔釜应预热（5min 左右），再向釜内投料；涂料必须是熔化状态，并且经过过滤，除去漆皮和杂物；

④涂敷前要对涂料搅拌均匀；

⑤停止划线时，撒珠进给手柄一定要及时拨回原位，防止不作业时撒珠；

⑥离合器啮合时严禁拉倒车；

⑦每次施工最好把涂料全部涂完，再关闭料斗，少量剩料在下次施工时加热熔化后，方可投料使用；

⑧转动（或有相对运动）的部位应定期润滑保养，较长时间停用或施工前后均要进行保养。

3.机动涂敷车

机动涂敷车具有施工省力、效率高、适应强等优点，但其造价昂贵、噪声大、对环境污染大，维修也较为复杂，目前使用较少。机动涂敷车是将热熔釜和喷涂设备组合成一体，组装在移动底盘上，形成一台自行式划线机。常用的是压力喷涂式和双齿轮离心式两种结构。

（四）划线机保养

1.例保

（1）检查燃油箱存油量；检查冷却水是否充足，不足时及时补足；检查发动机运行情况，发动机应容易启动，无异常声响，运转正常。

（2）检查照明灯具、信号装置是否齐全有效；检查启动机、发电机、电气设备及各仪表工作是否正常，反应是否灵敏，示值是否正确；检查清洁蓄电池。

（3）检查传动系统。离合器无打滑、发抖、发热现象，减速器油位适当，传动皮带不打滑（自行式划线机还需检查转向机构和行走机构）。

（4）检查加热装置。液化气充足，无泄漏，减压阀调定 0.1～0.2MPa，燃烧盘和熔化桶清洁。

（5）检查供漆装置。漆路应无泄漏，检查喷枪喷嘴，工作时应雾化良好，无堵塞现象。检查高压泵、蓄能器。每日工作后清洗漆路系统。氯化橡胶类或丙烯酸类可免此工序。

（6）有供气装置的划线机要检查空气压缩机工作是否正常，气路系统有无漏气现象，排放储气筒内积油积水。

（7）检查划线机构，导向轮应转动灵活，不偏行。标志杆安装牢固，没有变形。

（8）有液压系统的定期清洗液压油箱，更换液压油及滤清器滤芯，补充液压油。检查液压油泵、液压马达和其他液压元件，应工作正常、无泄漏。

（9）清洁整机外部的尘土、油污及残漆，各部连接螺栓如有松动，应予以紧固。发现问题的地方应查明原因，排除故障。

（10）按润滑表规定进行润滑。

2.一保

（1）完成本级保养作业项目外的例保项目。

（2）清洗空气滤清器、燃油滤清器及加油口滤网，检查汽化器。清洗机油滤清器，检查机油循环指示器，必要时更换机油。清洗发动机散热片。检查风扇皮带张紧度。

（3）检查电气线路导线接头有无松动；检查电磁阀、分电器、火花塞；检查蓄电池。

（4）检查减速器、离合器、蜗轮箱、驱动桥的工作情况，密封件如有损坏，应予以更换。

（5）有加热装置的应清除燃烧盘和各喷嘴上的积炭和污物。检查融化桶、搅拌轴和叶片，应无裂纹、明显变形及渗漏现象。各阀门应开闭正常。

（6）检查供漆装置的系统工作压力，保证其电路、气路正常工作，阀门操纵灵活，搅拌机构无卡滞现象。清洗油漆滤清器滤网，必要时予以更换。

（7）划线斗门应开启灵活，关门后无泄漏现象，否则，应予以修复。

（8）按润滑表规定进行润滑。

3.二保

（1）完成本级保养项目作业外的一保项目。

（2）检查发动机喷油压力，检测、调整喷油泵及供油提前角。检查调整气门间隙。紧固气缸盖进、排气歧管及消声器等的螺栓。

（3）清洗发动机燃油箱及油管，更换空气滤清器滤芯。检查冷却管，必要时更换水泵水封。

（4）清除火花塞积炭，调整电极间隙。

（5）检查转向装置，万向节磨损严重时，予以调整或修复。更换减速器润滑油，检查传动轴。

（6）加热炉体应完好无损，出料门应无变形，关门后无滴漏现象，否则，应予以修复。

（7）供漆装置各阀门应开启、关闭正常。管路连接牢固，密封良好。若高压泵、压力调节器的密封件老化损坏，应予以更换。检查清洗底漆桶。

（8）空气压缩机应工作正常，系统压力稳定。若气压波动，应检查排气阀门并进行研磨。检查气缸功能是否正常。清洗空气滤清器滤芯。

（9）检查划线操纵机构，若轴销磨损严重，应修理或更换。拆检导向轮，调整导向偏移。检查驻车制动器。

（10）按润滑表规定进行润滑。

五、清洗机械

随着高等级公路的发展，路容美观、路线环境良好也是公路养护工作的内容之一。我们需要对洒水车、高压清洗车及护栏清洗车做简要介绍。

（一）洒水车

洒水车是带有贮水容器和进行喷洒作业的罐式车辆，按结构类型区分，可分为车载式、半挂式和全挂式三种；通常也有按其功能区分，如前喷、后喷、侧喷、喷药、浇灌、消防等。有的是单一功能，也有的是多功能。

车载式洒水车是将水罐等各专用装置直接安装在汽车的底盘上，一般都利用汽车的底盘进行改装。改装的底盘不会影响汽车的原有性能，因此车载式洒水车具有和载重汽车相同的性能。半挂式洒水车利用汽车作牵引动力，将水罐制成半挂式结构，其载重量在相同条件下可增大 1 倍左右。但增加了一根半挂轴，相应增加了整车长度，其机动性和运行条件略低于车载式洒水车，但其载水量增大，适用于用水量大的情况和城市道路。全挂式洒水车主要是将水罐及水泵、喷洒装置等安装在专用底盘上，它不具备行走功能，但抽水、喷洒功能是自备的。它的行走可利用拖拉机或其他牵引设备。这主要是为了提高牵引设备的利用率，同时也可制造成大吨位的水罐，适用于工程施工取水较远、运输条件较差的场合。

1.洒水车总成及各系统的组成和功能

用汽车底盘改装的洒水车除底盘外，专用装置由水罐、传动系统、喷管系统和操纵系统组成。

水罐是用钢板焊接而成，罐身的断面一般做成椭圆形，也有的做成圆形和矩形。罐体底部焊有支架，其目的是与汽车底盘连接。为了便于操作人员进行维修，水罐上必须设置入孔，入孔直径按洒水车标准应不小于 500mm。为了防止洒水车在高速行驶时罐内水的冲击晃动，罐内必须设置隔离仓，并加纵向防波板。此外，入孔盖上还要开一个通气孔，防止由于温升等原因使罐内产生压力。

传动系统是由动力装置、变速装置、传动轴、水泵等组成，其主要功能是满足水泵的旋转和转速变化要求。系统的动力装置可以从汽车的变速箱上加装取力器引出，也可采用附加内燃机或电动机。水泵一般采用自吸泵，但如果采用离心泵的话，每次作业前需加引水才能使用。

喷管系统是将水吸入罐体内和从罐体内取出进行喷洒作业的传导系统。其吸入管一般采用橡胶软管，喷洒管一般采用钢管，喷洒头可采用固定式或可调式。可调式喷头喷水流向和喷洒密度可在较大范围内任意调整。

操纵系统由取力箱操纵和吸洒水操纵两部分组成。操纵方式有气操纵和手操纵两种。手操纵系统包括挂挡机构、操纵杆和传动机构等。由控制阀通过气管控制执行机构的动作，以决定水的流向，达到吸水、洒水的目的。

2.洒水车的作业状态

洒水车的作业状态主要有两种：停车吸水、行车喷洒。

停车吸水：将洒水车停靠至某水源处，连接好吸水软管，如水泵为离心泵时，需加够引水，此时将取力箱挂于工作挡，保证水泵以正常转速运转，同时打开吸水开关，将水泵入罐内。

行车喷洒：喷洒开始前，停车挂上取力箱工作挡和行车挡，然后操纵离合器按设定车速行驶，同时打开喷洒开关，将水罐中的水洒向需要的地方。

3.洒水车使用技术

使用洒水车前应认真阅读所购车型使用说明书。严格按使用要求操作，是使用好洒水车的重要保证。

（1）洒水车对水源的要求

洒水车对水源是有一定要求的，当利用河沟、池塘作为水源时，注意吸水管端部全部浸入水中，为避免吸入石块或较多的泥沙、漂杂物，吸水管端部设有过滤装置，吸水时严禁将过滤装置拆下。如果水源较浅，需要事先将吸水处挖深一些，以保证不含有杂物及不进入空气。不同洒水车的水泵对水源的要求是有区别的。清水泵要求水中不能有杂质，浊水泵则要求水中不能有石块和过多的泥沙。

（2）水泵使用前后的注意事项

①离心式水泵每次吸水前，必须向水泵内加入一定量的引水，加完后必须关闭加水口。

②自吸式水泵第一次使用时，需加引水，以后则不必再加引水。

③吸水时进水管系统必须保持一定的真空度，才能将水吸入罐内。作业前需检查软管是否有破损，硬管是否有裂纹，否则将产生漏气现象，吸不上水。

各种洒水车的性能有所区别，使用前请参阅使用说明书。

（3）进水系统须保持真空

吸水时，进水管系统必须保持一定的真空度，才能将水吸入水罐内。为此进水管系统中各环节务必要密封可靠，否则将产生漏气现象，吸水管内形不成真空，导致吸不上水的情况产生。

（4）停车挂挡

无论是在吸水前还是在洒水前，洒水车都必须做到停车将取力装置挂上挡。正确的做法是：先将车停下来，踩下离合器踏板后稍等几秒钟，待汽车变速箱的传动件完全静止再挂挡。如果是准备行车洒水（一般是低速挡洒水），应该在停车时先挂好变速箱的挡位，再挂好取力挡位，然后缓慢抬起离合器踏板，车在行走时，打开洒水开关开始洒水。如果取力挂挡是气操纵的，还须观察气压表，压力达到规定值后才能开始挂挡，如果忽略了停车挂挡，势必造成挂挡齿轮或壳体的损坏。

（5）冬季放水

由于气温低于0℃时水要结冰，机械内存水会造成机械损坏，因此冬季来临前，应将水泵和水管内的存水放掉，以防它们被冻裂。我国北方地区一般严冬不再施工，因此在施工结束后就应立即将洒水车内的存水全部放净。

（6）洒水注意事项

洒水车前喷头位置较低，靠近地面，喷洒压力较大，可用于冲洗路面；洒水车后喷头一般左右安装一个，其位置较高，故洒水面较宽，用于公路施工洒水。使用后喷头时，应将前喷管关闭。使用可调喷头洒水时，洒水宽度可以根据需要调整。洒水宽度越宽，中间重叠量越少，洒水密度越均匀。

（7）润滑与紧固

洒水车在使用过程中，要定期润滑传动总成的各润滑点，以保证其正常使用。取力箱内传动件的润滑因与变速箱体相通，所以只要检查变速箱油位即可。还应经常检查、紧固各连接处，重点检查取力箱与变速箱连接处、水泵与车架连接处等。尤其当发现异常声响、震动、漏油、漏水时，更应及时检查以及排除故障。

（8）定期排污

洒水车水罐设有排污管，该管的进口为水箱的最低点。经过一段时间的使用，应定期打开排污管开关，将罐内积存的杂物排除，直到水变清为止。

（二）高压清洗车

高压清洗车是一种用于水泥路面和沥青路面清洗的专用车辆，并具有喷雾降尘、路缘清洗等辅助功能。特别适用于城市道路、广场、公路、桥梁、公路隧道、大型仓库、港口码头的清洗作业。

高压清洗车的基本工作原理是：利用高压水泵产生的 10MPa 高压水，通过清洗架的特制喷嘴，在车辆的前方形成一道水帘，水帘像推铲一样将地面脏物推至指定点；或高压水经左（右）角喷出，清洗路缘、人行道及护栏隔离带。使用高压喷枪还可清洗路标、广告牌、高架桥等；使用喷雾系统，可通过喷嘴向空中喷雾，用于降尘和湿润空气。

由于采用了高水压、小流量工作方式，不仅能清洗地面的细小尘土和粘贴物，而且清洗后的地面无水流痕迹，潮而不湿。一罐水能连续工作 76min，清洗路程可达到 10km 以上（按车速 8km/h）。

1.结构与工作原理

高压清洗车由汽车底盘、水路系统、液压系统、电器系统、水罐、副车架等部分组成。

（1）水路系统

水路系统由喷水架、喷雾、角喷装置、高压喷枪及相关的管路、接头等组成。水路系统装置安装在副车架上。水路系统是清洗车工作时的高压水源。由变速箱取力器驱动液压油泵，向液压马达供油，由液压马达驱动高压水泵工作。

①高压水泵

高压水泵为进口柱塞式高压水泵，安装在副车架上，采用橡胶垫隔振。高压水泵由液压马达通过弹性联轴节直接驱动。

高压水泵最高使用转速为 645r/min，由发动机转速及水泵转速开关的高、低位控制。在电控箱上设有水泵转速表及水泵转速超速报警装置。

清洗作业时，规定用I挡或II挡车速，发动机转速规定为 1 500r/min 和 1 800r/min 两种转速（可用手油门控制）。当发动机选取 1 500r/min 工作时，应将水泵开关旋至"高"位（取力器双泵供油）；当发动机选取 1 800r/min 工作时，应将水泵转速开关旋至"低"位（单泵供油）。对应两种工况，水泵转速均为 645r/min，驾驶员应随时监视发动机及水泵转速，当水泵超过规定转速时，应注意电控报警信号，并降低发动机转速，或将水泵转速开关旋至"低"位。

水路系统中设有安全阀及溢流阀双重保护。安全阀压力和溢流阀压力出厂时已经调好，一般情况下不要随便调整溢流阀压力。

水泵为飞溅式自润滑，为保证润滑要求，水泵最低工作转速应＞500r/min。

换油时先从水泵安装位右侧下部放油塞处放尽旧油，再从水泵上面加油塞处加油至右侧中部透明油位视窗塞处（不允许拆卸油位视窗塞）。

②水路过滤器

在高压清洗车底盘大梁右侧装有水泵吸水过滤器，其滤网的过滤精度为80目，过滤器外壳下部设有排污阀。加水时，适当打开排污阀放出滤网外的污物。

每工作5个工作日，应拆下滤网清洗。如发现滤网有破损情况，必须立即更换。滤网安装面密封圈安装时必须压紧、保持密封。

在水罐加水口处设有"Y"形加水过滤器，能将自来水中的粗污物过滤。加水前，根据情况先放尽自来水栓中的沉积污物及铁锈后，再向水罐中加水。

加水过滤器为粗滤网式，可适时打开加水口球阀，利用水罐中的水向外冲洗滤网内的污物。必要的时候，还可拧开"Y"形加水过滤器的螺盖，拆下滤网清洗。

③水路控制

为了保证水压，每次作业只能选择主喷、左角喷、右角喷、喷雾、喷枪等中的一种工作方式。水路的开、关采用电磁水阀控制，作业时，应先开水阀，后开水泵。

④冬季水路的放水与防冻

冬季结冰时，严禁使用。停用前应放尽水罐、水泵、水滤器及油冷却器中的水。水可通过水罐前放水口及水滤下部放水阀放出，但油冷却器最下部铜管中的水，必须从其前端盖下部的专用放水螺塞中放出。放完水后，必须再运行水泵约5s以排出泵头中积存的水（将水位塞插线与铁外壳短接，即可无水启动水泵），再将各水阀依次打开，用专用吹气管（选购件）的快换阳接头插入车体上的喷枪快换阴接头内，再将气管另一端插入取力器气阀出气端的自动接头内（先按下自动接头的卡套，，取下取力器气管），即可利用取力器气阀电开关控制吹气管吹气，吹尽管道及喷嘴中的残水。如果泵已被冻上或出现冰冻现象，绝对不允许运行水泵，除非整个系统已完全解冻，否则将损坏水泵及密封件。

（2）水罐

水罐包括水罐体、顶盖、水泵供水管、水泵回水管、进排水装置、溢流管、过滤网、水标、水位报警器及工具箱、挡泥板等。水罐是高压清洗车的主要结构件，它通过螺栓直接固定在汽车的大梁上。

水罐由钢板焊接制造，内表面经喷涂合金防腐处理，清洗水罐时，内表面不得用硬物摩擦和划伤。水罐内设有内置式溢流管，加满水后，水会从水罐的底部溢出。水罐前下部设有并联的两个水位报警塞，只要有一个水位塞正常，就能发出低水位报警电信号，并将水泵电路切断。

如水位报警误将有水报无水时，即说明两个水位塞内部接线均已断路，应同时更换两个水位塞。如误将无水报有水时（此种情况较少），一般是水位塞传感头铁芯与其外壳（与水罐连，为电源负极）之间沾有潮湿污物，造成通路（相当于有水介质导电），此时一般清洗干净即可。

（3）清洗架

清洗架上安装有主喷杆及左、右伸缩喷杆。喷杆清洗宽度由伸缩油缸控制，从 2.5～3.5m 可任意调节。升降油缸控制清洗架的升降，清洗时，喷嘴离地高度以 200mm 左右为佳。喷嘴对地面垂直方向，向前的倾角一般为 15°～20° 较佳，可转动喷杆调节。

偏转油缸控制清洗架左、右偏转，左右最大偏转角各为 30°。

左、右喷杆伸缩时，沿圆杆导轨滑动，应常从侧窗处清洗干净导轨表面的泥沙，并涂抹润滑脂，以免导轨卡滞。

各喷嘴安装时，扇形水面与喷杆轴线成约 30° 角，各扇形水面互相平行，以免水面互相干涉应经常检查喷嘴是否通畅，如有堵塞，应及时疏通。

左、右伸缩杆安装有示宽灯，夜间作业时应保证示宽灯工作正常。清洗架安装有罩壳及橡胶挡板，工作时，可以减少飞溅的水雾及泥沙。维护的时候，可拆下。

（4）左、右角喷

角喷最高工作压力为 8MPa，可以根据需要选配 2～8MPa 压力范围的喷嘴，以满足不同工况要求。旋动接头可调节喷嘴对地面的倾角与喷嘴扇形水面的方向。低压角喷管可用浇喷路边的花草。

（5）喷雾系统

喷雾系统位于清洗车的后部，由上喷雾管与下喷雾管组成。应经常检查，保证各喷嘴的通畅。喷雾作业时应打开警灯及雾灯。

（6）高压水枪

高压水枪有两种，一种为手持式喷枪，允许最高工作压力为 7MPa（压力过高，反作用力过大，影响操作安全）；另一种为平台支架式电控喷枪，允许最高工作压力 9MPa（可根据需要选配 5～9MPa 不同压力的喷嘴）。

2.使用技术

（1）操作装置

清洗车的操作装置分为两部分：一部分在驾驶室内，在行驶作业时操作；另一部分在驾驶室外，车停止时，在车下操作。

①驾驶室内的操作装置和仪表

清洗车驾驶室内的操作装置和仪表由两部分组成：一部分为原汽车底盘的操作装置和仪表，包括方向盘、启动开关、离合器踏板、制动踏板及照明、音响、空调开关和仪表板等；另一部分为清洗作业用的操作装置和仪表，包括电控箱、发动机手油门、取力器开关。

②驾驶室外的操作装置

在副车架上布置有各种作业水路控制用手动高压球阀，作业时，先打开一路球阀；

底盘两侧大梁中部，布置有高压喷枪接管的手动球阀及快换接头，使用喷枪时，应先将球阀打开；

操作平台座椅旁布置有电控高压喷枪的电控开关盒，内有控制水泵开、关的旋钮开关。

（2）新车的使用

为使清洗车达到应有的性能和延长使用寿命，新清洗车在使用初期必须进行磨合。汽车底盘行驶磨合里程为 1 000km，清洗车专用工作装置的磨合期为 10h。磨合期内的时候，发动机工作转速设定为 1 500r/min，水泵转速开关旋至"高"位。

磨合时工作水压从低到高，顺序为：①除喷枪外，全部水阀开启，磨合 1h；②清洗架加喷雾；③左角喷加右角喷；④喷雾。②～④各磨合 3h。磨合期间，应注意检查各部分有无异常振动、噪声和漏油、漏水、漏气现象，各电控开关、电磁阀、仪表、传感器是否正常。磨合后，更换液压油，清洗油滤器及水滤器，并排除磨合过程中出现的故障。

（3）操作及注意事项

①出车前检查

检查轮胎螺母、各紧固螺栓及销轴是否松动，检查轮胎外观及气压；检查清洗架、角喷外观及位置是否正常。

检查整车有无漏油、漏水、漏气现象。

检查燃油、冷却水、润滑油及制动液是否正常。

检查液压油油位及油箱出油阀是否打开。

检查水泵吸水管阀门是否打开。

启动发动机，观察其运转是否正常。查看汽车仪表、气压、灯光、行车制动、手制动等是否正常。

检查结束后，各电控开关置中位或关停位。

将水罐加满水。

②作业操作

清洗车行驶至作业路段后，车辆停驶，变速器处于空挡位置，然后拉起手制动杆。

打开警示灯或警音。

观察气压达到 0.6MPa 时，踏下离合器踏板，将取力器开关扳至"接入"位置，并确认取力器正常结合。

如使用清洗架作业，将清洗架的高度降至最低，偏转角调整到位，将左、右喷杆的伸缩宽度按需调整好，再将清洗水路高压球阀打开（其他水路阀关闭）；车辆起步，并根据选择的工作速度，将变速器挂至I挡或II挡，将发动机转速用手油门控制至 1 500r/min 时，将水泵转速开关旋至"高"位，清洗作业即开始；将发动机转速控制至 1 800r/min 时，将水泵转速开关旋至"低"位，清洗作业即开始。需停止清洗时，只要将水泵转速开关旋至"停"位即可。

使用手持喷枪时，应停止作业。先连接好喷枪快换接头，打开水路球阀，将发动机转速控制至 1 400r/min 左右，操作者先将喷枪开关打开（握紧），再由驾驶室内操作人员将水泵转速开关旋至"低"位，喷枪即开始工作。停止工作时，应先将水泵转速开关旋至"停"位，再关闭喷枪。在水泵工作时，关闭手持喷枪的开关，将冲击水泵及安全阀，使安全阀冲开溢水，应尽量避免此种操作。当需用喷枪洗车时，为使压力降低，可同时将清洗架的水阀打开。

平台支架式电控喷枪，由驾驶室内电控箱上的水泵转速开关和平台上小开关盒内的水泵转速开关串联控制，工作时，将发动机转速控制在 1 500r/min，将水泵转速开关旋至"低"位，此时，再将平台上的水泵开关旋至"开"位，喷枪即开始工作。电控喷枪可在行驶中作业，喷枪设有支架及转动座椅，松开转轴止动螺栓，即可拆下座椅，以方便开启罩盖上盖。高速行驶的时候，座椅严禁坐人。

以上作业过程中，如需换挡或停车，应先将水泵转速开关旋至"停"位，然后即可按一般操作进行。

③操作注意事项

出车前清洗架应处于中间最高提升位置，以预防碰撞。

冬季作业前发动机应先在怠速、中速状态进行预热，发动机出水温度达55℃以上，方可投入全负荷运行。作业时，若水温超过92℃或机油压力警示灯亮应停车冷却检查。

液压油和液压油路的清洁直接关系到液压系统的正常工作与液压元件的寿命。因此，液压系统油清洁度不能低于21/19，在抽取和更换油箱中的油液时，最好采用带过滤的加油机，使用时必须经常注意油箱中的油位，不能低于液位计的下限，还要特别注意油箱上回油过滤器的压力指示，当指针达到0.08MPa时，应及时更换回油滤油器的滤芯。夏季应注意油箱中的油温不要超过60℃。冬季要让油泵先空载运行一段时间，利用溢流阀加温，使温度达到10℃左右再工作。

作业中，各种用电器集中用电时（如前警灯、后警灯、警音、大灯、空调等），如出现发电机电压指针指向负向，必须调整用电器使用情况，以免使蓄电池亏电。

（三）护栏清洗装置

高速公路上，由于车辆废气的排放、运煤车掉煤和风沙的侵蚀等，使得路面设施如防护栏、导向桩、标志牌脏污，严重影响了高速公路的路容路貌，影响了高速公路的环境美化。护栏清洗装置能方便、快捷、干净地清洗高速公路护栏等设施，使用灵活、安全可靠，能很好地满足高速公路护栏等设施的保洁需求。下面介绍RPS-H型护栏清洗装置的技术性能和使用性能。

1.RPS-H型护栏清洗装置的技术性能

RPS-H型护栏清洗装置适用于清洗防撞护栏、导向桩及标志牌。该装置采用全液压驱动、安装在主机上，通过手动或自动控制系统进行操作。液压马达直接驱动刷子转动，其转向及转速可以调节。刷子的喷水来自主机后的水箱，通过高压泵泵入水管中，再由喷嘴喷出。

（1）清洗作业时，其清洗装置的所有动作均可在驾驶室内的智能控制盘上操作，必要时可手动操作。

（2）清洗非常灵活，刷子可以上下、左右、前后任意移动。刷子的转速、转向可以调节。刷子能靠近地面的清洗部位，但不与地面接触。

（3）清洗装置可靠性良好，刷子遇到障碍物时，会自动上升越过障碍物。刷子可以根据负荷的变化，自动调整转速，负荷越大，转速越慢，但不会烧毁保险丝或死机。

（4）清洗装置如挡住了车灯的正常照明路径，可启用该车配备的附加照明系统。

（5）清洗装置备有 1 800L 大容量水箱，水通过高压喷射装置喷射到刷子和护栏上，起到了除尘、降温和冲洗的效果。

（6）刷子的刷毛是用抗高温树脂做成的，具有耐热、离水、除尘等作用。

2.RPS-H 型护栏清洗装置的结构

适当降低主机连接盘，将主机连接盘移至 RPS-H 型连接盘处，将主机接合头插进工作装置接合器里，适当提升主机连接盘，使接合头和接合器很好地接合在一起，然后将 RPS-H 型连接盘上的螺栓插入主机连接盘连接缝里，将连接螺栓拧紧即可。

3.工作原理

（1）防撞护栏的清洗

抬高动臂并伸直动臂，使刷子垂直向下放置，调整好喷嘴的喷射角度，在靠近护栏前，先打开刷子转动开关，然后一边转动，一边靠近，直至刷毛能刷到护栏的最凹处。正常情况下，车辆边行走边擦洗护栏，遇到特别脏的地方，放慢车速甚至可停下来，直到清洗干净为止。

在清洗过程中，要边喷水、边清洗。喷嘴喷水主要起三方面作用：①降温作用。刷子高速转动，擦洗护栏，使刷毛与刷毛之间、刷毛与护栏之间摩擦起热，如不进行喷水降温，将使刷毛变形，损坏刷毛材料，影响清洗效果。②除尘作用。刷毛是用树脂做成的，光滑柔软，用水喷洗刷子，刷毛上的尘土会被冲掉；刷子擦洗完护栏，护栏上仍留有擦起来但未离去的灰尘，用水喷洗护栏，灰尘就会随水流去。③压尘作用。喷水清洗，尘土不会飞扬，作业环境得到改善，清洗效果得到保证。

清洗防撞护栏时，喷嘴 1、2 从上端喷水，靠刷子离心力冲洗刷毛脏物，同时水又被甩到护栏板面上，溶解栏板面上的脏物，当然喷水也起降温作用；喷嘴 4、5 分布于刷子两侧，主要起着清洗刷毛脏物和降温作用；喷嘴 3 滞后于刷子，冲洗护栏板面中遗留下的脏物，刷光护栏板。

（2）导向桩的清洗

伸直动臂，使刷子基本上处于水平位置，刷子向上抬高，使导向桩处于两刷之间，然后向下移动刷子，这样来回移动 3～4 次，导向桩即可擦洗干净。

清洗导向桩时，喷嘴 1、2 直接将水喷于两刷子的端面，其作用是浸湿刷子内部，靠离心力冲洗刷子，部分水飞溅到桩上；喷嘴 3、4 分别布置在两刷的两侧，其作用是浸湿刷子表面和桩的接触部位，将桩上的脏物溶解，然后清洗干净；喷嘴 5 位于桩的上部，直接对桩喷射，起到冲洗桩的目的。

（3）刷子的运输状态

RPS-H 型护栏清洗装置在运输过程中，抬高动臂、缩回动臂，使刷子处于水平位置。同时为了增加离地间隙，刷子应垂直向上放置。如刷子挡住了灯光的照明路径，应打开附加照明系统。

4.RPS-H 型护栏清洗装置使用技术

（1）车辆行驶速度与清洗效果的关系

在刷子转速一定的情况下，车辆行驶速度越快，在单位面积护栏板上，刷子擦洗的次数越少，清洗效果越差。车辆行驶过慢，虽然保证了清洗效果，却又影响生产率。所以行驶速度应根据护栏的干净程度和刷子转速适当安排，一般推荐值为 2～4km/h。

（2）刷子与护栏距离的确定

在清洗护栏时，刷子要一边转动，一边接近护栏。刷子离护栏太近，由于阻力，刷子的转速会放慢甚至自动停下来，影响清洗效果；刷子离护栏太远，又可能触及不到护栏的凹处，所以一般情况下，要使刷毛触及护栏最凹处。

5.操作方法

（1）操作准备

①工作装置通过凸形爪可插入机器前部的插座里，插座装在一平板上，调节平板的高度可调整装置的位置，同时装置通过两螺钉拧到机器上。

②分别把电器部分、供水装置连接到机器上。

③检查机器是否有故障。

上下移动转换部件，它控制着动臂 1、动臂 2 的开关；

检查动臂传感元件，控制装置与地面的角度；

两刷子重叠 3cm 左右；

根据栏板、立柱的高度调节刷子位置。

（2）基本操作

控制杆向上为提升刷子，向下为落下刷子，向左为刷子收回，向右为刷子伸长。

操纵杆向下并按下"5F"按钮，自动清洗开始；操纵杆向上并按下"5F"按钮，自动清洗工作停止。

按旋转键可改变刷子的旋转方向；按 AUT 按钮可自动改变刷子旋转方向。

（3）清洗立柱

彻底伸出动臂，刷子水平工作，刷子轴与水平面有一夹角，工作时有两个从下喷向刷子的喷嘴，左、右各有 1 个喷向刷子的喷嘴，同时还有从上喷向立柱冲洗的喷嘴。

（4）清洗护栏

提升动臂 1，彻底伸出动臂 2，刷子竖向工作，工作时通过调节液压系统的控制阀来调整刷子转速，只有刷子在旋转过程中泵才起作用。如果选择了"自动 AUT"功能键，操作控制杆可启动自动清洗工作。一般来说，刷子换向旋转需要间隔 3s。

六、沥青路面综合养护车

沥青路面在使用过程中，不断承受行车载荷的反复作用、气候的影响和沥青路面材料的物理化学变化，随着时间的推移，将产生坑槽、裂缝、拥包、沉陷、啃边、麻面、脱皮和松散等各种损坏，如不及时修补，这些损坏将迅速扩大，影响车辆的正常通行，并可能造成更大的损害。沥青路面综合养护车就是专门用于及时修补路面损害部分的专用车辆。

（一）沥青路面综合养护车功能

沥青路面综合养护车在新形势下的功能要求包括以下几个方面：快速转移、就地加热、旧料再生、新料摊铺、路面压实。

（二）沥青路面综合养护车的基本结构和主要工作装置

1.基本结构

沥青路面综合养护车一般是由行走系统、动力系统、传动系统、装运和制备材料装置、作业机具、操纵及控制机构等组成。动力系统有发动机、发电机、空气压缩机、液压泵、液压马达、沥青泵及水泵等；装运和制备材料装置有沥青罐、混合料箱、油箱、水箱及拌和机等；作业机具主要有破碎挖掘、压实、喷洒、清扫及加热等机具。

2.主要工作装置

（1）料箱

修补沥青路面的主要材料是沥青砂石混合料。因为日常维修路面所用的材料较少，加之在综合养护车上进行沥青与沙、石拌和不易控制，也使设备和传动系统变得复杂，所以国内外大多数沥青路面养护车上不设置混合料拌和设备，只设置料箱。在上路进行养护作业前，将拌和好的沥青砂石混合料装进料箱，随车运到作业地点使用。

料箱由箱体、保温层、箱盖、出料门及螺旋输送器等组成。料箱多为方形结构，其容量由整体设计确定。热拌沥青砂石混合料必须保持一定的使用温度，一般在 150℃左右。在环境温度为 20℃时，要求混合料在 3h 内保持在 110℃以上，所以混合料必须有保温措施。箱体一般用 2～3mm 钢板焊接而成，在外侧用角钢、木条制成支撑框架，再用 1mm 左右的薄钢板包裹作为外壳并固定在框架上，箱体与外壳之间为 40～60mm 厚的性能良好的保温材料，要求每小时温降不大于 5℃。料箱的进料口及盖设置在顶部，有扣盖和拉盖两种形式，同样要有保温措施。扣盖有扣紧装置，拉盖有滑轨和锁紧装置。

料箱出料有斜面出料、倾斜出料和输送出料三种方式。斜面出料是将料箱底做成斜面，靠混合料自重下滑出料；倾斜出料是用液压油缸将料箱向后或侧面倾斜卸料；输送出料是用螺旋叶片将混合料堆推出料箱。

螺旋输送器从料箱中推出混合料。螺旋输料器由螺旋、外壳、动力和传力机构组成。螺旋是由轴与装在轴上的叶片构成；外壳用钢板焊成，底部呈半圆形，并与箱体连在一起，设有保温层；动力装置由动力源、减速器以及联轴器组成。

（2）沥青罐

沥青罐要具有装运、加热、吸进、喷洒沥青的功能，大多由罐体、加热装置及沥青泵等组成。按罐体形状不同，可分为圆形、椭圆形、方形三种；按喷洒沥青方式不同，可分为泵压式和气压式两种。因沥青容易凝结，易使各管道发生堵塞现象，因此，在灌装、加热和载运过程中，罐体内易产生内压力，所以泵压式沥青罐要经过耐压试验。沥青是一种感温性很强的黏性材料，用于修补沥青路面时必须达到要求的使用温度。为此，沥青罐要有保温措施，并应配有加热装置。沥青罐一般由封头、内壳、罐盖、保温层、外壳、加热装置、进出沥青管路、沥青泵、温度计量仪表和固定支架等组成。

内壳和封头组成的罐体用钢板焊接而成。封头有凸形和平面形两种。凸形封头又有椭圆形、碟形、半球形、无折边球形几种，一般采用碟形封头。由角钢和木条支撑的罐体与外壳之间为保温层，保温层内填有保温材料，如玻璃棉、岩棉、珍珠岩等，其厚度根据保温要求而确定。罐盖设有扣紧装置，与罐口之间要有密封。

沥青罐加热有燃油加热、燃气加热、电加热三种方式。一般与路面加热选择同样的加热方式。

燃油加热装置是由浸在沥青中的 U 形火管、喷嘴、储气罐、燃料箱、空气压缩机、管路阀及仪表等组成。在燃油加热系统中设有手提式喷灯，用于沥青罐和沥青路面的局部加热。

燃气加热比较简单，由燃气罐、管路、阀门、燃烧喷嘴等组成。

在综合养护车上有电源的情况下，采用电加热较为方便。电加热是在罐内底部设电热管。

无论采用哪种加热方式，必须保证安全，要设有足够的、性能良好的控制阀门、开关和指示仪表，所有管路、箱体和加热管不能有丝毫泄漏。

（3）拌和装置

有的沥青路面综合养护车是现场拌制混合料，因而设有沥青、沙、石的拌和装置，以便作业时进行混合料拌和及旧料回收利用拌和。拌和装置按搅拌方式分为盘式、槽式和筒式三种。

盘式拌和装置主要由圆形盘、拌和架、拌片、进料口、出料口及传动机构组成。通过传动机构驱动拌和架及拌片在圆形盘内转动，混合料在一定角度的拌片翻动下拌和，并在拌片和离心力推动下，使混合料翻到圆形盘边缘出料口出料。有的盘式拌和装置在圆形盘底下设有燃油或燃气加热装置，结构简单、操作方便。

槽式拌和是一种单轴强制式拌和，主要由传动机构、拌和槽、槽盖、进出料口、转轴和固定轴上的叶片等部分组成。拌和槽上部为方形，下部为半圆形。利用叶片与转轴夹角和正反转可进行反复搅拌与推移出料。这种拌和方式适合冷拌工艺。

筒式拌和是采用滚筒转动，通过筒内的叶片将沙、石与沥青拌和，主要由传动机构、筒及固定在滚筒内壁上的叶片、进出料口、加热装置等组成。

筒式拌和一般采用间歇式拌和，以便于计量控制，正转拌和，反转出料。在拌和过程中，用喷灯式的加热装置进行加热。为了回收利用旧料，可将铲挖出来的沥青路面材料破碎后加进拌和装置内转动加热，并与新的沙、石、沥青料拌和，随即用来修补路面，其效益较好。

3.主要作业机具

（1）铲挖工具

养护沥青路面的铲挖作业量较大，就是将损坏的部分铲挖出去，成为一定形状、周边整齐的坑槽，以便填补新的路面材料。目前，沥青路面综合养护车所配备的铲挖工具是直接利用现有的风镐、液压镐、电镐等，这些铲挖机械在综合养护车上要有合适的安放、固定位置，便于取放。

（2）沥青喷洒系统

在沥青路面养护作业中，需要喷洒沥青的有：在铲挖整齐、清理干净的坑槽内填充混合料前，要向坑底和周边喷洒沥青，以增强新旧路面之间的黏结；损坏的路面需要进行局部罩面处理时，需向清扫干净的原路面表面喷洒沥青后，再撒沙石矿料；路面裂缝，需要进行喷灌沥青的封缝处理；综合养护车能拌和混合料，在混合料拌和过程中，需要喷洒沥青。

沥青喷洒系统主要由沥青泵、阀门、管路及喷头等组成。沥青喷洒系统中有两个三通阀，通过不同的阀位可向沥青罐中泵入沥青、向外喷洒沥青和使均匀加热的沥青在罐内循环。为了实现不同喷洒用途的需要，可改换不同的喷头。

（3）路面加热器

根据综合养护车的条件，配备相应的路面加热器。按热源分为燃气加热器、燃油加热器和电加热器三种；按沥青路面受热方式分为火焰直接加热和红外辐射加热；按加热器移动方式分为手提式和手推式路面加热器。

（4）压实机具

压实是综合养护车的基本功能，作业时必须有良好的压实效果。综合养护车上配备的一般是小型振动压实机械，有夯板和滚轮两类。

（三）热墙式沥青路面综合养护车使用技术及故障排除

热墙式路面综合养护车结构精巧、性能可靠、外形美观，并且自动化程度高、维修方便。该车改变传统综合养护车的施工方式，采用热辐射的方法修补路面，既省工又省料，新料与老路面结合牢固不易破损。加热墙可以分为四个单独加热小区，并可任意组合各加热区的开、关，在修补较小的病害路面时，用一个区加热；修补较大的病害路面时，打开其他几个加热区。在工作状态下，加热墙动作可由液压控制，并可左右旋转45°，上下垂直升降，更有利于拐角处的修补。热墙式综合养护车上的热再生加热墙采用100%高强度辐射加热方法对沥青路面进行程序控制下的间歇性热辐射加热、耙松。加热后对路面喷洒热沥青或乳化沥青，使沥青料再生，再通过螺旋输送器将保温料箱中的热料添加一部分到已再生的路面上，摊平后用自带的压路机将其压实，完成整个修补过程。

1.出车前准备

每天出车前检查所有液位，并检查液化气压力表压力及各管路是否有渗漏。同时做好以下工作：

（1）油箱加注

①汽车油箱：夏季，0#～10#柴油；冬季，10#～20#柴油。

②洗油箱：洗油或煤油（加满）。

③沥青箱：加入乳化沥青或热沥青。

④压路机汽油箱：按汽油机说明书加注。

⑤导热油箱：HD360（包括沥青箱及料箱的导热油）。

（2）水箱加注清水

（3）润滑油加注

每班前用油枪润滑各需润滑的部位，尤其是墙体和废料斗的各转动及滑动部位。

2.使用与操作

（1）挂取力器

综合养护车到达工地后，首先让发动机在怠速下运转，并且将变速杆置于中位，施加停车制动，将取力器手柄扳至接通位置，即挂上取力器，使综合养护车就绪于施工区域。

（2）加热墙

打开液化石油气罐阀门，点火并且操作恒温器使液相气化。打开电控箱，转动墙倾斜旋钮，放下加热墙（在放下加热墙前，不允许进行墙的旋转、平移和升降操作）。然后，开启燃气控制箱，启动汽油发动机，驱动鼓风机工作，运行1～2分钟，观察空气压力表读数稳定在400～600mmHg范围后，打开燃气总阀，按动长明火嘴自动点火按钮，观察点火针是否点燃长明火嘴，若没点燃，再次按动点火按钮，直至点燃长明火嘴（因管道内存有空气需要排尽）。根据需要按下加热墙各区燃气电磁阀开关，加热墙便可自动点火加热。液化气控制系统各阀（零压阀、调压器、通风阀等）出厂前已调整好（不得自行调整），可使混合气充分燃烧达到最佳状态。

如发现加热墙没有对正损坏的路面，可按动电控箱内相应按钮，使墙横移或旋转，如发现加热墙离损坏路面太低或太高，可使墙上升或下降。加热墙加热时间与次数，因公路等级不同、混合料厚度不同及季节不同而改变。根据修路加热深度的需要可加热2～3次，必须循环间歇加热，否则容易过烧。每次加热完要耙松加热面，加热程序结束后先关闭液化气罐供气总阀，但不要立即关闭各支路控制阀门，等管道内余气燃尽之后，再关闭各支路燃气阀门。鼓风机也应继续运行2～3分钟min，使加热墙冷却。

需要热料时，先打开出料口燃气阀，用火炬点燃出料口加热器，再打开料仓出料口保温门，点动输料器开关，确认出料口热料已软化后再启动输送器马达卸料。卸料后人工耙平，用压路机压实即可。

在工作中若加热墙偶然发生故障而熄火或其他元器件漏气，该车配置的三个气敏传感器可发出报警信号，同时关闭燃气电磁阀，自动切断气源，保证加热墙工作安全。点燃加热墙时要求加热墙与地面的夹角为30°，且周围不许有易燃易爆物品，点火时加热墙对面严禁站人，以免发生危险。

（3）料箱

①转动料箱门的控制钮，料箱盖就可自动打开或关闭。料箱内无沥青拌和料时，应前往拌和站装料。其装料操作程序为：挂上取力器，使液压系统工作，操纵电控箱内旋钮打开料箱门，在料箱内壁上喷涂少量柴油然后装料，装料完毕后将料箱门边缘处清理干净并且关闭料箱门，设定控制温度并点燃料箱加热器进行自动加热保温。

②料箱具备电加热和燃气加热两种方式，都是通过加热导热油再加热拌和料，可根据料箱存料多少，冷料、热料，加热还是保温及所处环境等不同情况，适当选择一种加热方式，也可两种方式同时进行。料箱点火失败，必须待两分钟后，才能继续点火，以免残气爆燃。

③料箱温度由温控器自动控制，料箱温控指示灯亮表示料箱处于加热状态。

该系统采用自动控温，装有闪光蜂鸣器，达到温度后便可自动切断供气系统（或断电），当温度降到下临界点时，又可自动接通液化气，并且点燃加热器（或送电）继续加热。当温控器失灵，料箱超温，闪光蜂鸣器发出闪光和声音时要立即切断气源或电源。料箱加热时必须有人值班监控。

（4）路面压实

操纵车前保险杠处的按钮盒，控制起落架卸下压路机，启动汽油机使压路机自走自振，往复几次便可将路面压实，工作完毕再将压路机装到原处。

3.维护与保养

（1）施工后要对整车进行擦拭清洗，车体上不得有污物、残料等。

（2）每周对紧固件进行严格的检查，发现松动应及时紧固。

（3）工作后必须进库，不得露天存放。

（4）如长期不使用，必须放空导热油箱、沥青箱及洗油箱等容器中的物质，放空后清洗干净，关闭液化气罐及管路系统所有阀门，各润滑部位要注满润滑油，并用布盖好存放。

（5）沥青箱、洗油箱、导热油箱每使用2 000h须进行排污，排污后清洗干净。

（6）此车所有滤清装置，每工作500h必须卸下清洗。

（7）停放车库要通风干燥。

（8）电器系统：电器分为自动控制、安全保护、电源及照明系统三大部分。

①自动控制系统。采用 DC24V 电磁阀控制燃气、液压系统的全部运作，并设有可调的热墙加热程序自动控制、料箱自动点火及加热温度自动控制、充电与电瓶供电自动切换，还可加装热墙无线遥控系统。

②安全保护系统。为保障人身和设备安全，此车设有燃气泄漏自动报警并切断气源装置，燃气超压及低压保护装置，料箱点火监视装置——在料箱熄火时自动关闭燃气阀门并发出警报。

③电源及照明系统。此车选取车用电池 DC24V，可安全供电，并有照明、工作警示等设施，以保障作业的正常进行。

（9）液压系统。

①系统启动前：观察液位计，检查液压油位、油温是否正常，各元器件及紧固件是否紧固；换向阀应处于卸载状态。油位低于正常油标刻度 2/3 时，应补充过滤后的油液，加油时应注意油桶口、油箱口和油管必须清洁，加油后应保持油箱液位在规定范围内（即满刻度的 90%）。

②系统运行：挂上取力器，使液压油泵空载运行 10min 后，系统才能正常工作，操作时用电控箱内的旋钮或遥控盒上的按钮均可。电气系统发生故障时，还可用液压多路阀的手柄直接操作。

③停机：系统停止运行前应使泵卸载。系统长时间停用时，应将系统内油液放出，对系统做清污处理，重新使用前应向系统内加注新油。

七、乳化沥青稀浆封层机

乳化沥青稀浆封层是指用适当级配的石屑与沙为集料，以乳化沥青为结合料，加入一定比例的粉料（水泥、石灰、粉煤灰、矿粉等）、添加剂、水乳液和水四种材料，经拌和制成均匀的稀浆混合料，并按要求的厚度及宽度均匀摊铺在路面上而成的沥青表面处治薄层。在水分蒸发干燥硬化成型后，乳化沥青稀浆封层的外观与细粒式沥青混凝土相似，具有耐磨、抗滑、防水、平整等技术特征，可用于沥青路面预防性养护。乳化沥青稀浆封层机是完成稀浆封层施工的专用设备。稀浆封层机的特点是在常温状态下在路面现场拌和摊铺，因此能大大降低工人的劳动强度，加快施工速度，并节省资源和能源，适用于公路和城市道路部门对路面磨耗层进行周期性预防养护，以保持路面的技术性能和延长使用寿命。同时，稀浆封层机还可以对路面早期病害进行修复，以提高路面的防水能力，提高平整度及抗滑性能。

（一）稀浆封层机的分类及用途

稀浆封层机可以根据机动性、作业方式及拌和方式等进行分类。

1.按机动性分

稀浆封层机可以分为拖式稀浆封层机、半挂式稀浆封层机和自行式稀浆封层机三种。

拖式稀浆封层机选用略加改造的挂车安装各种装置，装有辅助发动机。工作时由拖拉机或运料车牵引，进行摊铺作业。这类稀浆封层机机动性较差，摊铺作业速度受牵引车车速的影响，故生产率较低，一般用于县（乡）道路或小型稀浆封层工程。

自行式稀浆封层机均采用载重车底盘，由底盘提供行驶和作业时所需的全部动力。这类稀浆封层机行驶速度快，可自驶转移工地，机动性好，生产率高，对于坡道和弯道摊铺质量好，是国内外稀浆封层机采用的主要结构形式。

2.按作业方式分

稀浆封层机可以分为无前接料斗和有前接料斗两种稀浆封层机。

无前接料斗式稀浆封层机是目前使用较多的一种机型。这类机型在施工前，需将各种材料装进车上的集料仓、水箱、乳化沥青箱等容器内，一车料摊铺完后需到料场再次添加各种原材料。

有前接料斗式稀浆封层机的前部设有受料斗，工作时，受料斗前面的滚子顶着自卸车的后胎，由稀浆封层机推着汽车一起行驶，同时受料斗接受自卸车卸下来的集料，由封层机前部的刮板提升机将集料输送到车上的料仓内。各种液体原料都配有输送泵，可从运液罐车上将液料抽进车上各液料储罐内。该车在装料时不中断摊铺作业，可以实现稀浆封层无横向接缝，生产率大大提高，特别适用于高等级公路和大型稀浆封层工程。

3.按拌和方式分

稀浆封层机分为单轴螺旋式搅拌器以及双轴桨叶式搅拌器。

单轴螺旋式搅拌器主要用于拌制普通型稀浆混合料，适用集料粒径在 3～5mm 内，可以保证稀浆混合料在大流量、短行程的条件下搅拌均匀；双轴桨叶式搅拌器可以拌制各种稀浆封层混合料，且特别适合于拌制聚合物改性乳化沥青稀浆混合料，用于高等级公路上的精细表面处治和填补车辙；双轴桨叶式搅拌器也可以拌制各种稀浆封层混合料，因此，这种类型的稀浆封层机使用范围较广。

（二）稀浆封层机的主要结构及工作原理

根据稀浆封层施工工艺要求，稀浆封层机必须具有给料、拌和、摊铺和计量控制等功能，它能将骨料、矿粉、水、乳化沥青按一定比例输送到拌和筒内，加入添加剂，经快速搅拌形成流动状态的乳化沥青稀浆混合料，通过分料器送入摊铺槽内，然后均匀平坦地摊铺在路面上。因此，稀浆封层机的结构可分为两大部分：一是行驶底盘部分，这部分是机器行驶和承重的部件，其功能是使机器能够按预定速度行驶，完成运输和作业的行驶任务，并在其上布置全套的作业装置；二是作业部分，这部分的功能是完成机器作业过程中的各种物料的存储、输送、搅拌、摊铺、控制、操作等。这部分主要由给料系统、拌和系统、动力传动系统和计量控制系统组成。

1.底盘

一般都是选用承载能力符合设计要求的卡车底盘并经过改制后作为稀浆封层机的底盘。改制部分主要是增加一级换挡变速系统，使汽车的最低稳定行驶速度可达到 1～4km/h，以满足摊铺的要求。

2.给料系统

给料系统由骨料给料装置、乳液供给装置、供水装置、填料供给装置、添加剂供给装置五部分组成。

（1）骨料给料装置

骨料给料装置由料斗、料门、骨料输送机及驱动装置等组成，主要具有以下功能：①存储骨料；②为搅拌器输送骨料；③调节骨料的输送量。料斗由钢板焊成，通常做成倒置梯形形状，以便使全部骨料能自行滑落到输送带上，斗壁上装有液压仓壁振动器，以消除骨料起拱现象。出料闸门安装在料斗下方，通过螺旋机构使出料闸门上下移动，调节开启高度以改变带式输送机的供料量。辅助发动机的输出动力经过减速机和机械换向传动直接驱动带式输送机，也有采用液压马达经减速机驱动。输送带需制成无接缝环形带。输送机后部装有张紧装置，用于调节输送机的正常张紧度和修正输送带跑偏量。骨料输送机的作用是将骨料从骨料仓中带出并对材料计量，其计量方式是通过调节料斗闸门开启高度的方法来改变骨料体积量。

（2）乳液供给装置

乳液供给装置主要由乳液箱、乳液泵、三通阀、运转循环阀及一整套连接管路等组成。其主要功能是：存储乳液，向搅拌器输送乳液，实现乳液循环，对乳液箱进行装料。乳液箱一般布置在骨料箱的右前方，形状因厂家不同各有差异，有矩形、立式圆柱形，也有卧式圆罐。当三通阀标记指向乳液箱和乳液泵时，乳液就通过管路和泵进入搅拌器中；当三通阀的标记指向乳液箱和外部大气时，就可以为乳液箱装料，或者抽出乳液箱中的乳液。

乳液泵应具有变量泵的功能，应能根据油石比要求调整泵的排量，一旦整机经过标定，乳液泵的流量就无须进行调节。乳液泵要具有夹套预热能力，可利用汽车的热水对其加热以软化泵内可能破乳的沥青。

运转循环阀的作用：一是沟通乳液箱和搅拌器之间的管路，为搅拌器提供乳液；二是沟通乳液箱和乳液泵之间的管路，实现循环。三通阀和运转循环阀也要有夹套保温功能，以软化阀内可能破乳的沥青，使阀转动灵活。

（3）供水装置

供水装置主要由水箱、三通阀、水泵、主水管、主喷管、水阀等组成。

水箱用来存储水，同一车型其外形与乳液箱相同。水泵一般采用离心泵。通过三通阀的换向，可以使水泵抽出水箱水，供向主水管，还可以为水箱装水。

主水管的作用一是为搅拌器供水，二是为主喷管供水，主水管中间应设置供水量调节阀。主喷管主要用于湿润封层前的路面，主喷管在封层机底部布置多排喷头。另外还应带有手持式单头喷水枪，用来补洒未被主喷管洒到的地方和冲刷摊铺槽等装置的表面污物。

（4）填料供给装置

填料供给装置主要由填料箱、螺旋送料器、填料疏松器及传动链轮等组成。

填料箱用来存贮填料。螺旋送料器布置在填料箱底部，其作用是向搅拌器输送填料，填料疏松器则布置在填料箱中部，用来疏松填料箱内的填料。传动链轮一般布置在填料箱的右侧，用来驱动螺旋送料器和填料疏松器。

（5）添加剂供给装置

添加剂供给装置主要由各添加剂箱、添加剂泵、转子流量计、阀门及管路组成。

添加剂箱和添加剂泵都需要采用耐腐蚀材料制成。转子流量计的作用是检测并显示添加剂泵的流量，以便对添加剂的流量进行精细的监控。添加剂通过管路直接排入搅拌器中。

给料系统是稀浆封层机最重要的部分，也是以上几种材料能否按配比要求制取稀浆混合料的关键所在。

3.拌和系统

拌和系统必须具有在短时间里将骨料、填料、添加剂、水及乳液彻底均匀地搅拌成理想的稀浆混合料的功能。

单轴螺旋式搅拌器由搅拌筒、出料门、底部闸门、分配器等组成。搅拌筒由筒壁、搅拌器、搅拌筒盖等组成，主要用来将筒内各种物料混合均匀，特殊结构形式的搅拌器可使物料在向后运动的总趋势下，夹杂着向前运动，以保证物料搅拌均匀。底部闸门水平布置在搅拌筒后部，开启此门可使搅拌筒内物料全部流出，以便在工作完毕后，清扫搅拌筒。出料门垂直布置在搅拌筒的后部，为使物料充分拌和，筒内物料应有一定存留，存留量由出料门开度来调节。分配器布置在出料门下方，左右移动分料口，可调整进入左右摊铺器中稀浆的多少，以满足摊铺工作的需要。

双轴桨叶式搅拌器由搅拌筒、出料槽和支承装置等组成。搅拌筒由筒壁、搅拌轴、联动齿轮、搅拌筒盖等组成。出料槽型式各异，以橡胶槽型居多，用液压缸控制橡胶槽泄料的方向。

4.摊铺系统

摊铺系统是一个独立的作业系统，它的作用是将稀浆均匀地摊铺到路面上并按要求控制稀浆摊铺的宽度和厚度。它由摊铺箱、螺旋摊铺器、液压马达、封浆刮板、刮平胶板及滑轨调节器等组成。摊铺箱由左右主框架组成并通过铰轴连接，以便随路拱自行调拱。横向可以伸缩的摊铺箱能适应不同宽度的路面施工需要。摊铺宽度的调整范围一般在 2.5～4.5m 之间。

螺旋摊铺器起到再次拌和并将稀浆摊向两侧的作用，它由液压马达驱动，其旋转方向和转速分别可调。用于普通稀浆的摊铺箱一般布置单排螺旋摊铺器（二轴），用于聚合物改性稀浆封层的摊铺器则需要二排以上的螺旋摊铺器（四轴），以增强搅拌强度和效果。

封浆刮板、刮平胶板及滑轨调节器保证了摊铺箱向前移动时，稀浆混合料从压向地面的刮平胶板与地面之间形成的间隙流出。滑轨一般布置三个，通过螺旋机构可以控制封层的厚度。滑轨的另一个作用是支承摊铺箱的重力，减轻稀浆对刮平胶板的磨损，因此，滑轨底面应用硬质耐磨材料制成。

5.动力传动系统

稀浆封层机的工作部分一般都是独立的动力系统，主要由燃油箱、发动机、主离合器、主减速器和通向各工作系统的传动装置等组成。发动机一般为电起动。主离合器的作用是在启动发动机时，切断发动机与传动系统之间的连接，实现空负荷起动。

稀浆封层机一般有两种传动形式：一种是机械传动形式，另一种是液压传动形式。

机械传动形式主要由主减速器、链轮、链条、电磁离合器、蜗轮、蜗杆减速器等组成，通过一系列的机械结构，分别驱动搅拌器、带式输送机、乳液泵、添加剂泵、摊铺器搅拌器、填料搅拌器。

液压传动形式则全部采用液压泵—液压马达形式来驱动搅拌器和带式输送机及其他工作装置。

6.控制操作系统

稀浆封层机一般应实现集中控制操作，即操作人员在平台上可以轻易地接触到所有控制器，这样操作者可将注意力集中到路面封层质量上而不是开动机器上。

控制操作系统由电控部分和液压控制两部分组成。

电控部分包括发动机和电起动部分、作业系统的各种开关、电磁阀、指示灯及计量部分的计数器、压力表、转速显示仪表等。

液压控制部分主要用来完成部分作业装置动作要求，如搅拌器中出料门的开启高度调节、分配器的左右移动、摊铺器的上升或下降等。液压控制部分由液压主泵、换向阀、液压马达、液压缸等组成。

自动控制的封层机对各作业部分的动作实现程序控制，从而大大减少了操作人员的误动作，提高了摊铺质量。同时，自动控制的封层机还有一套手动控制装置，操作时可自由切换。

（三）稀浆封层机使用技术

1.稀浆封层机的计量标准

稀浆混合料的配比应根据道路状况、交通流量、气候变化情况，以及对封层耐久性的要求进行设计，选择合理的封层结构。选择不同性质、不同粒径的骨料，可制备粗、中、细三类稀浆混合料，形成粗粒式、中粒式和细粒式三种封层结构。细粒式封层结构为薄封层结构，铺层厚度约为3mm，适合填补缝隙、封闭裂纹、修补路面侵蚀、防止路面渗水、提高路面抗滑能力。中粒式封层结构的铺层厚度为4～6mm，可填补路面龟裂缝隙、修复表面严重侵蚀，也可作为沥青路面的磨耗层或水泥混凝土路面的保护层，还可改善车辆的行驶性能。粗粒式封层结构的铺层厚度可达7～10mm，主要用作大交通流量的沥青路面磨耗层，也可用来修复路面的拱度和平整度。

混合料的加水量应根据骨料的性质、湿度和混合料的配比，以及施工环境温度、风速和原路面状况等因素确定，并达到稀浆混合料的和易性、稠度、初凝时间、固化时间等技术标准的要求。

为了对材料进行精确计量，以得到精确的配比和高质量的稀浆混合料，必须对稀浆封层机的给料系统进行标定。计量标定工作是在稀浆封层机初次使用前进行的，而后应每半年或一年进行一次复检标定。标定的基本原理是：固定发动机的输出转速，调节各料门或阀门的开度，得出单位时间内各种材料在不同开度下的出料量，绘制成曲线。例如集料标定，固定皮带传动速度，测定在不同料门开度下单位时间内的出料量。根据室内试验得出的配合比，在标定曲线图上找出相应斗门开度，施工前将各材料斗门开度调整并固定，则施工中将按此配比供料。稀浆封层机的生产厂家一般都在产品使用说明书中提供机器的标定方法，使用时可以参考执行。

2.稀浆封层机的操作与管理

稀浆封层施工应有固定的专业施工队伍，其中应包括司机、机修工、试验工、摊铺工、装料工等工作人员，施工前应进行技术培训，使操作人员系统掌握稀浆封层机各部分的性能及用途，并能熟练操作。同时还需向施工人员就施工要求、质量标准等进行详细的技术交底。

施工前应检查稀浆封层机的油泵、水泵系统、油（乳液）、水管道、各控制阀门有无故障，还应对各部分进行分别启动和停机试验，检查运转是否正常。具有自动控制功能的封层机应具有自动控制操作，使其空转，检查各部部件的顺序联运情况。在稀浆封层机整体运转正常后才能进行施工作业。

3.稀浆封层机的使用

（1）将稀浆封层机开至施工摊铺起点处，调整机前导向链轮，使其对准走向控制线，将摊铺槽调整到要求宽度并挂在稀浆封层机的尾部，摊铺槽与机尾保持平行。

（2）确认稀浆封层机上各种材料的输出刻度为设定刻度。

（3）分开稀浆封层机各传动离合器，启动发动机，并使其达到额定速度，接合发动机离合器，启动离合器传动轴。

（4）使用自动控制操作系统，则使用一个按钮，启动后所有材料几乎同时按设计出料量进入搅拌筒。

（5）接合输送带离合器，同时迅速打开水阀和乳液阀，使集料、乳液、水、水泥等同时按比例进入搅拌筒。待搅拌筒内的稀浆混合料达到半筒时，打开搅拌筒出口，使混合料流入摊铺槽内。此时，仔细观察稀浆混合的稠度，调节给水量，使稀浆混合料达到要求稠度。

（6）当稀浆混合料注满摊铺槽容积的2/3时，开动机器进行均匀地摊铺，同时打开稀浆封层机下部的喷水管，喷水湿润路面。

（7）间断作业的稀浆封层机当机上备用材料如有一种用完时，应立即脱开输送离合器，并关闭乳液阀和水阀，待搅拌筒和摊铺槽内稀浆混合料全部摊铺完后，即停止前进，清理后，再重新上料摊铺。

（8）在乳化沥青稀浆封层中经常采用的填料有水泥、熟石灰和粉煤粉。这些粉料随其活性和用量的不同，可以调整级配，改善稀浆的和易性，加快稀浆封层的破乳，缩短稀浆封层的成型时间。

（9）稀浆中水的来源有三部分：①级配集料中的含水量；②拌和时级配料预湿加水量；③乳液中的含水量。这三部分总用水量的多少，与稀浆封层集料级配类型、路面状况和施工时的气温相关。为保证稀浆混合料的最佳稠度和稳定性，根据不同的集料级配类型，总的含水量应控制在12%～20%。其中级配集料的含水量加预湿水量占级配集料重量的6%～11%，乳液中的含水量占6%～9%。

（10）稀浆封层机作业时，操作人员应注意以下事项：

①观察稀浆混合料的稠度，及时调整用水量和乳液用量；

②调节好拌和筒出料门的高度，使乳液筒存量保持在筒容量的1/3；

③根据左、右摊铺槽内的浆存留情况，调节分料槽的倾斜方向和倾斜角；

④控制好牵引车速度，应能使摊铺槽内保持2/3的稀浆，以保证摊铺槽作业的连续性。

（11）稀浆封层机的操作要点如下：

①启动柴油机后使之中速运转。

②放下主离合器手柄，使主离合器接合，此时全部装置进入工作状态。接上输送机的离合器，进入工作状态，当集料开始进入拌和筒时打开水路球阀，待5s左右转动乳液三通阀使乳液喷入拌和筒。

③当稀浆为拌和筒容量的1/3左右时开启稀浆出料门，调节出料门开启高度使稀浆存留量保持筒容量的1/3。

④根据摊铺槽内稀浆存留分布多少，调节分料槽的倾斜方向和角度，调节左右螺旋推进器快速将稀浆推向两侧。

⑤每车料封层摊铺完毕的装料间隙，摘下摊铺槽移到路边用水喷刷冲洗。

（12）施工完毕，关闭各总开关，提起摊铺箱，将车开到清理场，用摊铺机上备有的高压水冲洗搅拌筒和摊铺箱，尤其摊铺箱后的橡胶刮板必须冲洗干净。乳液泵和输送管道的冲洗，应先用水冲，之后用柴油注入乳液泵内。

4.稀浆封层机长期停放期间的维修保养技术

（1）应按照发动机使用说明的规定对稀浆封层机的底盘发动机和作业发动机进行日常保养，液压系统也应按液压有关规定进行日常保养。

（2）利用柴油清洗枪对封层机外部、搅拌器、摊铺器等沾有乳液的部分进行喷洗并用棉纱擦拭。乳液输送系统内的乳液要彻底放净，清洗过滤网，并用少量柴油对系统进行循环清洗。

（3）清除和清洗各种料斗、料箱内的所有物料。

（4）各运转件加油或脂润滑。

（5）水冷式发动机冷却系统若使用的不是防冻液，越冬前应将冷却水全部放净。

八、公路检测设备

公路检测设备能对公路质量做出科学评价，及时发现问题、防患于未然，对于公路养护及管理工作有着十分重要的意义。

（一）连续式平整度仪

连续式平整度仪也称"测平车"，测量的是路面不平度的标准差，用字母 b 表示。测量时使用小型汽车牵引连续式平整度仪，可以在行进中连续测量路面的平整度。

1.测量原理

连续式平整度仪测量原理与 3m 直尺的测量原理基本相同。行走小车有前架和后架，中间用纵梁将前架和后架连接，每个车架各有 4 个轮子，小车共有 8 个轮子，每个轮通过减震弹簧与车架连接，这样行走时 4 个轮子随地面不平起伏时，车架中心点的起伏为 4 个轮子起伏的平均值。纵梁将前后架连接，使前后车架中心点的距离恰好为 3m，相当于长度是 3m 的直尺的长度。

测量部分包括测定轮和记录计。测定轮通过测量架安装在纵梁的中心部位，行走时当地面出现不平，测定轮上下移动时就会带动测量架上下移动，移动量由位移传感器测得，将信号传给记录计，相当于用 3m 的直尺测量间隙。平整度仪行进距离由后轮测得，通过软轴传给记录计。测定轮上下位移量和行走距离信号传送到检测记录计后，通过计算机自动计算出测量结果，用平整度仪测量平整度得出的数值为标准差，用字母 b 表示，单位为毫米（mm）。平整度仪可以通过显示、记录、打印或绘图等方式将测量结果输出。

平整度仪行驶测量时，计算区段长度为 100m，每一个计算区段输出一次测量结果。

2.测量位置的选择

应距车辆分道线 80～100cm 处，沿道路纵向测量，测量前将测量部位的地面清扫干净。

3.测量方法

（1）按要求选择测试路段。

（2）检查记录计和传感器的线路是否连接牢固，传感器工作是否灵敏。

（3）将牵引汽车停在测量路段上，平整度仪牵引架挂在汽车后面的挂钩上，放下测定轮，打开记录计电源开关，开动汽车沿测定路段行驶，测量人员跟随平整度仪一同前进，检查测量情况。

（4）牵引平整度仪的速度应保持匀速，不能停车，速度宜为5km/h，最大不得超过12km/h，行驶100m后，记录计自动将结果输出。

（5）连续式平整度仪只能用于施工完成后检测平整度，用于对道路整体平整度进行综合评定。检查路面的平整度可以在下雨之后，观察路面积水情况。平整的路面地面应没有积水，这是检查路面平整度最直观、简便的方法。

（二）路面取芯钻机

道路沥青混合料面层的厚度可用钻孔取样的方法测量。由支架和钻机组成。钻头为空心钻头，内径为100mm。取样前，数据需要在钻头上标注预计钻孔深度，将支架支稳，钻头保持垂直，开动钻机。钻头要用水冷却。适当对钻机施加向下的压力，待达到预计深度后，即可停机，仔细地取出样芯。清除样芯表面的灰土，找出上下层的分界面，测量分界点的厚度，应沿圆周测量4个点。4个点的位置应选择十字交叉的方向。取4个点的平均值，该平均值即为路面沥青混合料面层的厚度。

（三）手提摆式摩擦系数测定仪

摆式摩擦系数测定仪用于测量路面抗滑值（表示路面在潮湿状态下的抗滑能力），手提式摆式摩擦系数测定仪台架上有一个可以摆动的摆锤，摆锤上有一个标准橡胶块，摆动摆锤时橡胶块与路面产生摩擦，模拟橡胶轮胎在该路面上制动时的制动效果。

测量前，将手提式摆式摩擦系数测定仪放在地面上，地面上洒上水，将摆锤抬到最高位置，并固定住。测量时，解除固定，摆锤自重产生的动能使摆锤向下摆动，摆锤上的橡胶块在与地面接触时产生摩擦，摩擦消耗动能，摩擦力越大，消耗的动能就越多，摆动的摆角越小，摆式仪指针显示的摆角即为抗滑值，也称"摆值"。

（四）摩擦系数测定车

摩擦系数测定车用于测定路面横向摩擦系数（表示道路潮湿状态下的横向附着能力，表征下雨天该车辆在该道路上行驶、转弯时的车轮横向抗滑能力）。

摩擦系数测定车是一部汽车，车上有一个标准试验轮，试验轮与测定车行驶方向成一定角度，标准角度为 20°，试验轮与测定车的连接部位安装有测力装置，可测量试验轮的受力，试验轮的前面有向地面上洒水的喷水装置。

测量时测定车以一定速度行驶，标准车速为 50km/h，到达被测路段后，喷水装置向路面洒水，放下试验轮，试验轮向前滚动，由于试验轮以 20° 角滚动，必然产生横向力，路面横间摩擦系数为轮胎与潮湿路面之间的摩擦阻力与接触面积的比值，该参数无量纲。

（五）路面渗水仪

路面渗水仪用于测量路面渗水系数（反映路面防水性能）。上部盛水量筒由透明有机玻璃制成，容积为 600mL，上有刻度，在 100mL 处有粗标线，下方通过 10mm 的细管与底座连接，中间有开关。底座下方开口内径为 150mm，外径为 165mm。仪器附压重铁圈两个，每个质量约 5kg。

测量方法如下：

（1）在路面上选择测试位置用扫帚将路面清扫干净。

（2）用粉笔比照测试仪底座大小画好直径约 165mm 的圆圈记号。

（3）将密封材料沿画好的圆圈薄薄地抹上一层，呈圆环状，内圈恰好为 150mm，边抹边用手压紧，使密封材料嵌满缝隙，且牢牢地粘在路面上，将组合好的渗水试验仪底座放在涂抹密封材料圈上，用力压紧，再压上重铁圈，防止水从密封材料圈处流出。

（4）将渗水试验仪安装好，关闭水管下方的阀门。

（5）水筒装满水，水中点几滴红墨水，使水变成淡红色，向仪器的上方量筒中注入淡红色的水，直至注满，总容量为 600mL。

（6）准备好秒表。迅速将阀门打开，水开始从水管下部流出，待水面下降至 100mL 处，立即开动秒表，每隔 60s，读记仪器管的刻度一次，如果水面下降速度很慢，从水面下降 100mL 开始，测得 3min 的渗水量即可停止。若试验时水面下降至一定程度后就基本保持不动，说明路面基本不透水或根本不透水，则在报告中注明。

（六）弯沉仪

1.路面弯沉仪（贝克曼梁）

路面在车辆载荷的作用下会产生变形，车辆离开后恢复原状，测量标准轴重的汽车通过道路时，车轮位置产生的垂直变形或变形后回弹值，可以表现出路面的刚度和承载能力。直接测量的变形称为"总弯沉"，变形后的回弹量为回弹弯沉。

（1）测量设备

①标准轴重汽车。回弹弯沉测量使用的标准轴重的汽车为双轴、后轴为 4 轮的载重

汽车，以汽车的后轴对地面施加载荷，测量变形。高速公路、一级公路及二级公路使用的汽车后轴总重量为10t，其他等级公路使用的汽车后轴总重为6t。

②路面弯沉仪。测量路面弯沉值需要使用路面弯沉仪，也称"贝克曼梁"。路面弯沉仪的长度有3.6m和5.4m两种，用铝合金制成，采用杠杆原理将车轮对地面的压缩变形传递到外面，杠杆前臂和后臂的比值为2∶1，变形量用百分表测量。弯沉仪上有水准泡，测量时，用水准泡可以将弯沉仪调成水平。将弯沉仪放置在标准轴重车轮的间隙处。

（2）测量方法

测量某处弯沉值时，将载重汽车开至被测位置，一侧后轮正好压在被测位置，将贝克曼梁置于后轮双轮的空隙处，沿车辆行驶方向放置，观察百分表，读取初值，将车辆慢慢移出，地面产生回弹，读取回弹后百分表显示的数值。使用3.6m长的路面弯沉仪测量时，要对前支点的下沉进行修正。

2.落锤式弯沉仪

落锤式弯沉仪（Falling Weight Deflectometer，FWD）模拟行车作用的冲击荷载下的弯沉量测，计算机自动采集数据，速度快、精度高。近年来，采用落锤式弯沉仪测定路面的动态弯沉，并用来反算路面的回弹模量。这种设备特别适用于高等级公路路面和机场的弯沉量测和承载能力评定。落锤式弯沉仪是目前国际上最先进的路面强度无损检测设备之一。

（1）与常规检测手段的比较

①常规检测方法

我国现行的路面弯沉常规检测手段采用的是贝克曼梁法，基本原理是杠杆原理。在规定的标准轴载作用下，路基或路面表面轮隙位置产生垂直变形，利用载重汽车加载，人工读取百分表的读数，以此来测量路基或路面表面的回弹弯沉值。存在的主要问题有：

以人工操作为主，工作强度大、效率低、可靠性差；

支点变形，影响检测结果，对支点变形的修正很难测准；

仅测得静态汽车荷载作用下路基路面单点（最大）回弹弯沉值；

没有反映路面结构在行车荷载作用下的动力特性和整个弯沉盆形状；

不适用于对路网进行大范围长期跟踪观测。

②FWD的特点

FWD是非破坏性路面试验设备，不需钻孔取样，从而避免了对路面的破坏；

FWD是动态测试系统，直接在路面上模拟运动着的汽车轮载，改变了传统静态弯沉测试系统的缺陷，能够反映出路面受荷载作用下的实际变形情况；

应用广泛，目前 FWD 主要用于路面弯沉盆检测、路面接缝传荷效率检测和刚性路面板脱空检测；

测试精度高，系统误差仅为±2%；

可靠性好；

对环境条件要求相对较低；

测试方便，速度快，全套系统由微机控制，完成一测点只需约 40s；

对交通干扰小。

（2）落锤式弯沉仪的工作原理

落锤式弯沉仪通过计算机系统控制下的液压系统启动落锤装置，使一定质量的落锤从一定高度自由落下，冲击力作用于承载板上并传递到路面，从而对路面施加脉冲荷载，导致路面产生瞬时变形，分布于距测点不同距离的传感器检测结构层表面的变形，记录系统将信号传输至计算机，即测定在动态荷载作用下产生的动态弯沉及弯沉盆。测试数据可用于反算路面结构层模量，从而比较科学地评价路面的承载能力。

（3）主要设备

落锤式弯沉仪分为拖车式和内置式。拖车式便于维修与存放，而内置式则较小巧、灵便。

①荷载发生装置：包括落锤和直径 300mm 的 4 分式扇形承载板。

②弯沉检测装置：由 5～7 个高精度传感器组成。

③运算及控制装置。

④牵引装置：牵引 FWD 并安装运算及控制装置等的车辆。

（4）使用技术要点

①通过调节锤重和落高可调整冲击荷载大小。

②检测时，拖车式落锤弯沉仪牵引速度最大可达 80km/h，根据我国的实际情况，牵引速度以 50km/h 左右为宜。内置式落锤弯沉仪最高时速大于 100km/h，每小时可测 65 点。

③传感器分布位置为：1 个位于承载板中心，其余布置在传感器支架上。路面结构不同，弯沉影响半径亦不同。路基或柔性基层沥青路面传感器分布在距荷载中心 2.5m 范围内即可。目前，我国高等级公路大多采用半刚性基层沥青路面结构，弯沉影响半径已达 3～5m，传感器分布范围应布置在距荷载中心 3～4m 范围内，以量测路面弯沉盆形状。

④每一测点重复测定不少于 3 次，舍去第一个测定值，取以后几次测定值的平均值

作为计算依据，因为第一次测定的结果往往不稳定。

弯沉检测装置操作方式为计算机控制下的自动测量，所有测试数据均可显示在屏幕上或打印出来或存储在软盘上；可输出作用荷载、弯沉（盆）、路表温度及测点间距等；可打印弯沉平均值、标准差、变异系数以及代表弯沉值等数据。

应当注意，落锤式弯沉仪所测弯沉为动态总弯沉，与贝克曼梁所测的静态回弹弯沉不同。可通过对比试验，得到两者之间的相关关系，并据此将落锤式弯沉仪所测弯沉值换算为贝克曼梁的静态回弹弯沉值。

（七）公路雷达检测仪

公路雷达检测仪是针对当前国内道路建设中质量检测和养护管理的现状，研制生产出的一种道路专用探地雷达。它的最大特点是可以进行公路测厚、隧道工程检验评定及动态监控，是目前国际上一项比较成熟的探测技术。利用这种探测设备可以像现代化医院中用的 B 超、CT 一样，给公路做一次透视诊断，方便地检测公路的综合质量状况（包括施工质量、使用受损和自然变迁等情况），及时发现病灶，确保公路的建设质量，提高公路的建设和养护水平。

1.组成及特点

路用探地雷达系统主要由天线、发射机、接收机和显示器等部分组成。天线，将电磁波定向辐射入路面系统；发射机，产生正弦型脉冲、高频电磁波；接收机（包括信号处理机），捕捉反射信号，然后将这些信号传递给信号处理机对信号进行处理。一旦回波被捕获，下一个脉冲波将产生并辐射入媒介中。

探地雷达检测法的特点如下：

（1）可实现无损和连续检测，经济、高效。

（2）操作简便，探测结果显示直观。使用者经过 2～3 天培训就能掌握，探测时，主机显示器实时成像，操作人员可直接从屏幕上判读探测结果，现场也可打印成图。

（3）测量精度高，测试速度快。无载波电磁脉冲技术与高频聚能天线的组合使检测工作完全避开了人为因素，它能有效地探测出道路的分层结构和内部变化，在车载工作方式下，测试速度大大提高。

（4）提供的天线小车上安装了测距装置，并可通过放置不同天线，完成不同的探测任务，如 900MHz 高频天线可用于公路面基层厚度检测，500MHz 天线可用于基层下存在缺陷的探测检测，方便灵活。

（5）测点密度不受限制。便于点测和普查工作方式的灵活使得用户可以连续普查某一段路面的质量，也可随时对道路的异常区域进行重点探测和分析。

2.基本原理

探地雷达工作时，在雷达主机控制下，脉冲源产生周期性的毫微秒信号，并直接馈给发射天线，经由发射天线辐射到地下，信号在传播路径上遇到介质的非均匀体（面）时，产生反射信号。位于地面上的接收天线在接收到地下回波后，直接传输到接收机，信号在接收机经过整形和放大等处理后，经电缆传输到雷达主机，经处理后，传输到微机。在微机中对信号依照幅度大小进行编码，并以伪彩色电平图/灰色电平图或波形堆积图的方式显示出来，经事后处理，可用来判断地下目标的深度、大小和方位等特性参数。

3.应用范围

（1）公路建设前期可利用道路探地雷达对地质基础进行勘察探测，确定地质结构，划分出不良地质体，如流沙、暗河、软弱地基等。

（2）道路建设阶段及竣工验收阶段可对道路各结构层的厚度进行探测，系统可自动将道路的桩号、位置与探测的路面厚度值对应起来，并依据《公路工程质量检验评定标准》对道路的厚度进行分段评价或整体评估，形成评估表。

（3）道路投入使用后，应用道路探测雷达可进行道路状态的日常维护监察、阶段性路基质量普查、路基内隐性灾害或病害（如裂缝、下陷、脱空、变形）的探测，及时发现路面下的问题，防患于未然。

（八）多功能道路测试车

多功能道路检测车是一套模块化的数据采集平台，它是由一辆特别改装的汽车底盘和各种数据采集子系统组成，用于路面各种数据的采集与分析。现以加拿大路得威公司ARAN多功能道路测试车为例简要介绍。

多功能路面检测车数据采集平台由多个子系统组成，包括路线距离定位系统、横断面测量系统、纵断面测量系统、路面纹理测量系统、GPS全球卫星定位系统、道路全景数字摄像系统、全自动裂缝探测及识别系统、高精度道路几何参数测量系统和激光扫描车辙测量系统等。

1.路线距离定位系统

距离测量仪（DMI）使用一个后轮驱动的光学轴编码器，测量多功能道路检测车已行驶的里程或路线距离。它是检测车测得的最基本，也是最重要的测试结果。所有的测量数据都必须精确定位其在路上的位置。ARAN采用距离作为测量的基准，它与车速无关。这一特性使ARAN检测车可以在不同的速度下行驶，并可靠地采集数据，不会因为速度的改变而使数据不可靠。DMI 与陀螺子系统和 GPS 子系统一起使用，还可测量速度的变化以精确确定检测车在地理空间中的位置，为 CAD 和 GIS 地图应用软件提供了地理坐标。

2.横断面和纵断面激光测量系统

多功能路面测试车采用激光横断面测量系统 Laser XVP 和纵断面测量系统 Laser SDP 来测量路面车辙和平整度。横断面测量系统 Laser XVP 使用 2 个扫描激光传感器来精确测量道路的横断面以计算车辙的深度，并可以消除检测车偏离车道对车辙值的影响。Laser XVP 使用 2 个同步的、基于激光传感器的设备来测量 4 米宽车道的横断面。纵断面测量系统 Laser SDP 使用高速激光传感器和加速度计来采集道路断面数据并实时计算平整度指数。

3.路面纹理测量系统

纹理数据是量度路面排水和抗滑性能的一个重要指标。路面纹理测量系统 Smart Texture 是一套车载的模块，使用高频激光传感器来测量路面宏观纹理的平均断面深度。

4.全球卫星定位系统（GPS）

GPS 用来提供道路设施的位置坐标，并用 CAD 或地理信息系统（GIS）制作地图。

5.道路全景数字摄像系统

道路全景数字摄像子系统能够采集整个调查范围内道路和路面的数字图像，可生成道路路况录像。6 台摄像机可同时同步记录不同角度的图像，拍摄的图像可以为用户提供一次实质上的现场之旅，也可用于路面病害分类评级和编辑路产清单。路面摄像系统可以把 100％的车道宽度（4.3m）的数字路面平面图像以 JEPG 格式直接记录在计算机硬盘中，以便进行病害分析。数字存储被设定为对每个采集的图像都进行完整的备份，以免数据丢失和再采集，浪费时间。

6.高精度道路几何参数测量系统

高精度道路几何参数测量系统（Smart Geometries）是一套车载的子系统，它采用一种取得专利的控制算法和软件的组合来测量道路的横坡、横断面、垂直线形（坡度）和水平线形（弯道半径），用于精确计算道路的几何参数。

7.全自动裂缝探测及识别系统

全自动裂缝探测及识别系统可对车载高速摄像机在各种车速（最高可达 80km/h）下摄制的录像进行自动识别，评价路面状况。生成的报告可描述路面裂纹的类型、严重程度、范围和位置，并生成裂缝图供使用，有助于消除路面评价时的主观性。

8.激光扫描车辙测量系统

激光扫描车辙测量系统使用 2 个扫描激光器精确测量道路的横断面和车辙。与高精度道路几何参数测量系统一起使用时，能够采集适用于数字地形模型的断面。

第三节　公路工程养护机械管理运行体制机制

一、养护管理体制

养护管理体制是指养护管理权限划分及管理活动赖以进行的物质存在形式和一系列管理规则、程序及规范所构成的体制体系。多年来，国内一般公路一直采取公路局、公路总段、公路段，即集路政、养护、施工管理为一体的三级公路养护体制。近年来开始的养护体制的改革，重点在精简机构、企事分开、管养分离，改革人事、用工制度、分配制度，改革养护生产方式，培育养护市场。而高速公路由于投资主体多元化、建设方式不同，以及受不同时期国家行政与经济体制等因素的影响，养护管理体制运行机制形成了多种模式，呈现多元化的格局，大体上可分为四类：一是行政事业型，即省级成立高速公路管理局，统一管理全省高速公路，每条高速公路成立一个或数个管理处承担具体的管理任务；二是实行企业化管理方式，即省级成立高速公路公司，每条路又成立公司或分公司进行具体管理；三是实行事、企结合的管理方式，即高速公路管理局、高速公路公司同时存在，一套人马、两块牌子；四是实行"一路一公司"全过程负责。具体归纳总结又分为以下几种形式。

（一）按管理机构职能划分

1.统一直管型

管理局是各省、自治区、市负责高速公路管理的机构，在省政府交通主管部门的领导下，对高速公路行使各项管理职能，其内部设置的养护管理部门对下层养护工作实行集中、统一的管理。在高速公路营运初期，全国许多省、自治区、市都采取过这种管理方式。本着"统一、高效、特管"的原则，强调宏观调控和指导，在高速公路建、管、养全过程都比较突出地体现了政府的行政管理职能。由于采取了垂直管理、纵向联系的方式，有利于减少横向矛盾，便于信息的直接反馈。养护管理单位既执行行政管理职能，又负责养护生产的实施，事企合一。此种管理方式充分体现高速公路公益性的属性，但对其商品属性有明显淡化，不利于发挥市场机制的作用。

2.自主经营型

自主经营型是由于公路建设投资主体多元化而连带产生的多样化的养护管理体制，依照投资方式，一路自成体系，形成一个独立的高速公路公司。政府主管部门只对其行使有限的行业管理或指导，各路段管理部门按照自己的方式独立经营。这种一路一公司的方式，在高速公路路网没有形成、局部交通流量比较充足、融资政策相对优惠的条件下，往往会取得较高的经济回报，公司经营效益显著，高速公路的商品属性得到了充分体现。但这种分散管理，各自为政，很容易忽视社会效益，使得高速公路最根本的公益属性受到淡化。

（二）按工作性质和业务关系划分

1.管、养一体型

在计划经济条件下，公路的性质归属于公益事业，公路的管理与养护实施由公路管理机构一并负责，是一种集管理与养护施工为一体的养护体制，简称为"管养合一"。例如许多省份将清扫保护及小型维修划归日常养护管理范畴，由路段的管理部门直接组织实施。专项工程和大修工程采取内设机械化养护中心或养护公司来组织实施。养护工程任务计划方式下达，施工单位性质多数为事业单位企业化管理。

2.管、养分离型

所谓管理层与劳务层相分离的"管养分离"形式，是指养护的管理职能与养护施工相分离。管理单位不养自己的施工队伍，只配置人数少但精干的专业人员进行技术性的管理，管理部门以业主的身份、以合同或协议委托的方式参与养护工程的技术、质量、工期、造价等管理，但不直接参与施工的组织。劳务层的产生则采用招聘、招工、招标方式，由符合资质的独立的专业化养护公司承担。这种管理模式，管理层与劳务层是对等的合同关系，而没有隶属关系，消除了一般公路养护管理队伍大、设备全、人员过剩、机构臃肿、养人不养路等诸多弊端。

（三）按管养经费核算方式划分

1.事业型

目前部分省、自治区、市的高速公路虽为收费道路，但由于建设投资巨大而运营初期交通流量较低，尚不具备独立经营的条件，养护管理经费根据年度计划由上级主管部门审批核拨，收支两条线。高速公路的通行费收入列入财政计划，项目贷款统收统还。管理和养护经费支出与收入不直接挂钩，按需求申请，经交通主管部门批准后列支。在建制上，养护管理单位仍属于全民所有制事业单位。这种体制具有较强的计划性和行政管理性。

2.企业管理型

这是指非独立法人资格的高速公路公司，通常沿用公司的核算方法来组织运营。由于高速公路项目本身的属性和条件，项目筹划目标主要体现了社会公益性而非商品性，因此，公司还不能充分实现产权明晰、权责明确。由于收支关系即通行费收入和管理、养护经费、还贷的支出还不能形成良性供求关系，造成公司经济上不能独立核算、自负盈亏，不具备独立经营的基本条件，而仅仅体现为高速公路物业管理公司的实质。

3.企业经营型

这是指具备了独立法人资格的高速公路公司，采用公司制的核算方法来组织管理、养护和运营。高速公路公司本身是产权明晰、权责明确、政企分离的经济实体，受公路主管部门行业性领导，在经济上实行独立核算、自负盈亏。这种体制在人事、财务、经营等方面有完全独立的自主权，易于通过自主经营获得发展。股份公司或买断经营权公司多属于这种类型的公司。

二、养护管理机制

在养护体制中，机构设置是物质基础，运行机制是保障条件。作为养护管理体制的一个有机系统，在运转过程中，各组成部分间相互交换物质、能量和信息，彼此联系作用的方式和规律，就是高速公路养护管理的运行机制，它主要包括竞争、协调、监督和激励等方面。

我国高速公路建设起步较晚，在20世纪90年代末，各省高速公路纷纷开通运行的时候，恰逢改革大潮席卷神州大地。尽管各省的情况有所不同，体制差异较大，但在养护运行机制问题上，由于比较及时地吸取了一般公路养护改革的经验，基本上突破了僵化的事业型管理模式，避免了人员膨胀、机构重叠、效率低下、铁饭碗、养人不养路等问题，有意识地将市场竞争机制和现代企业制度引入高速公路养护生产中。

（一）竞争机制

高速公路养护具有经营性质，可以归属于市场行为，应努力建立竞争机制，通过培育养护市场，规范市场行为，打破行业垄断、部门垄断和地域垄断，择优选择养护维修队伍，遵循公平、公正、有序竞争的原则，促进养护工作健康发展，提高养护工程质量和投资效益，推动养护技术进步。

建立养护工程的竞争机制，应首先完善经营规则，规范市场行为。国家交通主管部门主管全国的公路养护市场，实行行业管理。省级地方交通主管部门负责本行政区域内的公路养护市场的监督和管理，省级公路管理机构行使本行政区域内公路养护市场的管理职能，负责资质审查和复查、招投标管理、质量和造价管理，发布公路养护市场信息等。

资质审批是对公路养护、勘察设计、监理和咨询单位的资历、能力进行确认。养护从业单位可根据自己的从业经历、技术实力和资金情况，按照有关规定，申报相应级别的从业资质。

养护工程招投标是建立公平竞争机制的关键，应逐步完善和规范，按照《中华人民共和国招投标法》和《公路养护招投标管理规定》执行。高速公路养护工程的招标工作由公路管理机构负责组织，经营性收费公路的招标工作可以由业主负责组织实施。

目前在养护专项工程维修中，部分省份已建立机械化的养护中心来组织实施，并逐步引入竞争机制，面向社会公开招标。

（二）协调机制

高速公路管理体制作为一个有机整体，应有一种自适应机制。主要是指管理机构之间相互配合、相互支持，以实现系统功能的管理机制。目前，我国多轨道的高速公路管理体制造成了一定程度的管理机构的分散及资源浪费，不利于管理上的高效、规范、协调和统一。在管理体制改革的大环境下，高速公路管理应按照集中统一的原则，逐步实现统一领导、分级管理、合理布局、有机协调。

养护管理的协调机制主要包括情况通报机制、协作机制和调度机制。在高速公路逐步成网，担负起国家交通运输主动脉的责任后，建立起一个有效的情况通报机制，对于改善高速公路的营运管理，提高维修的快速反应和优质服务就显得更为重要。情况通报包括多个方面和多种形式。养护维修的安排，往往对交通顺畅造成影响，养护管理部门应依靠情况通报机制将维修信息通报到各有关方面，以便互相配合，协调工作。重大的养护维修安排，一定要将信息通报到路政、收费、交通安全等管理部门。在网络内起重要作用的路段，还应将信息通报到相邻的高速公路管理部门。向社会上通报信息，其作用是对用户起到一个事先告知的作用。此项工作并非可有可无，国内高速公路管理部门因没有充分重视信息通报问题，而被用户投诉的案件已有发生。面向社会的信息通报有多种手段和方式，可以由管理部门在高速公路入口处通过信息板来发布，也可以通过媒体来发布。养护及管理要有意识地建立和维护好情况通报机制，以保证高速公路的高效、安全运行。

协作机制是协调机制的重要组成部分。高速公路的管理，包括养护管理所涉学科和行业很多，要使用精干的人员做好管理工作，必须打破行业封闭和系统封闭，建立一个有效的协作机制，在系统内部与路政、通信、收费、监控等部门，以及交通安全部门密切协作，将会提高养护作业的效率、质量，降低工期、成本和安全作业风险。加强与社会的协作，将会使养护管理和组织面对更广阔的空间。对于大多数管理部门，路况调查与检测，装备采购、设备维修、职工培养，新技术、新材料的研究，养护工程设计、监理、路侧绿化、筑路材料的生产和供应，除雪、防洪，气象信息提供等方方面面，都可以按照互利互惠的原则，面向社会，以服务协议或合同的方式建立一个临时或长期的协作关系，来解决普遍性的涉及面广、工作量小、高投入、低效率的问题。

调度制度是高速公路养护管理协调机制中的一个重要机制。在交通运输行业中，调度制度是安全、有效、有序运输的关键环节。高速公路统一、高效、特管，在一定程度上是通过调度来体现的。形成网络的高速公路，一个段落或一个部位维修、关闭必然对路网的运行产生影响，有些可能造成巨大损失。要将这个影响减小到最小，只有通过加强行业的统一管理、完善调度制度来实现。显然，调度不是一个人，而是一个群体、一个体系、一个制度。这个制度集合了养护、路政、管理、通信信息、收费系统和交通安全系统的职能。目前，在交通行业中，民航、铁路、港口的调度制度已相当完善。高速公路运行的调度制度还有待形成，随着网络逐步形成，这方面的需求会更为突出。

（三）监督机制

公路养护管理，应建养并重，协调发展。目前存在的重建轻养，养护资金投入不到位等问题，使得养护标准得不到严格执行，养护装备不足，水平较低，养护质量难以保证，其主要原因是缺少有效的监督制约机制。对于养护管理单位内部，需要逐步建立各项规章制度、完善内部自我监督体系，以保证在实现高速公路的养护、服务水平的前提下，追求管理单位的合理成本和最佳效益。内部的监督体系，包括财务合同方面的体系，应从项目立项审查、设计预算的编制、项目合同文件和资金拨付、工程验收的多项环节来实现，以保证养护资金能够合理、恰当地用到养护工程上。技术管理方面的体系，应从设计方案、施工图纸的编制、材料管理、质量监督、工程质量检测鉴定和实行缺陷责任追究等环节来实现。养护安全作业的体系，可以通过工作目标责任制，事故责任追究制，以及现场检查、督促、通报、奖惩等多种方式来组织实施。

社会监督是做好养护管理工作一项不可缺少的环节，目前正在建立和完善的过程中。财务方面，将逐步实行会计社会委托制和财务审批社会化。路况检测咨询公司和监理公司也将逐步介入高速公路养护工程项目。除此以外，媒体监督和高速公路用户监督的机制，还有待于建立和不断完善。《公路养护市场管理规定》和《公路养护招投标暂行规定》是政府监督机制的一个重要组成部分，必将会进一步强化政府的监督作用。对经营性高速公路业主的规范还有待进一步强化。

（四）激励机制

多年来，公路养护采取了一种按人头拨养护费的方式，这种方式形成了一种养人不养路的机制。近几年来，普通公路的养护已逐步废弃了拨人头费的方式，改为按养护里程、标准、养护工程量计量拨付养护经费的方式。最近几年发展起来的高速公路养护已经具备了引入激烈竞争机制的条件。在招投标选择养护队伍的过程中，对讲质量、重合同、守信誉的养护公司，对以往养护合同实施工程管理严格、效率较高、文明服务的养护单位，采取究其以往业绩的方式择优使用。管理部门可以根据养护标准，对养护成果进行检查、评定，并向社会公布；也可以按照养护成果，调整养护单位的资质等级，并采取荣誉称号、样板示范、优质优价等方式对表现突出的单位给予表彰及奖励，以充分发挥奖励的正向激励作用。除了高速公路管理部门可以对养护施工单位采取激励机制以外，政府行业管理部门对高速公路经营公司也可以采取各种激励机制。可以按相近行业管理服务标准对养护和综合服务的软、硬件条件、水平，按照相应的标准与许可的收费费率挂钩。养护服务不好的，不能执行较高的收费费率标准，或不具备申请收费费率提升的条件。对养护机构的管理人员，通过贯彻按劳分配与生产要素分配，效率优先、兼顾公平的分配原则，扩大单位内部分配自主权，建立起重业绩、重贡献，向优秀人才和关键岗位倾斜，形式多样、自主灵活的分配激励机制。

现行的养护机制如养护公司的管理模式、定额养护管理方式、招投标养护方式等，在高速公路养护管理中取得了一定的效果，为建立符合市场规律的养护管理体制和运行机制奠定了良好的基础。但随着改革的不断深入，高速公路养护管理的实践经验不断增加，高速公路养护走入更为开放的市场化道路已成为大势所趋，因此探索和实践社会主义市场经济条件下高速公路养护管理运行机制已成为当务之急。目前，我国养护管理机制运作模式，还需要建立更完善的养护决策、养护规划、养护调度及工程养护监理制度，向养护"四化"即社会化、专业化、机械化、规范化的方向发展，努力形成一套操作性强、运转高效、效益显著的养护管理机制。

三、我国养护建制现状

高速公路养护建制的基本要求是精干、高效、快速、低成本。我国的高速公路建设几乎都是融资建设的。如果养护建制不合理，将会明显增加营运成本，延长还贷期限，加重社会经济负担。保持一个精干、高效、快速的建制，也是保证高速公路安全运营的基本要求。特别是路网形成以后，除非人力不可抗拒的原因，高速公路是不能随意被关闭的。中断运行，不仅对高速公路公司的收益产生很大的影响，同时还会造成更大的社会效益损失。而真正实现精干、高效、快速的养护维修建制，就要走养护机械化的道路。虽然目前我国高速公路管理体制多种多样，但由于养护维修工作的组织和特点是取决于满足用户的需求，因此，决定了养护部门的设置和建制是大体相同的。

高速公路养护中既有规模较小、技术简单的保洁、小型维修工程，也有技术难度较大、施工专业性较强，需动用专门的施工机构实施的专项及大修工程。各地高速公路管理部门应充分考虑养护工程的特点，结合自身的环境和条件建立较为健全的养护机构。目前，我国高速公路养护机构一般包含以下三部分。

（一）养护管理机构

一般高速公路管理机构都设有养护管理部门。在名称上，公司制的称为养护工程部，管理局形式的多数称为养护工程处。采取统管的部分省份，由于营运高速公路里程较多，按照养护维修分类的特点，将日常养护和小型维修的管理交由各路，采取属段养护的方式，管理局机构上设置养护处。而对养护中大中修项目实行统一管理，采取招投标方式组织实施，设置工程管理处。

养护处的主要职责包括：贯彻法规、标准、制度、技术要点；编制养护规划、维修计划、绿化方案，组织检查、督促落实；承办中、大修工程指标，组织监理、检测，参加验收，控制养护成本，材料设备管理、安全生产管理，组织工程抢险、技术培训，建立养护档案。

养护处的岗位设置，一般情况应为：处长，副处长，路面养护管理人员、桥梁等构造物养护管理人员，计划管理、材料设备管理、绿化管理人员等。

（二）基层养护部门

基层养护部门是具体实施养护作业的基层单位，其工作重点是进行预防性养护，以及对公路设施的日常养护、小型维修，以确保道路的安全畅通。

其主要职责是：执行法规、标准、制度、方法；落实计划、组织日常养护及维修工程实施；成本管理、报告情况、配合工程抢险等。

基层养护部门的岗位设置：一般是科长、副科长，另外设路面养护、桥梁等构造物养护，计划统计、内业管理、绿化管理、材料设备管理等岗位。

基层养护单位所从事的日常维护工作主要有：日常保洁，小型维修保养、绿化管护、路容美化、防雪防滑、水毁预防、路况巡查及调查等。

养护维修的基本指标要达到路面平整、无坑槽，路容整洁，排水畅通设施完好，结构牢靠，绿化美化，保持高速公路的各项质量标准。

基层养护单位配置的基本装备，应能满足日常维护的需求，一般应配置的基本设备包括路容养护机械，如路面清扫车、洒水车等；另外还有绿化养护机械，如剪草机、除草机，除雪设备。有些设备是必须配置的，例如路面坑槽修补设备等。

基层养护单位基地建设的规模，应根据所辖路段长短、交通流量大小、断面车道数等加以确定，一般 4 车道高速公路以 40～60km 左右设备一个养护单元比较合适。

（三）专业化、机械化养护队伍

考虑到路面、桥梁、标志、标线等专项工程施工特点，大部分管理机制都设置了初具规模的养护中心，配置了机械设备和技术人员，以满足高速公路维修的需要，也为公路养护机械化奠定了基础。

机械化养护中心是养护维修的实施部门，是独立核算单位，管理部门与它的关系应按照市场关系，逐步将隶属关系变为甲、乙方的合同关系。机械化养护公司应承担的工作内容一般为路基改善、路面、桥梁维修、数量较大的安全设施维修及标志、标线施工、工程检测和材料试验工作。

公路维修设备的配置应按照能够快速、高效地完成所覆盖范围内的各项工程维修任务，在装备上应配备使用率较高的基本维修和抢险应急设备。

基地建设的规模一般为 50～100 人左右，设有技术部、工程部、项目部和机械班，配有铣刨、摊铺、压实、检测等专项公路养护设备。

独立机械化养护公司的数量和路面作业责任区辐射范围，应根据运营分布情况、交通流量、道路状况和维修数量来确定。路面作业辐射半径以 100km 以内为宜。道路密度较大、交通流量较大时，车辐射半径应适当减小。机械化养护基地的地址，宜选择在多条路交汇的区域。

四、公路养护管理体制机制发展方向

（一）加强政府对公路养护行业的监管力度

在转变政府职能的前提下，已呈现出进一步加强政府行业监管的趋势。随着部分省市高速公路管理公司化进程的加快，一部分事业单位面临企业化转制。为解决建设资金问题，也陆续有部分高速公路通过转让经营权的方式交由投资公司收费经营，另外，融资建设的高速公路，也没有按行业规定纳入政府交通管理部门的有序管理。由于规范、监管不够，有部分公司过分追求眼前收益回报，减少养护投入，降低服务标准造成了不良的社会影响。因此，有必要理顺和加强政府对高速公路的行政管理。由于高速公路的养护和维修对公众安全具有重大影响，因此必须对其进行规范，体现养护的强制性。经营公司只有在依法履行了养护、维修义务和责任的前提下，才具有合法的收费、经营的权利。获得经营许可资格的高速公路经营公司，不仅要与普通公司一样进行工商注册、税务登记，还应接受交通主管部门对其从业资格和资信进行批准和定期审查。对于违反公路法，不履行养护、维修义务达不到服务标准、对社会公众的安全已经造成或可能带来危害的，政府行业部门可以根据有关行业管理法规，采取各种级别的行政处罚。政府的行业监管，还应将范围进一步外延，除了高速公路经营、管理公司以外，还应扩大到对专业养护公司的从业资格的管理。要开放市场，必须先规范市场。对养护市场资格准入的管理，将有助于形成良性有序的市场竞争机制。

（二）开放高速公路养护市场

与一般公路不同的是，高速公路的养护资金来源于通行费，即使是采取事业型的管理方式，建立养护市场和养护工程引入市场机制都相对更便利一些。由于高速公路的建设普遍采取了招投标的方式选择施工队伍，养护工程可继续沿袭上述方法，理论上应该没有困难。而在实践上，目前高速公路管理中，房屋的维修、绿化工程和路面大中修，面向市场选择施工队伍的方式已经比较普遍。日常维护、小型维修和抢险工程的特点是技术上不复杂，但要求组织得力、及时。这些养护工作往往是采用另一种方式面向社会，即组织工作由管理部门自办，而用工方式采取面向社会、面向市场择优录用。择优的原则不仅包括服务优质，还包括各方面条件的优势。建立高速公路养护市场要注意做好一些基础工作，如高速公路养护技术标准和定额等、市场准入的方式和方法以及合理公平的市场监督机制等，以规范市场。目前，实行收支两条线的事业型管理模式和自收自管的企业经营型管理模式，都不同程度表现出"重营运，轻养护"的问题。处理好高速公路公益性和商品性这一对矛盾，还应立足于以法律手段保证养护资金能够足额投入。

（三）将养护作业手段转向以养护机械化为主

高速公路车速快、交通量大，昼夜不间断，应避免因道路养护工作而造成交通阻塞，这是实行养护机械化的主要原因。此外维修质量、作业安全、劳动效率等方面的要求也是实现机械化的重要因素。养护机械化是确保高速公路具有通畅、快速和安全运行的必要条件，是充分发挥经济效益和社会效益的重要保障。

机械设备的合理设置是养护机械化的基础，应本着实用、先进、配套的原则配置，以满足维修的需要。高速公路营运通车后，管理部门都会配置一定数量的机械。如果资金有限，应按照需求情况，优先投放资金购置一些路面养护机械，如在养护工区配置路面清扫车、坑槽修补车、洒水车、除雪车等，在机械化养护中心配置铣刨、碾压、摊铺等设备，以便及时维修损坏的路面。路基、路面、交通工程设施、绿化等方面的养护作业基本上采取机械和人工辅助的方式进行，随着养护机械化程度的提高，人工操作的养护方式会逐渐减少。

由于充分认识到机械化养护的重要性，目前养护管理部门已逐步加大了机械设备的投入，每年的资金投入比例呈递增趋势。国家也正在进行国产养护机械配套研制、开发工作。部分专用设备可以通过加强区域合作，以会员制方式按需有偿使用。随着养护体制改革及养护市场的逐步形成，维修作业将由机械化养护公司来完成，绿化、养护和机电各类专业维修公司的组建，将促进养护机械化步伐的加快。

高速公路维修的特点是维修内容多，涉及行业多，实行机械化作业除了要合理地配置养护设备外，在养护机械化的组织管理形式、机械效率的充分发挥方面有待不断提高。高速公路的养护作业是处于全封闭、大交通量、高车速的环境下进行的，作业时间越长，对交通的影响和干扰越大，养护作业人员和过往车辆的不安全因素就越大。只有实现了机械化作业，才能实现高效、安全、畅通的基本要求。养护机械化是公路养护走向专业化、社会化的重要条件，是实现公路养护现代化的必由之路。

第四节　公路工程养护机械管理系统构建

一、国内外公路养护管理系统发展历史

公路养护管理系统的研究起源于美国和加拿大，1971 年首次出现了公路路面养护管理系统 PMS 的术语。20 世纪 70 年代后期，美国和加拿大的许多州和省相继建立和实施网络路面养护管理系统，到 80 年代后期，约有 35 个州和省已建立或基本建成公路路面管理系统。其中较有代表性的有美国加利福尼亚州 1978 年建成的网络路面养护管理系统，加拿大阿尔伯达省 1983 年建立的路面信息和要求系统 PINS，后改建成信息和优化排序系统 PIPPS，以及 1987 年建立的城市和道路路面养护管理系统 MPMS。目前，路面养护管理系统的理论和方法已近成熟。

我国路面养护管理系统的研究始于 1984 年，1985 年首先在辽宁营口地区应用了英国的沥青路面养护管理系统。尔后，北京、广东、河北、山东、河南、云南和江西等省市的公路部门相继建立了省市级或地区级沥青路面养护管理系统。经过"七五""八五"攻关工作，我国路面养护管理系统的理论水平已接近或达到发达国家水平。但在实用上，尚有大量工作有待进行，这包括提高认识，改善数据收集手段，投资上予以倾斜等。

我国在经历了大规模的高速公路建设之后，随之而来的是任务繁重的公路养护和管理。由于高速公路在建设方式、管理体制、公路质量、车流速度、交通流量和交通组成等各方面都不同于一般公路，公路养护和管理的传统观念将适应时代的要求而得到发展，手段和内容将得到更新，因此，在大规模的公路管理与养护时代到来之际，建立"高速公路路面管理系统"，加速公路管理现代化建设具有重要的现实意义。

二、公路养护管理系统优越性

高速公路的特点及高速公路建设的规范化程度，决定了未来高速公路在管理和养护中，对管理数据化、检测标准化、养护规范化和决策科学化的要求。高速公路养护管理系统的应用将在很大程度上促进高速公路养护与管理的科学进步，加快公路养护管理现代化建设的步伐。公路路面管理系统的应用显示出以下的优越性：

（1）由于决策科学，将会提高公路养护管理部门的资金使用率。

（2）充分利用有限的公路养护资金，提高路网的使用质量，降低车辆损耗和油耗，提高车辆行使速度和行使舒适性（所谓的社会效益）。国内外研究表明，这部分费用的节省，将远远高于公路养护投资的直接效益。

（3）提高了公路养护部门职工的科学管理水平，促进了公路养护行业的现代化建设。

三、公路路面管理系统组成

按不同的管理层次，公路路面养护管理系统可分为网级路面养护管理系统和项目级路面养护管理系统。

网级路面养护路面管理系统，包括一个区域的公路网或一大批工程项目，是高速公路的宏观分析系统。其作用是制定养护方针，确定分配方案，分析费用需求，确定项目优先顺序，为管理部门在进行关键性行政决策时提供依据。网级路面养护管理系统的服务对象为省级高速公路管理部门及其下辖的高速公路管理单位。

项目级路面养护管理系统是通过对一个或一组项目进行评价，优先排序后，选择出处置方案和分析出寿命期，制订具体的路面养护计划，为管理部门对某一工程项目进行技术决策时提供对策，以便选用费用效果最佳的方案。项目级路面养护管理系统的服务对象为省级高速公路管理部门及下辖的高速公路管理单位。

路面养护管理系统的结构特点是利用路面调查数据，对路面进行定量评价、预测、效益分析、优先排序、优化决策、输出对策。每一步都以前一步分析结果为基础，增加新的分析而组成，各步相互独立，层层相加，因此，可以采用模块结构分段建立和实施。每一个模块相当于一个可区分的发展阶段，有独立的分析结果输出，可独立地交付使用。依次建立和应用各个模块，可使系统不断扩大其功能，达到不同的发展阶段，直到形成一个完整的路面养护管理系统。下面以广东省高速公路路面管理系统为例介绍公路路面管理系统的组成。根据广东省高速公路路况的实际情况，路面管理系统由如下部分构成：

（1）数据管理系统；

（2）模型管理系统；

（3）前方图像管理系统；

（4）地理信息管理系统；

（5）养护决策管理系统；

（6）日常养护管理系统。

1.数据管理系统

高速公路数据管理系统主要对如下数据内容进行管理：

（1）道路建设概况；

（2）高速公路区间基本信息，如桩号、长度、宽度等；

（3）平曲线组成，如弯道起点、半径大小、曲线长度等；

（4）竖曲线组成；

（5）路面破损；

（6）道路平整度；

（7）路面结构强度（沥青路面）；

（8）交通量及组成；

（9）道路环境及组成；

（10）路面结构和厚度；

（11）路面养护方案，如材料、厚度、价格等。

2.模型管理系统

在路面管理系统中，有大量的模型及参数需要经常性地被修改或标定，以便适应不同条件和状况。模型和参数的个性变更通过模型参数管理系统完成。参数数据库包括如下主要数据：

（1）车辆特征；

（2）交通量换算系统；

（3）路面性能评价模型，其中包括：

①路面破损率换算系数；

②PCI 评价模型；

③PSSI 评价模型；

④PQI 评价模型；

⑤RDI 评价模型；

（4）路面使用性能预测模型，其中包括：

①PCI 预测模型；

②PSSI 预测模型；

③PQI 预测模型；

④RDI 预测模型；

（5）评价标准；

（6）材料单价；

（7）标定方程；

（8）对策模型。

3.前方图像管理系统

用于管理高速公路的前方图像。这些图像包括不可数字化的沿线植树、建筑及路面总体状况。

4.地理信息管理系统

建立地理信息系统与高速公路数据库的关系，将数据和决策结果通过数字地图的界面进行分析、统计、汇总、显示。这些数据包括从动态到静态的所有数据，例如交通量分布、路面破损分布、养护计划、路面结构等。

5.养护决策管理系统

为了保持高速公路良好的服务性能，充分发挥高速公路快速和舒适的特点，公路部门要经常投入养护资金，同时充分地利用给定的养护资金，从技术和经济上对公路养护的各个可行方案进行多方位的比较分析，寻求最佳的养护方案。高速公路养护决策和管理的主要形式为：

（1）路面使用状况评价；

（2）路面养护需求分析（限制条件：养护标准）；

（3）路网养护需求分析（限制条件：养护水平）；

（4）养护预算优化分配；

（5）投资水平与道路状况分析；

（6）道路养护计划编制（一年）；

（7）道路养护规划编制（多年）。

养护决策系统的功能就是通过对上述养护形式的分析，为养护管理部门提供决策的数据和依据。

6.日常养护管理系统

日常养护管理系统是养护公司日常路面养护维修工作的辅助管理和决策工具。它包括有以下几个子系统：

（1）养护人员管理子系统，包括所有人员的自然状况，合同，劳动保险，各阶段的养护成果考核记录等；

（2）按里程统计的路产和交通设施的数量、缺损和维修更换的记录；

（3）排水及防护设施的位置，数量、损坏和维修的记录；

（4）按月、季、年的养护用工、材料和设备使用的消耗记录和成本预算模型；

（5）正常作业模型和恶劣天气（除雪）的养护工作记录。

第八章　公路工程机械化施工安全用电管理

第一节　公路工程机械化施工中的常用电器

在筑养路施工中，常用的电器有电度表、熔断器、开关、热继电器、交流接触器、电动机、发电机等。

异步电动机是养护工地最常用的动力设备，而异步电动机的控制电路是工地上最常见的控制电路。

一、保护器件

保护器件的作用是当用电设备或线路出现短路或其他异常情况时，能适时地断开电路，既保护电源，也防止设备或线路故障的扩大和蔓延。下面主要介绍最常用的熔断器和热继电器两种保护器件。

（一）熔断器

常用的熔断器有插入式熔断器、管式熔断器、填料式熔断器和螺旋式熔断器四种。在电流不很大的电路及控制电路中，多用螺旋式熔断器或插入式熔断器；电流较大的电路中管式熔断器运用较多。

1.熔断器组成

熔断器由熔体、绝缘材料和绝缘外壳等组成。当通过的电流大于熔体的额定值时，由于电流的热效应，熔体便熔化从而切断故障部分和电源的通路。其中的熔体是由熔点很低的金属丝或金属片制成。

2.常见熔断器

（1）RCIA 系列插入式熔断器。RCIA 系列插入式熔断器的灭弧能力差，极限分断能力也弱，且熔化特性不稳定，所以只用于负载不大的照明电路和容量在 7.5kW 以下的电动机短路保护电路。

（2）RMO 系列管式熔断器。RMO 系列管式熔断器采用弯截面锌片作熔体，用钢纸作封闭绝缘管。当电路因过载或短路而产生故障时，锌片的几处狭窄部分同时熔断，形成很大的灭弧间隙，有利于灭弧。同时，电弧热量能使钢纸管内壁局部分解，产生气体，也有利于灭弧。但经过几次动作后，钢纸管内壁变薄，使灭弧效率以及机械强度降低。为了使用安全，一般分断三次后必须换管。

（3）RTO 系列填料式熔断器。填料式熔断器在熔体熔断产生电弧的过程中吸收电弧能量，使电弧迅速熄灭。

（4）RLI 系列螺旋式熔断器。RLI 系列螺旋式熔断器为有填料熔断器。熔体装在空心瓷体中央，周围填满石英砂用以冷却电弧，故灭弧能力较强，极限分断能力较强。由于体积小，更换熔体方便，故应用广泛。RLI 系列螺旋式熔断器常用于配电线路和电动机的过载、短路保护。当熔体熔断时，位于空心瓷体上端的红色指示片变色脱落。

3.熔断器的选用原则

（1）熔断器的额定电压，熔体的额定电压；

（2）熔断器的额定电流，熔体的额定电流；

（3）对于输配电线路，熔体的额定电流应稍小于或等于线路的允许载流量；

（4）对于变压器、电炉、照明器等电器，熔体的额定电流应稍大于或等于负载额定电流；

（5）对于单台直接起动的电动机，所选熔体的额定电流应为 1.5～3 倍电动机额定电流，降压起动的鼠笼式电动机，熔体的额定电流稍大于或等于 1.25 倍电动机额定电流；

（6）对于多台直接起动的电动机，取总熔体额定电流稍大于或等于最大一台电动机额定电流的 1.5～3 倍加上其余电机额定电流的总和。

（二）热继电器

热继电器常用于电动机的过载保护和缺相保护，常和交流接触器组合成磁力起动器。

热继电器发热元件由阻值不大的电阻丝绕制而成，也可以采用电阻片。双金属片是由两层膨胀系数不同的金属压制而成，发热元件串接在电动机定子电路中，电路中流过的电流越大，产生的热量越多，使发热元件内的双金属片温度上升。由于双金属片上层膨胀系数大，下层膨胀系数小，随着温度的上升，双金属片会向下弯曲推动螺钉，使扣板向下移动，从而使钮钩脱开，钮钩在弹簧的作用下转动，动触点和静触点脱离（动触点和静触点组成热继电器的常闭触点），电动机控制回路中接触器线圈断电释放，电动机电源被切断。

热继电器动作后，一般不能自动复位，必须等双金属片冷却后，按复位按钮，钮钩和扣板才能恢复原来的位置。

（1）通常情况不取热继电器的整定电流与电动机的额定电流目等，一般取热继电器整定电流为电动机额定电流的 0.95～1.05 倍；但对于过载能力差的电动机，整定值只能取电动机额定电流的 0.6～0.8 倍；而对起动时间较长、冲击性负载、拖动不允许停车的机械等，热继电器的整定电流要比电动机额定电流高一些。

（2）频繁起动的电动机不宜采用热继电器保护。

二、控制器件

控制器件包括各类开关和接触器，其作用是根据工作需要接通、断开电路。

（一）开关

开关的作用是直接控制电路的通断，常见的开关有刀开关、铁壳开关、按钮开关和低压断路器。

1.刀开关

刀开关一般由防护外壳、绝缘底板、电源进线座、负载接线座、静触头及三个（或两个）刀片式动触头和熔断丝组成。这种开关具有一定的分断能力，兼有通、断和保护电路的功能。

刀开关可用在主电路中，其额定电压一般不超过 500V，额定电流分很多等级。实际选用时应注意，使用电压不能超过额定电压值，使用最大电流应略低于额定电流值。

普通刀开关的主要优点是结构比较简单，使用成本低；缺点是用在容量较大的电动机电路或其他感性负载电路中时，静触头和刀片间会产生很强的电弧，容易将刀片和静触头烧蚀，影响开关的使用寿命，甚至危及操作人员的安全。

2.铁壳开关

铁壳开关表示符号与刀开关相同。铁壳开关由刀开关、熔断器和密封的钢外壳组成。开关内装有加速弹簧，能提高开关的断开速度，以减轻拉弧现象。操作机构带有机械互锁装置，使盖子打开时手柄不能合闸，手柄合闸时盖子不能打开，从而达到安全使用的目的。

铁壳开关也可用在主电路中，其选用原则与刀开关相同，都同时受到额定电压和额定电流的限制。

与刀开关相比，铁壳开关的主要优点是使用安全、可靠、寿命较长，更适用于电流较大的场合；其缺点是结构较复杂，价格比刀开关高。

3.按钮开关

按钮开关特点是结构简单、尺寸小，允许通过的电流较小，因此，在一般电流较小的日常照明电路中可用来直接控制电路的通、断；或者用在动力电路的控制电路中，起到间接控制主电路的功能。

4.低压断路器

低压断路器又称"自动空气断路器"或"空气自动开关"。它既能通过人工操作控制电路的通断，又具有过载、短路和欠压保护功能，在线路发生故障时能自动切断电路。

低压断路器的优点是能切断较大的短路电流，可以控制任何性质的负载，还具有低压保护功能，所以应用范围较广；其缺点是结构复杂、价格较高，同时，操作次数和操作频繁程度都会影响其寿命，所以只应用于操作不频繁场合。

对于低压断路器，在使用时应该注意其容量的选择。正确选择低压断路器要注意以下三点：

（1）低压断路器的额定电流（即主触头长期允许通过的电流值），应按电路工作电流选择；

（2）脱扣器的额定电流（即脱扣器不动作时长期允许通过的电流值），应按电路工作电流选择；

（3）脱扣器的整定电流（即脱扣器不动作时允许通过的瞬时最大电流值），应按电路可能出现的最大尖峰电流选择。

（二）交流接触器

电动机的主电路电流较大时，主电路的通断一般是通过交流接触器来完成。交流接触器既能频繁通、断电路，还能实现远距离控制。

1.基本结构和工作原理

交流接触器主要由电磁机构和触头两大部分组成。电磁机构的作用是操纵静、动触点的分、合动作，它由励磁线圈、铁芯和衔铁组成。

交流接触器与三个主接线柱相连接的动触头与上铁芯固连在一起，随上铁芯的上下运动而断、通电路。静触头与另一侧三个主接线柱相连接，动、静触头的开、闭实现了电源和负载的断、通。起动按钮和停止按钮与励磁线圈相连接，接入控制电路。交流接触器与起动按钮和停止按钮共同组成通、断主电路的控制电路。

2.技术参数

（1）额定工作电压和电流。交流接触器主触头的额定工作电压为 380V、660V 和 1 140V，辅助触头的额定工作电压为 380V；主触头的额定工作电流从 6A 到 4 000A，分为若干等级。

（2）额定工作制。交流接触器的额定工作制分为长期工作制、间断长期工作制（8小时工作制）、反复短时工作制和短时工作制四种。

（3）操作频率。交流接触器的操作频率指每小时通断的次数，一般为 30～1 200 次/h。

（4）使用类别。交流接触器按照通断电流能力与用途一般可分为四种。

3.交流接触器安装注意事项

（1）检查接触器铭牌及线圈上的技术数据是否符合实际使用要求。

（2）擦净铁芯端面的防锈油，以免油垢黏滞而造成断电不释放。

（3）检查接线是否正确无误。

（4）在主触头不带电情况下，先使电磁线圈通电分、合数次，确认动作可靠后，方能投入使用。

4.交流凸轮控制器

交流凸轮控制器是一种手动转换开关，在路桥施工起重机械中得到运用。其功能是控制小型交流电动机的起动、停止、调速、反转及制动，也可以适用于有同样要求的其他电力拖动系统中。

交流凸轮控制器主要由触头、凸轮、触头杠杆、方轴、弹簧、滚子、手轮和灭弧罩组成。工作时，转轴带动凸轮转动，使滚子落入凸轮的凹部，从而达到使触头闭合的目的；当凸轮凸出部分顶住滚子时，就会使触头断开。触头断开时产生的电弧由灭弧罩熄灭。在转轴上装有不同形状的凸轮，可使一系列的触头按规定的顺序接通、断开电路。

三、仪表器件

（一）电度表的组成

电度表是用来计量用电量的仪表。电度表主要由 5 部分组成。

（1）电流铁芯及线圈。其线圈匝数少、导线粗，线圈串联在电源中。

（2）电压铁芯及线圈。其线圈匝数多、导线细，线圈并联在电源两端。

（3）转动部件。转动部件由铝转盘、转轴和轴承组成，可以自由转动。

（4）制动磁铁。

（5）积算器。

（二）电度表工作原理

电度表的工作原理是：当交流电流流过电压线圈和电流线圈时产生交变磁场，铝转盘在磁场中感应出电涡流，于是铝转盘成了载流导体，在磁场中受到电磁力矩的作用而产生转动；制动磁铁的作用是在转盘转动时产生反作用力矩，使转盘的转速与负载功率成正比，从而使电度表能正确计量负载消耗的电能。积算器的作用是通过积算盘的转数来计算电能。铝转盘转动时，转轴上的蜗杆带动积算器上的齿轮转动，通过传动机构最后使字轮转动，直接显示出消耗电能的度数。

（三）电度表的选用

在选用电度表时使工作电压等于或小于电度表的额定电压，其负载电流应略小于电度表的额定电流。电度表不允许长期在额定电流的 5%～10%下运行，因为此时测量的结果将不准确。

四、执行元件

（一）三相异步电动机

交流电动机主要有异步电动机和同步电动机两种，其中三相异步电动机具有结构简单、运行可靠、使用方便、价格低廉的优点。但其电网的功率因数较低，调速比较困难，所以三相异步电动机广泛用于对调速要求不高，电网的功率因数有办法补偿的场合。

1.三相异步电动机的构造

三相异步电动机是由定子和转子两大部分组成，分为绕线式和鼠笼式两种，分别称为"绕线式三相异步电动机"和"鼠笼式三相异步电动机"。

定子包括机座、铁芯、绕组和端盖等。铁芯的内表面上分布着与轴平行的槽，槽内嵌放三相绕组，绕组与铁芯之间绝缘良好。定子的三相绕组对称分布在定子铁芯上。为了便于改变接线，三相绕组的 6 个线头都接在电动机外表上的接线盒上。

鼠笼式转子的绕组分铜条绕组和铸铝绕组两种。前者的结构是将铜条插在槽内，铜条的两端分别焊接在两个端环上，像一个鼠笼。后者外形和铜条绕组一样，区别是用铝浇铸而成，冷却用的风扇与绕组一起浇铸。

2.三相异步电动机的选择

（1）种类选择

鼠笼式电动机构造简单，坚固耐用，起动设备比较简单，价格和运行费用低。但它的起动电流大，起动转矩较小，调速困难。一般适用于功率在 100kW 以下、不经常起动、不调速的机械。

绕线式电动机起动电流小，起动转矩大，并能在小范围内调速，但结构稍复杂，价格稍高，适用于电源容量较小（不允许起动电流太大），要求起动转矩大，经常起动和要求小范围调速（调速比不超过 1∶3）的场合，如破碎机、起重机等。

若三相异步电动机不能满足要求时,应考虑选用其他类型的电动机,如直流电动机等。

（2）结构形式的选择

①开启式电动机的绕组和旋转部分没有设置遮盖装置,通风散热良好,造价低。但只适用于干燥、清洁、没有灰尘和没有腐蚀性气体的厂房内。

②防护式电动机的外壳能防止铁屑、水滴等杂物落入电动机内部,但不能防止潮气和尘土的侵袭,适用于环境比较干燥,粉尘少,无腐蚀和爆炸性气体的场合。

③封闭式电动机的外壳是全封闭的,散热性能较差。为改善散热条件,机壳制有散热片,尾部装有风扇,适用于有水飞溅、粉尘较多的环境。

④防爆式电动机的外壳和接线盒均是密封的,因此,该类电动机内部若出现火花时,不会导致周围可燃气体的爆炸。这类电动机适用于有可燃气体或易燃爆炸物的场合。

（3）功率的选择

电动机的功率选大了,设备不能得到充分利用,功率因数低。选择小了造成温升过高,严重影响电动机的寿命。若工作温升高于额定温升 6～8℃电动机的寿命要减少一半;高于额定温升 40%,寿命只有十几天;高于额定温升 125%,寿命只有几小时。

①连续运行且负载恒定的电动机,应取电动机额定功率等于实际需要功率的 1.1～1.2 倍。

②连续运行但负载变动的电动机,可用类比法,即先调查同类生产机械的电动机功率,然后进行分析比较,最后确定电动机功率。这是一和较为实用的方法。

③短时工作的电动机,可选用按连续工作设计的电动机,也可选用专为短时工作而设计的电动机,其工作时间有 15min、30min、60min 和 90min 四种。此时应按实际工作时间尽量靠近系列标准工作时间、负载功率尽量靠近系列额定功率的原则选择电动机。

④反复短时工作的电动机,一般选用专门设计的电动机,其标准负载持续率有 15%、25%、40% 和 60% 四种（规定一个周期总时间不大于 10min）。选择原则同上。

（4）电动机转速的选择

当功率一定时,电动机的额定转速越高,则电动机尺寸越小、重量越轻、越经济,但生产机械速度是一定的,当电动机额定转速过高时,必导致传动部分的传动比加大。因此,选择电动机额定转速时应综合考虑各方面的因素。

（5）电动机电压的选择

工程实际中通常选用 380V 的低压电动机,只有功率很大时才选用 3 000V 或 6 000V 的高压电动机。

（二）交流发电机

交流发电机在路桥施工、养护中应用普遍。路桥施工、养护工地所用的交流发电机组通常都是柴油发电机组，输出额定电压为 400V、额定频率为 50Hz 的工频交流电。交流发电机主要由柴油发动机、三相同步发电机和开关屏三大部分组成。开关屏上设有配电装置和电压表、电流表、功率因数表、频率表、功率表等仪表和各种指示灯。通过这些仪表和指示灯，能随时监测发电机组的运行状态。

1.交流发电机的构造

交流发电机主要由定子和转子两大部分组成。产生三相交流电的定子由铁芯、定子绕组、机壳、底座等构成。三相定子绕组由绝缘铜导线星形连接嵌在定子铁芯的槽内。

在交流发电机内有产生磁极的转子，主要由转子绕组铁芯和转子轴构成。在交流发电机中流经转子绕组的电流叫激磁电流。施工工地使用的柴油发电机组多采用无刷三相同步发电机。

2.交流发电机的工作原理

其工作过程为：当柴油机配用的起动用蓄电池的电能通过电力起动机将柴油发动机起动后，发电机的转子（磁极磁场）由柴油发动机带动旋转，发电机在转子剩磁的作用下，产生交流电动势，经整流变为直流后，向磁场绕组供电，使发电机的磁极磁场增强，以致发电机电压很快达到额定电压。当发电机对外供电时，负载电流通过电流互感器的一次线圈，并使二次线圈的输出电流与负载电流相位相同，大小成比例。二次线圈的输出电流与由电压源经电抗器提供的滞后于端电压 90° 的电流叠加，经整流后通向激磁绕组，在适当参数的配合下，就能准确地供给发电机在不同负载时所需要的激磁电流，因而能自动维持电压恒（400V）。发电机的空载电压可通过改变电抗器上的连接片位置及调节整定电阻来整定。

3.交流发电机的使用注意事项

交流发电机工作情况的好坏直接影响施工进程，因此在使用时应注意以下几方面：

（1）在启动发动机前，应清洁表面，仔细观察电机内是否有异物存在，确认各部分正常后方能起动。

（2）起动运转后的空载转速一般由 500r/min 逐渐增加到额定转速，整定机组的频率为规定值。低速运转时间不宜过长，以免自动调压器和磁场绕组长时间过载而损坏。

（3）当机组在额定转速，空载运行正常时，整定机组电压为额定值。

（4）机组在额定转速，额定电压空载状态下，待柴油机发动机的水温、机油温度达到规定值后（见发动机使用说明书），方可向负载供电。此时，负荷应逐渐增加，不能突然骤增。停机时应逐渐减小负荷至零，然后停机。

（5）运行中要经常观察仪表指示是否正常，各部分温度、声响是否正常，若出现异常应立即停机检修。

（6）在几台机组需要并联运行时，应严格按照制造厂的使用说明书操作，否则会使发电机遭到严重损坏。

（7）如发电机因退磁不能发电时，可用蓄电池向磁场绕组通一下电，便可恢复剩磁。

（8）发电机不允许长期过载运行。因为当发电机长期过载时，定子和转子的温度将升高，甚至超过允许值，这将使发电机绝缘寿命下降。所以在发电机过载时，应通过限载措施，将负荷降到额定值以下。

第二节　公路工程机械化施工安全用电措施

筑养路施工工地用电通常为 220V、380V，这远远超过了人体安全电压（42V）的规定，故对用电安全问题必须予以充分重视。

一、触电事故发生原因

筑养路施工作业过程中触电事故发生的原因大致可归纳如下：

（1）缺乏电气安全知识，随意触摸导线和电气设备、乱拉线、乱接线、乱接用电设备、超负荷用电等。

（2）违反操作规程，带电拉隔离开关或跌落式熔断器，用电设备不按规定接地（或接零），工地上不按要求架线等。

（3）电气设备的绝缘损坏，致使金属外壳及与之相连的金属构件成为带电物体。

（4）高压电网接地或防雷接地及某相导线断线触地并有电流流入地下时（电流向大地流散，以接地点为圆心，在半径为 20m 的圆面积内形成分布电位），当有人走近接地点，会造成触电事故。

二、安全用电措施

防止触电和雷击事故的发生，应以积极预防为主。

（一）安全用电注意事项

在施工现场为保证用电安全，工程技术人员应特别注意以下事项：

（1）经常检查电气设备有无漏电、绝缘老化程度、有无裸露的带电部位和断线情况。特别是雨季、节假日和特殊天气前后更要仔细检查。

（2）沿地面铺设的临时导线在行人多的地方应穿入钢管内；高压设备和接地点周围应设护栏，并挂上警告牌。

（3）经常移动的照明灯及地下沟道照明灯，应使用 36V 以下的安全电压。

（4）应按要求选用熔断器，露天使用的开关应有防水装置。

（5）电气设备在运行过程中如温度、气味和声音等有异常应立即停电检查。

（6）电气设备的保护接地和保护接零应合理、可靠。

（7）电气设备工作时如遇停电，应立即拉闸。

（8）设备拆除后，不应留有可能带电的电线，如必须保留，应将电源切断，并将线头包上绝缘胶布。

（9）告诫人们远离高压设备接地点，禁止在高压设备的接地点附近避雨。

（二）电气设备的接地与接零保护

在正常的情况下，电气设备的外壳是不会带电的，但当电气设备的绝缘损伤时，其金属外壳就会带电，为防止因此而造成的触电事故，通常对电气设备的金属外壳采取接零与接地的保护措施。

1.保护接零

筑养路施工工地的配电变压器均采用三相四线制供电。将变压器三相星形连接的中性点直接用接地装置与大地可靠连接的方法叫工作接地，在中性点接地的三相四线制系统中，将电气设备的金属外壳、框架等与接地中性线可靠连接的方法叫保护。

若一旦有一相线与外壳相碰时，由于电路中电阻很小、短路电流很大而使保护装置迅速动作，切断电源；这时即使有人接触外壳，由于人体电阻和人体与地之间的接触电阻较大，不会有电流流经人体。

2.保护接地

保护接地只能用于电源中性点不接地的配电系统中，即电气设备的外壳、框架等有接地装置与大地可靠连接。这样，即使电气设备外壳带电被人触及，因人体电阻远远大于设备的接地电阻（变压器为 4Ω，电动机为 10Ω），通过人体的电流极微小，由此保证安全。

要特别注意的是，在同一台变压器供电系统中，绝不允许有的电气设备接零，而有的电气设备接地，否则容易出事故。

（三）触电保安器

触电保安器是在人体触电时，能立即自动切断电源电路的装置。在经常被人触及的金属壳固定电器、临时配电线路、经常移动的电动机、手提电动工具及应采用安全电压而未能采用的场合都应考虑安装触电保安器，以防触电。

触电保安器分为电压型和电流型。电压型只能用于中性点不接地的系统，应用面较窄，工作也很不可靠，故不予介绍。

使用触电保安器时应注意，触电保安器也有它的局限性。如果人体对地绝缘，只触及两根相线或一相一零时，触电保安器不动作，只有当相线和地之间有短路、漏电时才能动作。所以，不要因为装了触电保安器，就麻痹大意。另外还须随时注意触电保安器是否工作正常。

（四）触电急救

触电急救工作应做到镇静、快速、方法得当，切不可惊慌失措。具体急救方法概述如下。

1.快速脱离电源

当自己触电而又清醒时，首先是保持冷静，设法脱离电源，向安全地方转移。若他人触电时应迅速拉开电源开关。电源开关较远时，可用绝缘工具剪断、切断、砸断电源线。电源未切断前，绝不能用手去接触触电者。同时还要防止摔伤、撞伤等二次伤亡。

2.急救处理

触电者脱离电源后，神志清醒，但心慌无力、四肢麻木，应将其抬到通风处静躺2h，并派专人守护观察病变，防止触电人惊厥狂奔、力竭而亡。如果触电者昏迷、已停止呼吸，但心脏微有跳动时，应采用口对口人工呼吸法抢救；若呼吸和心脏跳动都已停止，则应采用人工胸外挤压法和口对口人工呼吸法交替进行抢救。触电急救有时需经相当长时间的持续救治才能见效，因此，绝不可轻率停止抢救，只有医生才有权作出确已"死亡"、停止抢救的决定。

（五）防雷

雷是大气中自然放电现象，它具有放电电压高（1～100kV）、电流强（20～200kA）和放电时间短（0.0001～0.00015s）的特点。所以被雷击时会引起热、电磁、机械、化学和静电作用，造成对人畜、建筑物、树木、电气设备的直接或间接破坏。为了避免或尽量减轻雷击的伤害，常采用避雷针、避雷线和避雷器进行防护。

1.避雷针

避雷针是架设于建筑物高处用于防止雷击的一种避雷装置。它主要是使雷击时的电流迅速流散到大地中，从而避免雷电直接击中被保护的建筑物。其保护作用具有一定的范围，因此应根据建筑物的大小和高度，来决定安装避雷针的高度和个数。

2.避雷线和避雷器

避雷线是架设于高压输电线上方的一种接地线。它是避免雷电落在输电线上传入变电站，使变电站设备损坏的一种避雷装置。

避雷器是用来防止雷电产生的高压沿线路侵入变电站、配电房或其他建筑物内，以免高电位损坏被保护设备的绝缘。避雷器有阀式避雷针器、管式避雷针器和保护间隙避雷针器三种。避雷器一端接高压线路，另一端接地。在出现雷击时，避雷器导通，电流流入大地，使设备得到保护。

3.避雷须知

在野外施工的工作人员为避免遭受雷击，应注意以下几点：

（1）雷雨时不要在空旷的地方行走或站立，不要在树下避雨。

（2）雷雨时远离电杆、铁塔、架空电线、避雷器或避雷针的接地点，以免遭受跨步电压的袭击。

（3）雷电时不要站在有烟囱的灶前，特别是在冒烟的烟囱旁边。

（4）对上述易遭受雷击的地方，均应避免逗留，万一无法离开，应下蹲，双脚并拢。

参考文献

[1]匙珣.成套机械化施工技术在公路隧道中的应用[J].设备管理与维修,2021(20):141-143.

[2]王鑫.软弱围岩公路隧道机械化钻爆施工技术[J].智能城市,2021,7(17):149-150.

[3]王金龙,孙涛.公路隧道机械化施工设备配置与管理合理性研究[J].建筑机械,2021(9):30-33.

[4]聂亮,陈行.沿江高速公路隧道大型机械化配套施工方案探讨[J].四川建筑,2021,41(4):181-182,185.

[5]祁文月.高速公路沥青混凝土路面机械化施工技术要点[J].建材发展导向,2021,19(16):182-183.

[6] 韩昕仁 . 论高速公路沥青混凝土路面工程的机械化施工技术 [J]. 建材发展导向,2021,19(16):243-244.

[7]覃辉尧.高速公路路基土方工程机械化施工技术[J].企业科技与发展,2021(8):177-179.

[8]李兰发.公路机械化施工组织和机械管理[J].居业,2021(7):120-121.

[9]王辉.浅谈公路机械化施工管理与维护[J].居业,2021(7):140-141.

[10]杨建华.高速公路路基土方工程机械化施工技术探究[J].四川水泥,2021(6):284-285.

[11]吕聪.高速公路沥青混凝土路面机械化施工技术与质量控制[J].交通世界,2021(15):146-147.

[12]李兴春.高速公路隧道机械化施工技术探讨[J].黑龙江交通科技,2021,44(5):139-140.

[13]韩天利.公路机械化养护的探索与思考[J].中国设备工程,2021(9):198-199.

[14]雷荣军.高速公路养护管理技术——评《高速公路养护管理》[J].工业建筑,2021,51(3):202.

[15]周玉琦.公路工程沥青路面机械化施工研究[J].中国设备工程,2021(5):264-265.

[16]吴远冲.研究公路工程机械化施工与管理[J].黑龙江交通科技,2021,44(2):208-209.

[17] 谷建华 . 公路沥青路面机械化施工工艺及养护管理方法探讨 [J]. 工程建设与设计,2021(2):241-242.

[18]田昱 . 高速公路沥青混凝土路面机械化施工技术与质量控制 [J]. 黑龙江交通科技,2021,44(1):239,241.

[19]陈春元.高速公路机械化施工背景下项目管理策略[J].交通世界,2021(Z1):239-240.

[20]郭鸿雁,张晓龙,苏军伟,等.公路隧道Ⅳ级围岩段机械化全断面施工步距控制研究[J].公路交通技术,2020,36(6):98-102,108.

[21]刘文学,窦建军,王乐,等.高速公路大断面黄土隧道关键工序机械化配套研究[J].交通科

技,2020(6):101-104.

[22] 翟志勇.公路沥青混凝土路面机械化施工技术与质量控制分析[J].住宅与房地产,2020(33):107,112.

[23]张铮.公路隧道机械化施工设备配置[J].设备管理与维修,2020(22):145-147.

[24]岳鸣飞.公路隧道中机械化施工的研究[J].公路交通科技(应用技术版),2020,16(11):258-260.

[25]岳鸣飞.公路工程中机械化施工作业系统的研究[J].公路交通科技(应用技术版),2020,16(11):104-106.

[26]胡齐齐,于佳录.公路工程机械施工范畴存在的问题及对策研究[J].工程建设与设计,2020(21):254-256.

[27]黄天志.高速公路隧道机械化配套快速施工技术[J].交通世界,2020(29):110-111.

[28]石龙殿,甄晓丽.关于公路养护机械化施工工艺的探析[J].机械管理开发,2020,35(9):294-295.